中核华纬　广西路建投资　邢台路桥　联合出品

INVESTMENT AND FINANCING PROJECT

Archives Management
Instruction Manual

投融资项目档案管理指导手册

崔德高　漆荣昭　米海丽　著

法律出版社
LAW PRESS·CHINA
北京

图书在版编目（CIP）数据

投融资项目档案管理指导手册／崔德高，漆荣昭，米海丽著. -- 北京：法律出版社，2024. -- ISBN 978-7-5197-9474-3

Ⅰ. F830.59-62；F830.45-62

中国国家版本馆 CIP 数据核字第 20249BH464 号

投融资项目档案管理指导手册
TOURONGZI XIANGMU DANGAN GUANLI ZHIDAO SHOUCE

崔德高　漆荣昭　米海丽　著

策划编辑 周　洁
责任编辑 周　洁
装帧设计 李　瞻

出版发行 法律出版社
编辑统筹 司法实务出版分社
责任校对 李慧艳
责任印制 胡晓雅
经　　销 新华书店

开本 880 毫米×1230 毫米　1/32
印张 14.75　　**字数** 327 千
版本 2024 年 10 月第 1 版
印次 2024 年 10 月第 1 次印刷
印刷 固安华明印业有限公司

地址：北京市丰台区莲花池西里 7 号（100073）
网址：www.lawpress.com.cn
投稿邮箱：info@lawpress.com.cn
举报盗版邮箱：jbwq@lawpress.com.cn

销售电话：010-83938349
客服电话：010-83938350
咨询电话：010-63939796

书号：ISBN 978-7-5197-9474-3　　**定价**：58.00 元

凡购买本社图书，如有印装错误，我社负责退换。电话：010-83938349

作者简介

崔德高

PMP、国家注册一级建造师，高级工程师，现任中国核建设计管理总院/中核华纬工程设计研究有限公司副总师、南京审计大学校外硕导、南华大学MBA校外硕导，中国建设会计学会审计专业委员会委员、浙江省发改委专家库成员。专注建设工程项目管理，著有《PPP项目执行阶段操作指南：100个实务问题深度解析》两册，《绩效考核实例》《PPP项目政府方监管要点》《项目公司标准操作规程》，撰写《PPP模式下工程变更的安全结算》《从后端执行角度看测算》《项目合同WBS深度解析法的实务应用》《基于VFM视角下的PPP项目审计》等多篇论文，完成国家审计署“PPP项目审计研究”、财政部“PPP项目全过程运行风险研究”等重点研究课题10项。

漆荣昭

国家注册一级建造师，高级工程师，现任广西路建工程集团有限公司总经理助理，高级内训师。历任广西路建工程集团有限公司董事会秘书、办公室主任、市场开发部部长，其间组织编著《办公室员工手册》《市场开发部员工手册》；广西路建集团博通投资有限公司董事长，其间组织编著《平陆运河研究》《碳中和行业研究》《新基建行业研究》杂志6期；项目经理，其间组织编著《项目经理部各岗位员工手册》等工作指导书。曾2次获广西建筑业优秀建造师等荣誉。

米海丽

中级经济师，现任邢台市交通建设集团有限公司董事会秘书、投资发展部部长、邢台路桥建设集团有限公司总经济师。在投融资业务中，重点研究建筑工程、公共交通、城市更新、乡村振兴、文商旅五大业务板块和产业金融投资、供应链服务两大业务集群。先后落地实施了包括廊坊—大兴机场高速、中钢邢机片区城市更新项目、邢台市青山水库项目、邢台机场军民合用项目等一大批投资项目，投资项目80余个，投资额超过750亿元，具有丰富的投融资项目管理经验。工作期间组织编著《项目公司标准操作规程》《投资管理制度》《投资业务阶段内部交易管理实施细则》等工作指导书。全程指导、参与了投融资项目的策划、投资、建设和运营工作，为集团投资项目的健康经营做出极大的贡献。

崔德高　漆荣昭　米海丽　**著**

雷建强　马　骅　屈江峰　赵　烨　**审校**

李俊平　杨楚宏　黄耀清　胡朝辉　苏　丹
王庆杰　杜　毅　梁海洋　杜建坡　童　超　**编委会成员**

序　一

自2014年以来，以PPP为代表的投融资模式在中国已经实施了近10年，为国内基础设施补短板和提质升级作出了不可磨灭的贡献。2023年，国家发展和改革委员会、财政部联合印发《关于规范实施政府和社会资本合作新机制的指导意见》，旨在优化回报机制，减轻政府财政压力，促进基础设施投融资体制进一步改革。PPP新政的出台，标志着我国政府和社会资本合作进入了新的发展阶段。

先行者初心不改，晨要担当，暮要担当。

投融资的初心就是提高公共产品和公共服务长期供给效率，满足人民群众对美好生活向往的基本需求，就是通过建立政府和社会资本平等协商、长期合作、风险分担、利益共享的合作关系，实现共建共治共享，推进国家治理体系和治理能力现代化。本书是PPP操作指引相关丛书的第6本，在系列书籍陆续编辑出版的6年间，我国PPP模式走完了从运动式高潮到低谷，再到理性发展的完整循环。在这6年间，一批开创先河的PPP从业人员，于PPP模式探索之初披荆斩棘，到PPP模式火热之时谆谆告诫，在PPP模式遇冷之际仍始终不渝，“从炮火中来，到战场上去”的初心不曾改变。《投融资项目档案管理指导手册》的出版，是以崔德高老师团队为代表的投融资人初心如磐、矢志担当的真实写照。

奋斗者弦歌不辍，毁也端庄，誉也端庄。

工程档案既是对重大建设项目的真实记录，也是投融资项目建设、投资、运营、绩效考核等工作的重要依据。投融资项目的特征之一就是全生命周期较长，作为多个投融资项目的亲身实践者，我深刻领会到档案管理不力给社会资本和项目公司带来的“切肤之痛”。本书通过综述、基础档案、专项档案、绩效考核档案、应用建议与总结五个章节，全面梳理了投融资项目全生命周期档案管理的逻辑体系、操作规程，具有很强的针对性、实用性和可操作性，适用于存量 PPP 项目、新增特许经营项目以及其他模式的投融资项目，对引导从业人员建立契约意识、合规意识、协同治理意识、档案证据意识，推动投融资项目档案管理加快实现有规可循、有序推进、有据可溯具有重大意义。

同心者携手致远，继往开来，一往无前。

十年耕耘，十年奋进。PPP 的十年是创新的十年、峥嵘的十年，尽管在运行中出现了各种争议和问题，但令人鼓舞的是，我国投融资模式已经在实践中形成了具有中国特色的理论体系，造就了一批信念坚定、本领过硬、担当尽责的专业人才，初步构建起政府有为、政企配合、社会监督的协调发展新格局，更为进一步健全完善政府和社会资本合作关系，在规范运行的基础上实现共建共治共享探明了路径、坚定了信心。新的十年，相信 PPP 新政将带领投融资行业进入 2.0 时代，我们唯有立身坚定、苦练内功，才能气定神闲，不惧八方来风，凝聚合力、勇往直前，共同推动投融资行业行稳致远。

九冶建设有限公司第五工程公司党委书记、总经理　雷建强

2024 年 5 月 1 日

序　二

归档存记忆，留史鉴未来

随着经济环境的变化，在基础设施建设领域，传统的施工总承包项目急剧萎缩。企业为了实现战略目标、推动经济增长，参与投融资项目是重要的抓手之一。由于僧多粥少、竞争激烈，投融资项目来之不易。投融资项目呈生命周期长、复杂程度高、参与主体多、纠纷风险大的特点，且项目管理规范化要求越来越高，过程管理是否合法合规直接关系到投资的成败。完整的档案管理资料可客观全面重现项目管理全过程，为应对纠纷、审计、资金回收等提供依据，是实现投资目标的重要基础之一，也是企业决策、风险控制的重要依据。正所谓归档存记忆，留史鉴未来。

正是基于这样的背景，我们精心编写了这本《投融资项目档案管理指导手册》。本手册旨在为广大投融资建设项目的参与者提供一套系统、全面、实用的档案管理指导方案，帮助大家科学管理投融资建设项目档案，不断提高从业者的管理水平，规范项目管理，确保项目高效、有序、顺利推进。

本手册不仅内容丰富、实操性强，也将对投融资建设项目档案管理工作具有深远意义。首先，它系统地梳理了投融资建设项目档案管理的全流程，从档案的收集、整理、分类、存储到利用，每一个环节都进行了详细的讲解和指导，使读者能够全面了解并掌握档案管理的要点和方法。其次，本手册结合了实际案例，将理论知识与实践经验有机结合，使读者能够快速掌握实操技巧。最后，本手册还强调了档案管理的规范性和安全性，提醒读者在档案管理过程中要注重保护项目信息的完整性。总之，本手册将投融资项目烦琐的管理活动，通过档案管理串联起来，帮助项目管理参与者更高效地掌握投融资项目管理的核心工作。

道阻且长，行则将至。我诚挚地希望广大读者能够认真阅读这本手册，深入领会其中的精髓和要义。无论你是投融资项目的初次参与者，还是资深的管理专家，希望这本手册能在你眼前呈现辽阔的画卷，能让你从中获得新的认知和共鸣。让我们通过规范、高效的投融资项目档案管理，为企业的投融资活动提供更加专业、高效的档案管理支持，助力企业高质量发展！

广西路建工程集团有限公司总经理助理　漆荣昭

2024 年 5 月 1 日

序　三

筑基赋能　共创未来

投融资项目档案管理是企业经营管理中至关重要的一环，它承载项目的全过程和各项细节，是企业决策、管理和风险控制的重要依据。《投融资项目档案管理指导手册》旨在为企业和组织提供一份全面、系统的档案管理指南，帮助企业建立健全档案管理制度，提高管理水平，降低风险，推动项目的顺利进行。

本手册的主要内容涵盖了投融资项目档案管理的基础档案、专项档案和绩效考核档案。基础档案部分介绍了项目的基本信息、合同文书、相关法律法规等基础资料的管理方法和要点；专项档案部分重点介绍了在项目全寿命周期产生的各类专项档案；绩效考核档案部分则着重记录项目建设与运营期的绩效数据和评估结果，为企业后续的项目评估和决策提供依据。

2020年，邢台市委市政府整合组建邢台市交通建设集团有限公司，集团不仅在项目投融资领域积累了丰富的实践经验，而且与众多专家学者紧密合作，共同总结经验、提升实践水平，以期打造一个在全国范围内具有强大影响力的综合型基础设施建设、投资、运营集团。在手册编写过程中，充分借鉴了国内外相关领域的研究成果和实践经验，力求将最新的理论成果与实践操作相结合，使手册内容更加贴近实际应用场景。手册内容丰富且实用，不仅包含了实际案例，还涵盖了最佳实践，旨在为读者提供一个具体可行的操作指南，帮助他们更好地理解和应用相关知识。

然而，档案管理是一个动态、复杂的系统工程，随着时代的变迁和业务环境的变化，档案管理的方法和技术也在不断演进。因此，本手册并非一劳永逸的终极指南，而是一个不断更新、不断完善的过程。我们诚挚希望，本手册能够成为档案管理工作者和决策者们的良师益友，与各位共同探讨、共同学习，不断推动档案管理理论和实践的发展。

最后，我们要感谢所有为本手册编写提供支持和帮助的专家学者和实践者，是你们的辛勤劳动和宝贵意见，使本手册得以顺利完成。我们也要感谢所有阅读和使用本手册的读者，希望本手册能够为您的工作和学习提供有益指导。

邢台市交通建设集团有限公司党委书记、董事长　马骅

2024 年 4 月 27 日

序　四

以创新之帆　推成功之船

档案工作存史资政育人，是一项利国利民、惠及千秋万代的崇高事业，这也将档案工作重要性的认识提升到了前所未有的高度，为做好新时代档案工作进一步指明方向。

投融资项目档案与企业文化息息相关，是企业文化的重要组成部分，见证企业的奋斗历程，为企业发展做好记录，使项目管理得到提升，档案作为企业的无形资产，既是领导决策的依据，也是对工作考察的凭据，更是真实可靠的资料，由此看来做好档案管理这件事情在工作中的重要性不可小觑。

在投融资项目中档案管理也有所不同，主要在于参与方多、投资大、周期长等，在各阶段实施过程中会产生大量的合同、协议、法律文书、建设资料等多样性档案资料。在项目实施过程中资料归档不齐全、不完整、档案没有统一标准、档案与实际不符这些问题层出不穷，所以说档案管理不到位会给企业带来麻烦。

《投融资项目档案管理指导手册》内容简明扼要，在理论和实践方面能够准确地把握问题核心。本手册从项目准备到项目建设再到项目运营，从绩效考核到第三方专项档案管理，相关条款罗列清晰，让人一目了然，为从事投融资管理工作的伙伴提供了助力，也为提升档案管理水平作出了积极贡献。

档案分类与管理在实际应用中发挥极其重要的意义和指导作

用，本手册明确指出了不同类型档案的归档要求和管理方法。这使我们意识到档案管理并非简单的文件堆砌，而是需要细致入微的分类和科学合理的存储策略，以确保档案的完整性和可追溯性。

一个完善的档案管理系统不仅关系到项目的顺利进行，更是企业资产的重要组成部分，具有不可估量的长期价值。在邢台路桥建设集团有限公司的蓬勃发展中，投融资管理工作逐渐成为企业管理的核心，不断提升管理人员的专业素养和综合能力，研究新的工作思路和方法，持续推动投融资管理的规范化发展是我们的根本。

愿我们携手前进，合作共赢，为经济发展付出绵薄之力，共同开创美好的未来。以创新之帆，推成功之船。

邢台路桥建设集团有限公司党委书记、董事长　苏丹
2024 年 4 月 30 日

前　言

这是一本工具书，也是基于审计证据和项目公司规范管理的档案工作指导手册。

档案即证据，其重要性不言而喻，但是实务中由于缺少权威指引，尚未引起相关方足够重视。审计和绩效考核中屡有证据缺失，导致社会资本或项目公司“悔不当初”“受伤颇深”，正好借着审计署“PPP 项目审计研究”重点课题的机会，我们再次梳理了投融资项目档案管理的体系和清单，自 2017 年国庆节假期梳理的第 1 版开始，这个应当已经是第 6 版了，逻辑相对比较缜密、严谨，且从整体来看，已经形成了体系，可以应对未来的各类审计、绩效考核或其他溯源需要。

本手册并非简单的资料清单罗列，而是在不同类型的档案管理中植入了适配的管理逻辑。其中，基础档案是基于《项目公司标准操作规程》中 140 项关键工作逐项引出，以此确认各项基础证据；专项档案是基于投融资项目全生命周期管理逻辑，从管理依据、管理目标与任务分解、动态管理记录、特殊情况的处理、当年度工作总结及下年度工作计划以及其他相关文件 6 类工作进行全覆盖，逐步引导管理人员建立起体系性档案管理的思维；绩效考核档案则是基于完整证据链的逻辑关系，针对各个考核条款，通过对应有效基础证据构建成证据链进行举证，证明项目公司已经达成考核条款的要求。

档案管理是一个系统性的工作，不是碎片式的零散行为，通过适配逻辑关系的串联，可以使档案清单不再是一条一条的清单目录，而是一个可以预判的“完整故事”，简单明了、简洁高效，使从业人员可以“拿来就用”，其核心就在于此。

始终站在行业的实践需求，不追求可以一战天下，但求能够给一线从业人员提供一点有用的帮助，就可以了。

继续折腾，继续前行。

本手册在编写过程中，得到了广西路建、邢台路桥的大力支持，也得到了雷建强、齐友华以及周洁编辑的鼎力帮助，一并感谢。

崔德高

2023 年 10 月 18 日

目录 CONTENTS

第一章
综　　述

第一节　总　　则

为规范投融资项目的档案管理工作，提高档案管理水平，促进档案管理工作体系化、科学化、规范化和标准化，制定本工作指导手册。

本手册适用于投融资项目的档案体系建设与管理，尤其适用于单独成立项目公司的投融资项目。其中，存量PPP项目、新增特许经营项目以及其他模式的投融资项目均可适用。

本手册在编写时，结合了经营管理、建设管理、运营管理、结算决算、验收备案、绩效考核以及审计等要求，从完整证据链的角度构建了主题档案名录与清单，可以作为投融资项目档案管理的基本参照。当国家或行业出台有关标准或规范时，应以国家或行业的要求为准。

本手册列示了可预见的主要档案文件，实务中对应清单可以根据项目情况和管理情况灵活调整，但主要逻辑关系不变。

社会资本或项目公司应当建立档案管理制度，配备档案管理专员，将档案管理作为重要工作落实。具体实施过程中，应当采用动态管理方式，建议每月定期梳理，确保档案的及时性、完整性和有效性，最终形成装订成册的档案成果。最终档案成果，纸面件一份，对应扫描成电子件一份，两者需同时保存，有条件的单位，可以同步线上保存或集中服务器管理。当主管人员变动时，应有正式交接，确保档案安全完整。

第二节 投融资项目档案分类与说明

投融资项目的特征之一就是全生命周期较长，最低 10 年最长 30 年，按照《国务院办公厅转发国家发展改革委、财政部〈关于规范实施政府和社会资本合作新机制的指导意见〉的通知》（国办函〔2023〕115 号）的规定，特许经营项目的期限最长为 40 年，特殊情况下还可以适当延长，档案管理工作需要贯穿全生命周期始终，但不少社会资本或项目公司并未重视。

档案管理是投融资项目规范管理的核心内容之一，其主要作用有两个，一是溯源，二是举证。溯源，是指在项目全生命周期中，忠实记录项目发生的过程情况，以便未来可以随时追溯项目的轨迹和事件，使项目全过程能够真实重现；举证，是指项目在竣工验收、结算决算、绩效考核、各类审计和监督检查过程中，可以根据所需，及时充分地提供相关证据，证明履约过程情形，获得相应的权益。

对于项目公司来说，档案管理工作应当引起足够重视，但由于尚无权威档案管理办法出台，因此，针对这项工作开展相关研究是非常迫切和重要的。

一、投融资项目档案管理体系构建

（一）档案管理体系的思考和构建

从档案必须满足项目全生命周期“溯源”和“举证”的角度来看，通过管理过程实时保存“证据”，并根据商务核算、绩效考核、各类审计、监督检查等不同应用场景，针对性构建不同主题的“证据链”，以终为始，倒推要求项目公司定期、持续地输出“合格”档案管理成果，并用固定范式进行装订保存，最为适当。因此，可以从证据链视角来构建投融资项目的档案管理体系。

证据的特性包括真实性、关联性、合法性，这也是对档案证据的基本要求。证据链的特性则包括证据适格，证据可以证明被考核的内容，以及证据之间可以相互印证，可以使考核结果能够排除合理的怀疑。证据链构建的关键是必须确认“证明经济活动产生或存在主要事实的核心基础证据”。基础证据确定后，再以此为中心，按照一定的逻辑关系进行上下链接，逐步形成基于全周期管理视角的“证据合集”，该证据合集即为完整的证据链。

基于以上思考，本手册结合《项目公司标准操作规程》[1]以及实践测试与反馈优化，总体构建了“**基础档案管理（基础证据）、专项档案管理（针对专项主题的证据链）以及绩效考核档案管理（针对绩效考核主题的证据链）**”在内的档案管理体系，通过这三类档案的系统管理，可以有效满足经营管理所需，也可以满足“溯源”与“举证”的要求。

---

〔1〕 崔德高、雷建强、汪可吉:《项目公司标准操作规程》，法律出版社 2022 年版。该规程将项目公司全生命周期各项关键工作进行提炼（共计 140 项），并按照一定逻辑关系排列，以指导项目公司进行高效的规范管理。

（二）基础档案构建

基础档案，是指项目公司在经营管理过程中，将各项基础管理行为通过档案“成果化”，这个成果就是基础档案，其基本要求为及时、真实、有效、合法和完整。基础档案是专项档案的基本“素材”，直接决定了专项档案管理的完整性和有效性，因此，项目公司应当确保相关成果为“有效证据”。

基础档案在构建时，核心在于关键工作全覆盖。根据项目公司标准操作规程，可以按照其中列示的关键工作进行逐项梳理、确认，以此作为基本要求。未来在实际管理过程中，还可以结合项目公司、股东公司、实施机构的管理要求，再予补充和增加，即可有效实现基础档案的构建要求。具体关键工作包括项目公司成立前置工作、执行阶段（建设期）、执行阶段（运营期）、移交阶段以及其他重点提示等5类140项。

基础档案资料的构建，以关键工作“签订投融资项目投资协议”为例（见表1-1）。

表1-1　基础档案范例

序号	“签订投融资项目投资协议”基础档案
1	招标文件、投标文件
2	合同谈判备忘录
3	中标通知书
4	投融资项目投资协议评审会会议纪要及正式评审意见
5	投融资项目投资协议法律意见书
6	合同谈判记录 / 会议纪要
7	终版投融资项目投资协议（授权负责人页签）

续表

序号	“签订投融资项目投资协议”基础档案
8	社会资本决策书面批准文件（国企、央企应有集团书面批准文件）
9	本级人民政府书面批准签订本合同的正式文件
10	正式签字盖章版投融资项目投资协议
11	其他相关文件等

基础档案的存档，可以通过活页文件形式保存，在过程中随时增减资料，直至该基础档案全部完成。完成后，应及时将相关基础证据归集到对应专项档案、绩效考核档案之中，确保档案体系的及时性和完整性。归集后，基础档案清单可以通过索引与专项档案、绩效考核档案进行关联，形成体系。

以此为例，140 项关键工作逐条罗列、忠实记录、妥善保存。相关成果均要求实时记录、原件存档，以有效证据的标准进行确认。具体确认时，由责任部门、责任人落实，档案管理专员审核，确保相关档案证据合法有效。

（三）专项档案构建

专项档案，是指根据不同的应用场景，确定的不同主题的档案合集，如进度管理专项档案、采购管理专项档案、HSE 管理专项档案、投资控制专项档案等，通过专项档案，将该主题工作通过完整的逻辑关系进行全链接，形成基于全生命周期管理的“一本通”[1]，通过专项档案管理成果，即可直接透视该主题的全生命周期管理行为，形成系统的管理成果。

专项档案“证据链”的构建，一般基于**管理依据、管理工作**

〔1〕一本通，是指该专项档案完成后，通过胶装成册的形式，最终形成“一本”正式的存档成果。

目标与任务分解、动态管理记录、特殊情况的处理（或有）、当年度工作总结与下年度工作安排、其他相关文件六部分，范式如图 1–1 所示。

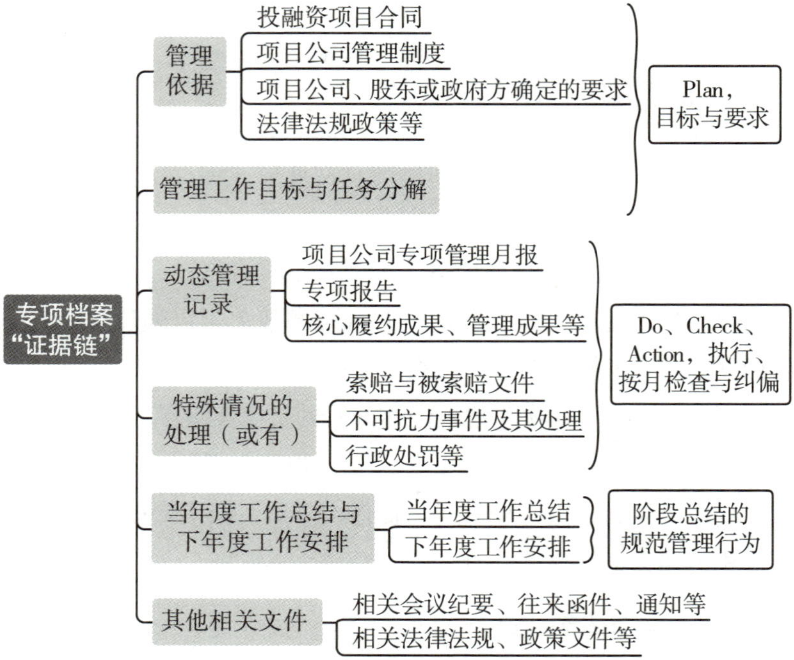

图 1–1　专项档案“证据链”

专项档案证据链的构建，以“项目进度管理专项档案”为例（见表 1–2）。

表 1–2　专项档案范例

序号	项目进度管理专项档案（按年度）
一	封面
二	目录

续表

序号	项目进度管理专项档案（按年度）
三	**首页说明：关于当前项目进度管理情况的说明，每月 25 日更新，使人对当前项目进度管理情况一目了然**
四	**管理依据**
1	投融资项目合同中关于进度要求约定的条款
2	项目公司进度管理制度、程序与办法，附批准通过管理制度的董事会决议文件及正式发布的红头文件
3	项目公司确定的进度管理目标与要求
4	经批准的一级控制进度计划，附实施机构签收、备案记录、批复文件
5	监理签发的开工令或实施机构签发的开工许可，附申报文件、批复文件、施工许可证等附件
6	政府发文及实施机构书面通知、要求
7	相关法律法规及政策文件等
五	**项目进度管理工作目标与任务分解，附完成情况及奖惩记录**
六	**项目进度管理专项档案动态管理记录**
1	项目进度动态管理成果台账
2	项目年度控制进度计划，附批准文件
3	项目年月度控制进度计划，附批准文件
4	项目进度管理月报—1 月（包括具体开展的工作，发现的问题，整改的要求与进展，直至问题关闭）
5	项目进度管理月报—2 月（包括具体开展的工作，发现的问题，整改的要求与进展，直至问题关闭）

续表

序号	项目进度管理专项档案（按年度）
6	项目进度管理月报—3 月（包括具体开展的工作，发现的问题，整改的要求与进展，直至问题关闭）
7	项目进度管理月报—4 月（包括具体开展的工作，发现的问题，整改的要求与进展，直至问题关闭）
8	项目进度管理月报—5 月（包括具体开展的工作，发现的问题，整改的要求与进展，直至问题关闭）
9	项目进度管理月报—6 月（包括具体开展的工作，发现的问题，整改的要求与进展，直至问题关闭）
10	项目进度管理月报—7 月（包括具体开展的工作，发现的问题，整改的要求与进展，直至问题关闭）
11	项目进度管理月报—8 月（包括具体开展的工作，发现的问题，整改的要求与进展，直至问题关闭）
12	项目进度管理月报—9 月（包括具体开展的工作，发现的问题，整改的要求与进展，直至问题关闭）
13	项目进度管理月报—10 月（包括具体开展的工作，发现的问题，整改的要求与进展，直至问题关闭）
14	项目进度管理月报—11 月（包括具体开展的工作，发现的问题，整改的要求与进展，直至问题关闭）
15	项目进度管理月报—12 月（包括具体开展的工作，发现的问题，整改的要求与进展，直至问题关闭）
16	项目进度管理年报
17	项目进度管理专项报告—第 1 期（或有）
18	项目进度管理专项报告—第 2 期（或有）

续表

序号	项目进度管理专项档案（按年度）
19	项目进度管理专项报告—第 3 期（或有）
20	项目进度管理专项报告—第 *N* 期（或有）
21	其他管理成果
七	**特殊情况的处理（或有）**
1	**进度索赔与被索赔文件**
1.1	首页说明
1.2	目录
1.3	索赔与被索赔事件台账
1.4	索赔报告与批准文件
1.5	被索赔通知与处理记录
1.6	其他相关文件
2	**赶工措施相关文件**
2.1	首页说明
2.2	目录
2.3	赶工的正式通知文件，如工作联系函、会议纪要、书面通知等
2.4	技术可行的论证文件，如专家评审会、会议纪要、备忘录等（或有）
2.5	赶工方案、措施与赶工费的报告及实施机构的书面签复批准文件
2.6	赶工过程主要记录文件

续表

序号	项目进度管理专项档案（按年度）
2.7	赶工措施费结算确认文件
3	**对下游单位的奖惩记录（或有）**
八	**当年度工作总结与下年度工作安排**
1	当年度工作总结：相关工作经验、教训总结与建议等（含对合同条款、管理制度的建议）
2	下年度工作安排
九	**其他相关文件**
1	相关会议纪要、往来函件、通知、审批文件、专家论证等
2	相关法律法规及政策文件等
十	**封尾**
说明①	**进度管理专项档案成果形式为：按年度装订成册，一年一册**
	根据以上清单目录，将相关材料原件或复印件存入（复印件应加盖公章，并注明原件保存位置），待各项材料均就位后，应胶装成册，妥善存档。存档时，将纸面件扫描成一份 PDF 电子件同步存档

①此为专项档案保存的示例说明，与第三章专项档案中的要求一致，故后文不再赘述。

进度管理专项档案，由于项目的建设期一般都在 2 年以上，因此可以按照年度进行整理，在年终全部完成后，封装成一册。其他如投资控制管理、HSE 管理等主题的档案，由于同样具有持续性，因此可以按照年度整理，封装成册。而项目公司合规管理、股东会管理、董事会管理、监事会管理等专项档案具有单一性和独立性，可以按照主题单独处理，待专项档案清单全部完成后独立封装成册。正式完成的档案成果，应当是纸面件一份，对应扫描成 PDF 电子件一份，妥善保存。

通过以上专项档案清单的构建，可以系统规范项目进度管理的内容，并形成体系性的档案成果，在各种审计和检查中可以起到有效应对的作用。

根据项目规范管理的特性和需要，初步梳理项目合规管理专项档案、项目投资控制 / 商务管理专项档案、项目变更签证专项档案、项目 HSE 管理专项档案、项目采购管理专项档案、项目绩效考核专项档案等 45 项，这些专项档案仅为范例，各项目可以根据自身管理特性、管理要求以及项目经营管理所需增补或删减，从而实现规范管理全覆盖的效果。

（四）绩效考核档案构建

绩效考核档案，是指专门针对绩效考核细则逐条准备的档案，专项为绩效考核服务，以期提前落实考核所需，提前锁定考核得分。这是“以终为始”的直接体现，其关键要点为体系性和完整性，核心要求为**“提供的证明文件，可以充分证明考核要求已经被实现”**。

绩效考核档案“证据链”的构建，一般基于**考核要点、要点分析、证据链清单构建、子证据确认、其他辅助证据**五部分，具体证据准备时，按照**举证不扩散原则**[1]执行，范式如图 1–2 所示。

〔1〕 举证不扩散原则，是指“具体考核什么，就举证什么”，精准一对一提供举证材料，不主动延伸、扩散提供其他材料，除非考核专家主动要求，则可以另行提供。

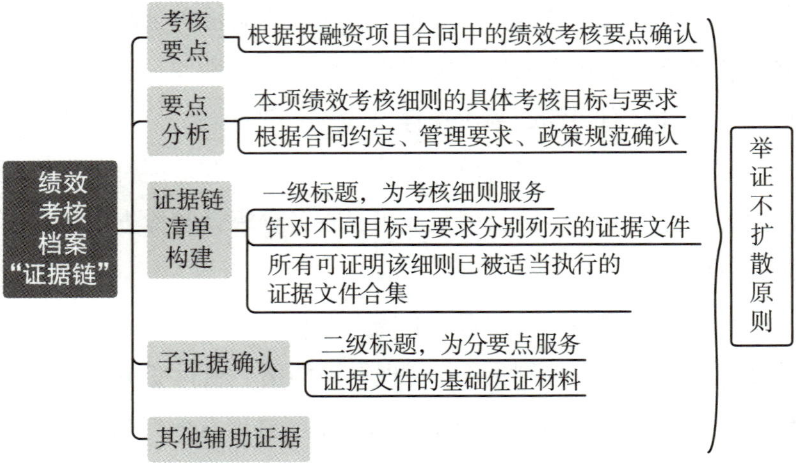

图 1–2　绩效考核档案“证据链”

绩效考核档案证据链的构建，以广西某 PPP 项目建设期绩效考核中的“建设管理制度考核”条款为例，详细清单请见表 1–3。

表 1–3　绩效考核档案范例

考核内容	项目公司提供证明文件
1.1 建设管理制度：根据《建筑法》《建设工程质量管理条例》《建设工程安全生产管理条例》等有关法律、法规，结合本项目实际，建立建设管理制度，包括但不限	**分析说明：**建设管理制度考核条款主要关注四个问题，**一是所列制度是否存在？二是是否经过适当程序正式发布？三是是否遵照执行？四是是否定期更新修订完善，以适配管理所需？**因此，按照以上四点准备对应证明文件即可。同时，站在考核人的角度，应让对方对相关的证据文件以及其中的逻辑关系一目了然，因此，应当在首页放置文件目录，第二页放置本项考核内容，包括项目公司是如何管理的以及对现状情况的说明，可以让考核人迅速识别关键信息，迅速锁定得分

续表

考核内容	项目公司提供证明文件
于**质量管理、组织管理、成本管理、进度管理、合同管理**等制度	**证据链清单构建**
	1. 项目公司关于建设管理制度情况的说明
	2. 文件目录
	3. 项目公司有经过合规程序批准并发布的建设管理制度
	3.1 建设管理制度清单，至少包含质量管理、组织管理、成本管理（投资控制）、进度管理、合同管理制度
	3.2 项目公司正式发布的通知（红头文件）
	3.3 董事会决议通过文件（董事会专项档案）
	3.4 建设管理制度文本（对应以上清单）
	4. 项目公司严格按照管理制度执行
	4.1 质量管理制度执行情况说明，附当年度项目质量管理专项档案
	4.2 组织管理制度执行情况说明，附当年度项目组织管理专项档案
	4.3 投资控制管理制度执行情况说明，附当年度项目投资控制管理 / 商务管理专项档案（项目公司应为投资控制，非成本管理；也可以使用商务管理词语，意思一致）
	4.4 进度管理制度执行情况说明，附当年度项目进度管理专项档案
	4.5 合同管理制度执行情况说明，附当年度项目合同管理专项档案

续表

考核内容	项目公司提供证明文件
	5. 项目公司有定期更新相关制度
	建设管理制度更新、优化、完善记录，附正式发布红头的文件，每年更新、修订一次

其中，**考核要点**是指绩效考核细则中具体考核的内容，本例中即为“1.1 建设管理制度”；**要点分析**就是针对该考核要点，重点分析具体考核的内容和要求，即“分析说明”；**证据链清单构建**就是根据分析的考核内容和要求，通过直接证据、间接证据进行举证，明确梳理该项证据的清单，即“3. 项目公司有经过合规程序批准并发布的建设管理制度”“4. 项目公司严格按照管理制度执行”“5. 项目公司有定期更新相关制度”；**子证据确认**，即根据证据清单，分别落实对应的具体证明文件，包括 3.1、3.2、3.3、3.4、4.1、4.2、4.3 等。以上各项证据，共同组成了可以证明本项绩效考核要点已经被适当执行的完整证据链，若完全按照证据链清单落实举证，则可以实现提前锁定得分的效果。因此，针对每一条考核细则，所对应的项目公司举证文件清单的合集，即为绩效考核专项档案。

绩效考核档案的存档形式，可以按照基础档案的存档形式处理，即纸面件一份，对应扫描 PDF 电子件一份，妥善保存。

二、档案管理体系的应用

项目公司通过 140 项基础档案、45 项专项档案以及绩效考核专项档案的合并管理，从实践来看，可以满足规范管理所需，可以有效应对各种审计和监督检查要求。其难点在于有效基础证据的**实时**收集以及完整证据链的妥善构建，项目公司应当重点关注。对于具体的实务应用，建议如下：

1. 建立档案管理制度，正式发布并遵照执行。项目公司应当建立客观的、适配经营管理所需的档案管理制度，并在董事会正式发布后严格遵照执行。该制度应当持续处于受控状态，定期更新优化，作为项目公司档案管理工作的核心依据。

2. 配备档案专员，领导重视，全员参与，持续学习。项目公司总经理应当充分重视档案管理工作，配备档案管理专员，通过对有效证据、证据链打造、卷宗整理等主题学习，使全员逐步具备基础档案梳理能力，使档案专员具备必要的专业能力。相关费用处理，建设期可以从建设单位管理费中支出，运营期可以从当年度运营管理成本中支出。

3. 对全员正式交底并逐条确认。项目公司应当组织专题会议，对全体管理人员进行专门的档案管理体系交底，通过逐条解析，指定责任部门和责任人，明确输出成果要求，并以此作为内部考核的依据。本项工作非常重要，也是“以终为始”的关键动作。

4. 对档案管理情况动态管理。根据项目公司标准操作规程的设定，项目公司应当每月 24 日定期对内部工作进行动态自检，并于每月 25 日输出《项目公司档案管理月报》，这是 PDCA 原则[1]的具体运用，可以确认档案证据的及时性和完整性，有助于发现问题后及时修正和关闭。

5. 对档案管理体系查漏补缺，不断优化完善。根据 PDCAR

〔1〕 PDCA 原则，是指计划（plan）、实施（do）、检查（check）、处理（act），是一种开展所有质量活动的科学方法。

法则[1]，项目公司应当结合实践和经验教训，定期对档案管理制度、档案管理体系进行优化完善，在实现档案管理目标的同时，对行业的规范运行建言献策，这是对管理实践的更高标准要求。

6. 妥善存档，持续确认正式存档成果。以结果为导向，聚焦档案管理目标和要求，定期、持续对档案管理成果进行确认，做到完成一项、确认一项、存档一项（纸面件与电子件匹配），一次成形，不再反复，这也是项目高质高效管理的路径之一。

高质量档案管理既是覆盖投融资项目全生命周期规范管理的核心内容之一，也是项目管理的成果要求，在一定情况下，清晰的档案管理体系还可以指导项目公司规范管理，使之“不走弯路”。

---

〔1〕 PDCAR 法则，是指计划（plan）、实施（do）、检查（check）、处理（act）、记录（rec），是一种十分有用的执行力管理与修炼的指导工具，是在 PDCA 基础上进行优化后的标准工作流程。PDCAR 强调内部之间的有效沟通和协调，要求事情的进程必须得到及时的传达和汇报，避免出现不可挽回的错误。

第二章

基础档案

投融资项目的基础档案基于《项目公司标准操作规程》开展，《项目公司标准操作规程》核心条款如表 2–1 所示。

表 2–1 《项目公司标准操作规程》核心条款

序号	类别	条款
1	项目公司成立前置工作	签订投融资项目协议
2	项目公司成立前置工作	项目公司高管任命
3	项目公司成立前置工作	项目公司总经理工作目标责任书签订
4	项目公司成立前置工作	注册成立项目公司
5	执行阶段（建设期）	签订投融资项目合同
6	执行阶段（建设期）	签订施工总承包合同
7	执行阶段（建设期）	项目公司组织架构搭设及人员组织
8	执行阶段（建设期）	项目公司首次会议的召开
9	执行阶段（建设期）	投融资项目合同交底
10	执行阶段（建设期）	投融资项目合同的 WBS 深度任务分解[①]
11	执行阶段（建设期）	建设期绩效考核的交底与 WBS 深度任务分解
12	执行阶段（建设期）	施工总承包合同交底

续表

序号	类别	条款
13	执行阶段（建设期）	项目公司经营管理目标确定与分解
14	执行阶段（建设期）	投资控制目标与分解
15	执行阶段（建设期）	融资目标与分解
16	执行阶段（建设期）	进度目标与分解
17	执行阶段（建设期）	安全目标与分解
18	执行阶段（建设期）	质量目标与分解
19	执行阶段（建设期）	二次经营目标与分解
20	执行阶段（建设期）	编制项目公司经营管理大纲
21	执行阶段（建设期）	定期沟通机制的建立
22	执行阶段（建设期）	建立项目公司经营管理月报
23	执行阶段（建设期）	往来文件管理
24	执行阶段（建设期）	编制资金筹措及资金使用计划
25	执行阶段（建设期）	建设单位管理费的计划和使用
26	执行阶段（建设期）	项目资本金注资
27	执行阶段（建设期）	融资贷款落实
28	执行阶段（建设期）	股东借款的处理
29	执行阶段（建设期）	建设期保险购买和管理
30	执行阶段（建设期）	建设期履约保函的提交及管理
31	执行阶段（建设期）	确定投融资项目合规性状态及办理相关行政批准手续
32	执行阶段（建设期）	确定本级人大决议的获取②

续表

序号	类别	条款
33	执行阶段（建设期）	确定项目入库状态[③]
34	执行阶段（建设期）	获得书面授权文件
35	执行阶段（建设期）	经营管理制度的建立与颁布
36	执行阶段（建设期）	党建管理
37	执行阶段（建设期）	项目公司档案管理体系建立
38	执行阶段（建设期）	项目公司的“三会一层”[④]治理
39	执行阶段（建设期）	财务管理
40	执行阶段（建设期）	税务管理
41	执行阶段（建设期）	法务管理
42	执行阶段（建设期）	工商管理
43	执行阶段（建设期）	人事组织管理
44	执行阶段（建设期）	办公室综合管理
45	执行阶段（建设期）	印章管理
46	执行阶段（建设期）	培训管理
47	执行阶段（建设期）	监理单位的落实
48	执行阶段（建设期）	跟踪审计单位的落实
49	执行阶段（建设期）	项目开工条件的确定
50	执行阶段（建设期）	土地指标、征地拆迁问题的处理
51	执行阶段（建设期）	监理开工令的签发
52	执行阶段（建设期）	施工总承包单位的管理
53	执行阶段（建设期）	监理单位的管理

续表

序号	类别	条款
54	执行阶段（建设期）	跟踪审计单位的管理
55	执行阶段（建设期）	投资控制动态管理
56	执行阶段（建设期）	超概算情形的处理
57	执行阶段（建设期）	政府方前期费用的支付
58	执行阶段（建设期）	征地拆迁、土地费用的处理
59	执行阶段（建设期）	项目范围增加或减少的处理
60	执行阶段（建设期）	甩项的处理
61	执行阶段（建设期）	重大变更签证的处理
62	执行阶段（建设期）	人工费、主材的调价
63	执行阶段（建设期）	暂估价的处理
64	执行阶段（建设期）	询价、认质认价的处理
65	执行阶段（建设期）	建设期利息的计取
66	执行阶段（建设期）	财政投资评审中心的介入处理
67	执行阶段（建设期）	专项资金或奖补资金的处理
68	执行阶段（建设期）	工程建设其他费用的处理
69	执行阶段（建设期）	工程进度款的支付
70	执行阶段（建设期）	设计管理
71	执行阶段（建设期）	建设期合同动态管理
72	执行阶段（建设期）	合同偏差的处理
73	执行阶段（建设期）	索赔与被索赔动态管理
74	执行阶段（建设期）	进度动态管理

续表

序号	类别	条款
75	执行阶段（建设期）	进度偏差的处理
76	执行阶段（建设期）	赶工要求的处理
77	执行阶段（建设期）	工程建设特殊情况的处理
78	执行阶段（建设期）	安全文明施工动态管理
79	执行阶段（建设期）	安全事故的处理
80	执行阶段（建设期）	质量动态管理
81	执行阶段（建设期）	质量问题的处理
82	执行阶段（建设期）	采购动态管理
83	执行阶段（建设期）	关联交易的处理
84	执行阶段（建设期）	建设期档案管理
85	执行阶段（建设期）	项目的竣工验收
86	执行阶段（建设期）	项目的结算和决算
87	执行阶段（建设期）	建设期绩效考核的准备和开展
88	执行阶段（建设期）	保修期工作的安排
89	执行阶段（建设期）	建设期履约保函的退还
90	执行阶段（建设期）	股权变更管理（或有）
91	执行阶段（建设期）	落实会计师事务所
92	执行阶段（建设期）	财务年报提交
93	执行阶段（建设期）	配合实施机构信息公示
94	执行阶段（运营期）	项目的试运营管理
95	执行阶段（运营期）	运营期目标的更新与确定

续表

序号	类别	条款
96	执行阶段（运营期）	运营管理大纲的更新和批准
97	执行阶段（运营期）	运营管理手册的编制和批准
98	执行阶段（运营期）	运营管理制度的更新和发布
99	执行阶段（运营期）	运营期履约保函的提交和管理
100	执行阶段（运营期）	运营期保险的购买
101	执行阶段（运营期）	获得正式运营许可
102	执行阶段（运营期）	委托运营单位的选择
103	执行阶段（运营期）	委托运营合同的签订
104	执行阶段（运营期）	委托运营合同的内部交底与 WBS 深度任务分解
105	执行阶段（运营期）	运营期绩效考核的交底与 WBS 深度任务分解
106	执行阶段（运营期）	委托运营合同与运营期绩效考核的外部交底
107	执行阶段（运营期）	运营工作的动态管理
108	执行阶段（运营期）	运营成本的动态确认
109	执行阶段（运营期）	调价管理
110	执行阶段（运营期）	运营期采购管理
111	执行阶段（运营期）	运营期合同动态管理
112	执行阶段（运营期）	运营期档案管理
113	执行阶段（运营期）	运营期往来文件管理

续表

序号	类别	条款
114	执行阶段（运营期）	法务管理
115	执行阶段（运营期）	运营期绩效考核的准备和开展
116	执行阶段（运营期）	项目回款落实
117	执行阶段（运营期）	不能及时回款的处理
118	执行阶段（运营期）	银行还本付息的处理
119	执行阶段（运营期）	超额收益的处理
120	执行阶段（运营期）	资产证券化的处理
121	执行阶段（运营期）	非项目公司原因造成计划外暂停服务的处理
122	执行阶段（运营期）	中期评估工作的准备和开展
123	执行阶段（运营期）	设备更新、中大修专项管理
124	执行阶段（运营期）	运营期履约保函的退还
125	移交阶段	移交履约保函提交
126	移交阶段	项目移交方案策划和准备
127	移交阶段	移交工作小组的成立
128	移交阶段	项目移交的启动与落实
129	移交阶段	项目整体移交
130	移交阶段	移交履约保函的退还
131	移交阶段	项目总结与后评价
132	其他重点提示	合同争议的处理
133	其他重点提示	补充协议的处理

续表

序号	类别	条款
134	其他重点提示	情势变更的处理
135	其他重点提示	不可抗力的处理（或有）
136	其他重点提示	合同提前终止管理（或有）
137	其他重点提示	项目公司固定提交的文件和报告
138	其他重点提示	项目公司应特别熟知项
139	其他重点提示	投资收益动态管理
140	其他重点提示	附件

①工作分解结构（简称 WBS），就是把一个项目按一定的原则分解，项目分解成任务，任务再分解成一项项工作，再把一项项工作分配到每个人的日常活动中，直到分解不下去为止。此处的 WBS 深度任务分解，是指将合同中约定的责任和义务直接分解成对应到人的工作任务。与合同评审对应，与合同交底统一。但此处为主动分解、主动学习，投融资项目合同交底为被动交底，应有区别。

②该项为存量项目的要求，根据最新政策规定，新机制特许经营项目不再由此要求。

③根据最新政策规定，财政部项目管理库已经作废，但新机制特许经营项目要求纳入国家发展改革委重大项目管理库。对于存量项目而言，有待政策的进一步出台，相信信息公示应始终存在，因此，此处依然保留。

④指股东会、董事会、监事会，以及总经理办公会，下同。

第 1 条：签订投融资项目协议

收到中标通知书后，公司应和实施机构在规定时间内签订投融资项目投资协议。协议的核心商务条件应和中标通知书一致，也应和谈判备忘录内容一致。

投融资项目投资协议应根据公司规定，经过集体评审通过，并附法律意见书，报公司书面批准后签订。协议签订时，应明确具体的签约日期，不得空白。

基础档案

序号	“签订投融资项目协议”基础档案
1	招标文件、投标文件
2	合同谈判备忘录
3	中标通知书
4	投融资项目协议评审会会议纪要及正式评审意见
5	投融资项目协议法律意见书
6	合同谈判记录 / 会议纪要
7	终版投融资项目协议（授权负责人页签）
8	社会资本决策书面批准文件（国企、央企应有集团书面批准文件）
9	本级人民政府书面批准签订本合同的正式文件
10	正式签字盖章版投融资项目协议
11	其他相关文件等

第 2 条：项目公司高管任命

社会资本中标后，应根据公司管理制度和审批程序，及时任命拟组建项目公司的授权董事、监事及高级管理人员（以下简称高管），在获得公司正式批准后，出具书面任命书。法人代表应和项目公司总经理为同一人，应为全职任用，项目公司总经理不得在两个以上项目任职。同一投融资项目的施工项目经理，不得兼任该投融资项目的项目公司法人代表、项目公司总经理。

基础档案

序号	“项目公司高管任命”基础档案
1	关于项目公司高管的提名申请及相关会议纪要（如总经理办公会）
2	关于高管的正式任命
3	关于人员调整的请示及实施机构的批准
4	关于人员调整的“三会”[①] 文件
5	工商备案文件
6	其他相关文件等

①指根据公司章程所召开的股东会、董事会或监事会。

第 3 条：项目公司总经理工作目标责任书签订

项目公司总经理对投融资项目的投资经营目标负责，是实现公司投资经营目标的第一责任人。

公司根据管理制度，与项目公司总经理签订工作目标责任书，下达经营指标任务，并以此作为项目公司总经理考核的基准。

基础档案

序号	“项目公司总经理工作目标责任书签订”基础档案
1	项目公司总经理工作目标责任书
2	各项指标完成的成果文件
3	其他相关报告、申请、批准、会议纪要、奖惩文件等

第 4 条：注册成立项目公司

项目公司总经理应及时组织召开首次“三会”，落实股东协议和公司章程，根据公司规定，经过集体评审通过，并附法律意见书，报公司书面批准后签订。同时协调各股东完成项目公司注册资本金注资、办公地点选定等前置工作，完成项目公司注册成立工作。项目公司应开设独立基本账户和/或专有银行账户（专有账户供专项资金、奖补资金等使用）。

申领营业执照时，应考虑营业范围能完整覆盖项目运营内容。若运营需要申领资质的，应在建设期内完成资质申领工作。

基础档案

序号	“注册成立项目公司”基础档案
1	股东协议及其评审记录
2	公司章程及其评审记录
3	首次“三会”议案及其完整记录
4	正式营业执照
5	正式银行开户证明
6	正式资质文件（如有）
7	年度工商年报
8	其他相关文件等

第 5 条：签订投融资项目合同

项目公司注册完成后，应根据规定，及时和实施机构签订投融资项目合同。投融资项目合同应根据公司规定，经过集体评审通过，并附法律意见书，报公司书面批准后签订。协议签订时，应明确具体的签约日期，不得留有空白。

投融资项目合同中应明确约定绩效考核的办法和细则、政府方付费的程序和办法、计价依据、人工和主材的调价办法、暂估价的确定、询价和认质认价的处理、变更签证的处理、建设期利息的计取、工程预付款和进度款比例、审计方式的确定、征地拆迁或土地补偿款的处理（必须上限原则）、采购原则、股权变更处理办法、税务处理原则、中期评估的程序和办法、争议的处理（必须有专家评议简易处理程序）等核心实务内容，不得存在遗漏或模糊的内容。

投融资项目合同评审时，商务部门、投融资主管部门、项目管理部门、法务部门、项目公司管理成员以及律师等共同参加，要求从合法合规性、前后一致性〔1〕以及实施可实现性等方面逐条进行审核，建议采用 WBS 深度解析法，形成详细的、细致的评审意见后提交公司审核。

基础档案

序号	“签订投融资项目合同”基础档案
1	合同草稿
2	各部门评审会议纪要、评审意见
3	律师法律意见书

〔1〕 前后一致性，包括可行性研究报告、立项批复、实施方案、招标文件、投标文件、谈判备忘录、中标通知书、合同等。

续表

序号	“签订投融资项目合同”基础档案
4	公司批复文件
5	政府方回复意见，双方交流、谈判会议纪要
6	最终确认版待签合同（页签确认）
7	律师正式法律意见书、公司书面批准文件
8	政府书面批准文件（或有）
9	双方签订的正式版投融资项目合同原件
10	其他相关文件等

第 6 条：签订施工总承包合同

施工总承包合同应和投融资项目合同同时签订。施工总承包合同应根据公司规定，经过集体评审通过，并附法律意见书，报公司书面批准后签订。协议签订时，应明确具体的签约日期，不得留有空白。

涉及关联交易的施工总承包合同，应在股东会决议通过后签订，签订后一周内提交实施机构一份原件备案。

施工总承包合同中应明确约定预付款比例、进度款付款比例、计价依据、人工和主材的调价办法、暂估价的确定、认质认价的处理、变更签证的处理、建设期利息的计取以及违约罚则等条款，合同文本的内容不得突破投融资项目合同的约定。

基础档案

序号	“签订施工总承包合同”基础档案
1	合同评审会议纪要：附 WBS 深度任务分解工作任务清单、法律意见书
2	股东会决议（关联交易）
3	施工总承包合同原件
4	政府方签收记录（合同原件签收）
5	财政部投融资项目信息管理库信息公示记录①
6	合同交底记录（项目公司对施工总承包单位）
7	其他相关文件等

①根据最新政策要求，财政部项目管理库已经作废，本项内容已不再要求。

第 7 条：项目公司组织架构搭设及人员组织

项目公司应根据项目的情况设置合适的组织架构，应包括投资控制部、工程技术部、综合管理部、财务部、运营管理部、投融资管理部等，各部门应包括部门经理、部门副经理、主管、主办等，部门设置和人员组织应满足前期文件[1]约定，还应考虑管理成本。组织架构搭设、人员组织安排完成后，应报实施机构备案，并通过“三会”程序决议后，方可遵照执行。

项目公司管理团队应与施工项目部完全分开，不得互相兼任职务，不得出现两块牌子一套人马的情形。

---

〔1〕 部分招标文件对此作出要求。

项目公司在实施过程中，高管（总经理、副总经理、财务总监）发生变动，应根据合同约定获得实施机构的批准，或向实施机构报备后，通过合适“三会一层”程序决议，方可实施。

基础档案

序号	“项目公司组织架构搭设及人员组织”基础档案
1	拟任用项目公司管理团队成员的专项报告
2	拟任用项目公司管理团队成员的书面简介
3	母公司决策、批准书面文件
4	项目公司正式任命文件
5	项目公司管理团队成员的离职报告、调任报告、聘任批准报告等
6	项目公司总经理办公会的决议、批准文件（或会议纪要）
7	新任管理人员的正式任命文件
8	其他相关文件等

第 8 条：项目公司首次会议的召开

项目公司管理团队就位后，应及时召开项目公司首次会议，统一“规范经营管理”的思想。由项目公司总经理组织召开，管理团队全员参加。

会议中应明确，项目公司为建设单位身份，有别于施工单位角色，其对项目公司的合规经营管理承担法律责任，对投融资项目的经营管理目标承担责任，对所有项目参与方承担组织协调责任，是投融资项目的核心第一责任主体。各管理人员对项目目标承担相应责任，对项目公司总经理负责。管理过程中，应善加使用监理单位、跟踪审计单位、法律顾问等第三方服务机构。

会议同时宣布人员任命，下达项目公司经营管理大纲、管理制度、岗位职责的编制任务。对项目公司管理人员提出“熟悉规则”的基本要求，对 PPP 相关法律法规和政策、主合同（股东协议和公司章程、投融资项目合同、融资协议、施工总承包合同、委托运营协议）、项目公司经营管理大纲、管理制度、岗位职责认真学习、并细加研究。

基础档案

序号	“项目公司首次会议的召开”基础档案
1	正式签发的会议纪要
2	现场照片
3	团队成员确认的工作任务清单
4	其他相关文件等

第 9 条：投融资项目合同交底

项目公司首次会议后，项目公司总经理应组织前端商务团队进行正式合同交底，包括投融资项目投资协议、股东协议、公司章程、投融资项目合同。

合同交底应以专项会议的形式正式进行，就第 5 条内容逐条进行，应分别确认责任人、实施方案及责任时间，不得流于形式。交底会议应形成完整的会议纪要，参与交底的全部人员应在交底记录上签名确认。

基础档案

序号	"投融资项目合同交底"基础档案
1	主要负责领导交底文件，如 PPT、书面材料
2	会议纪要签到表、会议纪要、照片
3	项目公司管理团队学习交底的专项会议纪要及相关成果（如各项工作责任到人的任务书）
4	其他相关文件等

第 10 条：投融资项目合同的 WBS 深度任务分解

合同交底完成后，项目公司总经理应组织全体成员深度学习股东协议、公司章程、投融资项目合同和施工总承包合同，通过 WBS 深度任务分解，正式将合同条款逐条转换为个人的工作任务清单，明确责任人、实施方案、责任时间以及要求的成果目标，结合岗位职责，最终形成个人工作目标责任书 / 工作任务清单，以此作为个人考核的原始依据。

投融资项目合同进行 WBS 深度任务分解时，应重点关注绩效考核办法与细则，[1] 若原有约定不清晰或不具备可行性，项目公司应将该项工作定人定责，专项协调实施机构，通过备忘录或补充协议形式进行完善和确定，[2] 为未来绩效考核和顺利回款做准备。

〔1〕 WBS 深度任务分解形成个人的工作任务清单，绩效考核办法和细则形成个人的工作任务完成标准。

〔2〕 依据财政部《关于印发〈政府和社会资本合作（PPP）项目绩效管理操作指引〉的通知》（财金〔2020〕13 号）。

个人的工作任务，应以可以通过审计、绩效考核为标准实施，具体的工作成果，应满足“程序合规、依据充分、证据完整、数据详实、计算清晰和签字有效”等基本要求。

基础档案

序号	“投融资项目合同的 WBS 深度任务分解”基础档案
1	会议纪要签到表、会议纪要、照片
2	任务分解清单（包含责任人、责任时间、实施方案等）
3	风险提示清单（包含解决建议）
4	其他相关文件等

第 11 条：建设期绩效考核的交底与 WBS 深度任务分解

项目公司应根据投融资项目合同的约定，明确建设期绩效考核中各项工作的完成标准，并与《项目公司标准操作规程》第 10 条形成的管理人员工作任务清单结合，逐条交底，责任到人，不得遗漏。

以上形成精确到各岗位个人的工作任务清单、工作任务清单完成标准，同时应明确相关工作的实施方案、完成时限、形成的管理成果要求等，并通过正式文件进行固定。若岗位人员调整变动，应做好详细的交底、交接后，方可办理人员变动手续。

原则上，项目公司应于每月 24 日定期检查完成任务清单情况，并根据任务偏差情况制定解决方案，逐条销项，以此作为各岗位个人工作绩效考核内容之一。

基础档案

序号	“建设期绩效考核的交底与 WBS 深度任务分解”基础档案
1	正式签发的会议纪要
2	现场照片
3	团队成员确认的详细工作任务清单和要求
4	其他相关文件等

第 12 条：施工总承包合同交底

项目公司在投融资项目合同进行 WBS 深度任务分解后，应及时对施工项目部进行正式合同交底。合同交底内容包括施工总承包合同、投融资项目合同，使施工项目部清晰站位，明确项目公司目标，双方根据法律规定、合同约定，各司其职。

合同交底应以专项会议的形式正式进行，就第 6 条评审意见、第 10 条 WBS 深度任务分解内容逐条交底，应分别确认责任人、实施方案及责任时间，不得流于形式走过场。交底会议应形成完整的会议纪要，参与交底的人员应全部在交底记录上签名确认。

当公司与施工总承包单位为同一人时，可以将“施工总承包合同交底”与“投融资项目合同的 WBS 深度任务分解”工作合并进行。

基础档案

序号	“施工总承包合同交底”基础档案
1	交底文件，如 PPT、书面材料
2	会议纪要签到表、会议纪要、照片

续表

序号	“施工总承包合同交底”基础档案
3	项目公司管理团队向施工项目部交底的专项会议纪要及相关成果（如各项工作责任到人的任务书）
4	其他相关文件等

第 13 条：项目公司经营管理目标确定与分解

结合投融资项目合同要求、项目公司总经理工作目标责任书，项目公司应确立经营管理目标，并予以量化，作为项目公司经营管理的基准要求。

项目公司经营管理目标应分为总体目标和年度目标。总体目标是指基于投融资项目合同，全生命周期的目标，包括建设期目标（进度目标、安全目标、质量目标、投资控制目标）和运营期目标（正式进入运营期时点目标、回款目标、投资回报目标）。年度目标是指根据当年度工作安排所作出的更为细致的工作目标，如建设期形象进度目标、年度完成产值目标、其他相关管理目标/指标等，进入运营期当年度的时点目标、回款目标等。

以上各项目标为项目公司经营管理的核心要求，也是项目公司管理团队的核心目标。该项目标一经确定，不得轻易调整，确需调整的，应获得适当的批准程序，方可进行。

基础档案

序号	“项目公司经营管理目标确定与分解”基础档案
1	会议纪要
2	现场照片

续表

序号	“项目公司经营管理目标确定与分解”基础档案
3	确认一致的项目公司经营管理核心目标以及目标分解书（责任人签字的正式版本）
4	其他相关文件等

第 14 条：投资控制目标与分解

项目公司应根据国家发展改革委《关于印发〈中央预算内直接投资项目概算管理暂行办法〉的通知》（国家发展改革委投资〔2015〕482 号）及国务院《政府投资条例》（国务院令第 712 号）的规定，“政府投资项目建设投资原则上不得超过经核定的投资概算”，应以批复概算作为投资控制目标，对项目投资进行严格管控。

当投融资项目有多个子项时，项目公司的投资控制应以行政职能主管部门审批、核准、备案的情况确定，当立项批复为一个整体项目的，其投资控制应以整体概算为准；当立项批复为多个子项分别批复的，其投资控制应以批复的单个子项概算为准。

投资控制目标应由投资控制部负责。投资控制部应对初步设计概算进行核查，确认是否存在缺项漏项、定额错误、工程量偏差等问题，若有重大偏差，应与实施机构、设计单位充分沟通，协调概算重新批复后遵照实施[1]。该项核查工作不得缺失，应严格执行到位。

投资控制部应以批复概算中各对应子项为控制单元，不得随意突破概算。当确需突破概算时，应根据政策、合同约定，事先

〔1〕 本项工作通常称为“三算对比”，即估算、概算和预算，三算对比确认无误后，方可遵照实施。

履行适当的书面批准手续，方可遵照执行。部分政府出台了地方政策，且投融资项目合同中对此也有约定，则项目公司还应满足地方政策的相关规定。

投资控制管理内容应在项目公司经营管理月报中专章体现。

基础档案

序号	“投资控制目标与分解”基础档案
1	正式会议纪要及现场照片
2	专项报告
3	投资控制目标及相关方案、任务清单
4	其他相关文件等

第 15 条：融资目标与分解

项目公司应根据当年度投资目标，确定当年度融资目标，并将融资任务分解至相关责任部门。

项目公司应积极配合融资部门的各项工作指令，协助融资部门对接金融机构、参与融资谈判，同时积极向实施机构主张合理的融资条件成就。

融资管理内容应在项目公司经营管理月报中专章体现。

基础档案

序号	“融资目标与分解”基础档案
1	正式会议纪要及现场照片
2	专项报告

续表

序号	"融资目标与分解"基础档案
3	融资控制目标及相关方案、任务清单
4	其他相关文件等

第 16 条：进度目标与分解

项目公司应根据一级控制进度计划，分解当年度的进度目标，并匹配相应的资源计划，以保证目标可实现。进度目标应根据公司章程、投融资项目合同的要求，经"三会一层"批准后遵照执行。

进度目标事项应由工程技术部负责。工程技术部应明确关键线路和关键工作，并进行动态管理，原则应于每月 24 日进行进度偏差分析，当有进度偏差时，应及时分析原因，提出解决方案，并跟踪落实，直至偏差消除。

当进度偏差是由于政府方原因时，应及时督促、协助实施机构消除影响，并固定过程证据，将其作为工期索赔和费用索赔的依据。

进度管理内容应在项目公司经营管理月报中专章体现。

基础档案

序号	"进度目标与分解"基础档案
1	正式会议纪要及现场照片
2	专项报告
3	进度目标及相关方案、任务清单
4	过程管理动态文件

续表

序号	“进度目标与分解”基础档案
5	赶工措施、工期费用索赔文件
6	其他相关文件等

第 17 条：安全目标与分解

项目公司应明确安全目标，制定匹配的管理制度，经“三会一层”批准后严格执行。同时应设置安全专员，安全专员必须持证上岗。

安全目标应由 HSE 管理部负责。HSE 管理部应根据安全文明施工管理等相关制度严格执行，应善加利用监理单位的管理职能，全面管理，并妥善保存过程管控记录，原则上应于每月 24 日进行自检，确认安全管理工作没有偏差。安全管理工作至少应包括定期检查、不定期检查、专项检查、安全应急管理预案及演练等，其中，应急预案演练每年至少举行一次，重大节假日必须进行安全专项检查。

项目公司还应熟悉本地安全文明施工、环境保护等政策规定，并严格遵守。

安全管理内容应在项目公司经营管理月报中专章体现。

基础档案

序号	“安全目标与分解”基础档案
1	正式会议纪要及会议现场照片
2	各人工作任务分解清单、目标责任书
3	专项报告（部分情况下，包含需要向股东专项汇报所形成的材料）

续表

序号	"安全目标与分解"基础档案
4	过程检查、管理文件
5	处理、处罚文件
6	其他相关文件等

第 18 条：质量目标与分解

项目公司应根据投融资项目合同的约定明确质量目标，一般质量目标为合格，不得质量"镀金"。

质量目标应由工程技术部负责。工程技术部应根据质量管理等相关制度严格执行，应善加利用监理单位的管理职能，全面管理，并妥善保存过程管控记录，原则上应于每月 24 日进行自检，确认质量管理工作没有偏差。质量管理工作至少应包括检验批验收、分部分项验收、单项工程验收、竣工验收等，重要节点还应根据规定邀请质量安全监督管理站共同验收。

当投融资项目合同约定必须创优（如优质结构工程奖、鲁班奖等）时，工程技术部应做好事先策划工作，并严格遵照执行。

质量管理、创优等工作内容应在项目公司经营管理月报中专章体现。

基础档案

序号	"质量目标与分解"基础档案
1	正式会议纪要及现场照片
2	专项报告

续表

序号	“质量目标与分解”基础档案
3	质量目标及相关方案、任务清单
4	其他相关文件等

第19条：二次经营目标与分解

为提高投资经营意识，项目公司可以基于实施中的投融资项目深度开发本地市场，拓宽投资业务，可以设定二次经营任务目标。

项目公司总经理为二次经营的第一责任人，其他管理人员应积极参加，该项内容作为个人绩效考核的加分项，与薪酬挂钩。

基础档案

序号	“二次经营目标与分解”基础档案
1	项目公司总经理年度目标责任书
2	项目公司个人工作任务目标清单
3	相应会议纪要、内部发文
4	新签经营协议及其管理文件
5	其他相关文件等

第20条：编制项目公司经营管理大纲

以实现合同目的、项目公司总经理工作责任书、项目公司经营管理目标为基本要求，项目公司总经理应组织管理团队共同设计、编制项目公司经营管理大纲，大纲应详细策划项目公司经营管理方案、建设工程项目管理方案、行业运营管理方案等内容，明确建设阶段、运营阶段和移交阶段的各项具体工作内容、措施和方法，作为项目公司经营管理的纲领性文件。

其中，建设方案应包括一级控制进度计划，[1]由项目公司总经理审定后，提交实施机构批准（或备案）执行。一级控制进度计划可以单独提交实施机构确认。

各项目参与方的计划、方案，应以满足项目公司经营管理大纲为要求，不得突破大纲的范围和标准。

基础档案

序号	“编制项目公司经营管理大纲”基础档案
1	项目公司经营管理大纲
2	总经理办公会批准通过的文件
3	过程执行文件
4	更新后的版本及其过程执行文件
5	其他相关文件等

第 21 条：定期沟通机制的建立

正式开展工作前，项目公司应与实施机构建立定期沟通机制，

〔1〕 应用项目管理软件 Project 编制，细化至单项工程，明确关键线路和关键工作。根据住房和城乡建设部《关于发布国家标准〈建设工程造价鉴定规范〉的公告》（住房和城乡建设部公告第 1667 号）第 5.7.5 条的规定：当事人对鉴定项目因设计变更顺延工期有争议的，鉴定人应参考施工进度计划，判别是否因增加了关键线路和关键工作的工程量而引起工期变化，如增加了工期，应相应顺延工期；如未增加工期，工期不予顺延。

形成每月固定例会或每周周会，特殊情况专项会议的沟通常态，同时固定发布项目公司经营管理月报、项目公司经营管理半年报、项目公司经营管理年报、特殊情况专项报告、财务年报、审计报告等报告，保证双方沟通畅通、信息流一致。

机制中应明确双方对接管理人员及相应职能，以及双方往来函件公文的交接签认程序等，形成畅通的沟通渠道。建议在合同或补充协议中增加双方工作邮箱，以此作为正式工作联系路径，以保证特殊情形下的正常沟通。〔1〕

召开会议时，双方应形成正式会议纪要，参与人员在核查纪要内容无误后，应签名确认，作为管理工作依据之一。

基础档案

序号	“定期沟通机制的建立”基础档案
1	项目公司内部会议纪要及其附件
2	月度例会（或每周周会）会议纪要及其附件
3	正式签发记录
4	“三会”正式决议文件
5	其他相关文件等

第 22 条：建立项目公司经营管理月报

自项目公司管理成员就位起，项目公司应及时制定项目公司经营管理月报的格式和内容，定期于每月 25 日向实施机构、各股东公司、授权董事等相关方提交，保证各项目关系方对项目公司

〔1〕 如疫情影响，不能现场办公，电子邮件更为高效。

经营管理的信息及时获取，且信息流一致，确保各项工作的透明和良性进展。

项目公司经营管理月报全面反映月度经营管理工作和管理成果，明确项目进展情况，存在问题及请求协助等信息，由项目公司总经理审定、签字后发出。

项目公司还应于每年6月25日提交项目公司经营管理半年报，12月25日提交项目公司经营管理年报。有特殊事项或重要事件发生时，应及时提交专项报告。

基础档案

序号	“建立项目公司经营管理月报”基础档案
1	项目公司经营管理月报
2	项目公司经营管理半年报，附各相关方签收记录
3	项目公司经营管理年报，附各相关方签收记录，含财务年报
4	项目公司经营管理专项报告
5	当年度经营管理报告工作总结与建议
6	下年度经营管理报告工作计划与安排
7	其他相关文件等

第23条：往来文件管理

项目公司应将各关系方往来的正式文件专项分类管理。项目公司和实施机构之间的正式的工作指令、工作要求、工作请示、相关报告等，必须以书面形式发出，并妥善签收存档，不得依据口头形式直接执行。

项目公司应对收到的文件及时、清晰回复，不得“零回复”；发往相关方的文件，应专人签收，保存记录；当相关方无正当理由拒绝签收时，项目公司可以通过 EMS 方式进行邮递，同时完整保存 EMS 回执，并妥善存档。

基础档案

序号	“往来文件管理”基础档案
1	正式发布的项目公司档案管理制度
2	建设期往来文件 ×××× 年度档案
3	其他相关文件等

第 24 条：编制资金筹措及资金使用计划

项目公司应根据进度安排，编制建设期资金筹措和使用计划，并严格落实。同时应根据合同的要求（或有），向实施机构提交备案。

资金使用计划应按照年度编制，根据公司章程的要求，在年初编制资金预算，并通过股东会决议后遵照执行；在年末编制资金决算计划，报股东会决议后遵照执行。

基础档案

序号	“编制资金筹措及资金使用计划”基础档案
1	财务部门编制的初步资金筹措及资金使用计划
2	项目公司与各股东的往来文件，与金融机构的往来文件
3	项目公司内部评议文件

续表

序号	"编制资金筹措及资金使用计划"基础档案
4	总经理办公会批准文件
5	股东会决议文件及其相关附件
6	其他相关文件等

第 25 条：建设单位管理费的计划和使用

项目公司建设期管理费用从建设单位管理费中支出，运营期管理费用从运营成本中支出。

建设期，项目公司应根据投融资项目合同约定及财政部《关于印发〈基本建设项目建设成本管理规定〉的通知》（财建〔2016〕504 号）的规定，明确建设单位管理费的额度，并制定建设单位管理费的使用方案，报股东会审议批准后遵照执行。[1]建设单位管理费可以在项目公司直接发生和使用，也可以采用和股东方签订技术委托服务协议的形式，由股东方包干使用，由项目公司根据实际管理情况确定。建设单位管理费在项目公司直接发生和使用时，应编制相应的资金使用计划，并根据公司章程和管理制度的规定，获得适当的批准后遵照执行；采用委托管理服务协议包干使用时，涉及关联交易的，还应获得股东会决议通过。

运营阶段，项目公司应根据投融资项目合同约定，编制运营策划方案和运营成本（含运营阶段管理费），报实施机构批准后遵照执行。

〔1〕 合同无明确约定，出资代表实际参与履职，同时主张该费用，则还需与相关方协商一致。

基础档案

序号	“建设单位管理费的计划和使用”基础档案
1	确认的建设单位管理费文件及其附件（有相关负责人的签字）
2	建设单位管理费预算书，附股东会决议文件（或有）
3	技术委托服务协议，附股东会决议文件（或有）
4	相关使用的财务资料
5	合同、发票、现金流等资料
6	其他相关文件等

第 26 条：项目资本金注资

项目公司应根据公司章程和投融资项目合同的约定，督促各股东及时、足额缴纳项目资本金，并签发资金到位证明。注资情况应在项目公司经营管理月报中体现，直至全部缴纳到位。

当股东不能及时注资到位时，项目公司应发出注资催缴函，经多次催缴，股东无正当理由拒不缴纳的，可以向其追究违约责任，必要时可以发出律师函。

股东有正当理由暂时不能注资到位的，项目公司应向实施机构汇报相关情况，获得违约责任豁免，并提供后续资金的临时处理方案，直至注资完成。

基础档案

序号	“项目资本金注资”基础档案
1	注资到位银行流水
2	股东注资证明书

续表

序号	“项目资本金注资”基础档案
3	相关工作联系函件
4	相关会议纪要文件
5	投融资项目合同补充协议（或有）
6	其他相关文件等

第 27 条：融资贷款落实

项目公司应（会同融资主管部门）及时完成融资方案的编制和更新，及时与金融机构接洽，按照融资进度计划的要求，完成融资材料的准备和其他条件的成就，顺利推动融资贷款按期、足额到位。

当融资不能顺利交割时，应根据融资不能的原因明确相应的解决方案。政府方原因导致融资不能的，应及时向实施机构发出工作联系函，明确原因，协同解决，同时固定相应证据；股东方原因导致融资不能的，应及时向股东提出预警，明确原因，协同解决，应尽量避免承担违约责任。

基础档案

序号	“融资贷款落实”基础档案
1	金融机构融资放款的条件
2	相关工作联系函件
3	相关工作会议纪要
4	融资放款的相关资料

续表

序号	“融资贷款落实”基础档案
5	融资协议及其附件
6	申报放款记录及其附件
7	资金使用计划及股东会决议文件
8	其他相关文件等

第28条：股东借款的处理

当由于特殊情况，融资贷款不能按照合同约定及时、足额到位，实施机构要求项目公司承担违约责任时，在项目资本金已足额到位的情况下，项目公司可以考虑股东借款。

股东借款应获得股东会决议通过，并通过借款协议形式确认，协议中可以约定借款利息，但该利息不得超过投融资项目合同约定的融资利率上限。

基础档案

序号	“股东借款的处理”基础档案
1	书面建议书（或有）
2	股东借款协议草稿，相关评审记录、法律意见书、会议纪要
3	股东会决议及其附件
4	正式签订的股东借款协议
5	银行流水记录
6	股东会决议批准的资金使用计划

续表

序号	“股东借款的处理”基础档案
7	资金使用台账
8	还本付息记录
9	其他相关文件等

第 29 条：建设期保险购买和管理

项目公司应充分识别项目危险源，并作出保险购买方案，提交实施机构批准或备案后，及时、足额购买。购买保险的凭证，应根据投融资项目合同的约定及时向实施机构提交，同时应在项目公司经营管理月报中体现。

项目公司还应定人管理，使保险持续处于有效期内。根据保险合同的规定，当被保险人发生变化时（如人员流动变化），应及时向保险公司进行报备更新。

基础档案

序号	“建设期保险购买和管理”基础档案
1	项目公司全员共同确认的危险源清单
2	各保险公司的初步保险方案
3	项目公司确定的拟采购方案
4	报实施机构的工作联系函
5	完整保险采购记录文件
6	正式签订的保险合同

续表

序号	“建设期保险购买和管理”基础档案
7	保险合同的实施机构备案记录或签收记录
8	综合管理部过程管理文件、赔付记录（或有）
9	其他相关文件等

第 30 条：建设期履约保函的提交及管理

项目公司应按照投融资项目合同的约定及时向实施机构提交建设期履约保函，并专人跟踪管理，使履约保函持续处于有效期内，同时应严格控制履约保函的被提取。

履约保函应为见索即付保函，但实施机构提取履约保函时，应附相应证据，确保提取合规。实施机构不当提取时，项目公司应及时追索，不得形成“管理真空”，导致实质性损失。

基础档案

序号	“建设期履约保函的提交及管理”基础档案
1	投融资项目合同关于建设期履约保函的约定和要求
2	金融机构对于开具建设期履约保函的条件和要求
3	向股东方发出的相关工作联系函或相关会议纪要
4	正式的建设期履约保函及实施机构签收记录
5	过程管理记录
6	履约保函提取记录及其完整附件（或有）
7	项目公司内部会议纪要及完整的处理记录

续表

序号	“建设期履约保函的提交及管理”基础档案
8	提交的新的履约保函文件及实施机构签收记录
9	其他相关文件等

第 31 条：确定投融资项目合规性状态及办理相关行政批准手续

项目公司应及时确认投融资项目合规性状态，并安排专人办理相关合规性手续。

投融资项目合规性手续包括：项目建议书或可行性研究报告，国家发展改革委立项批复（审批、备案、核准），“两评一案”[1]及本级人民政府的正式书面批准，本级人大对政府支出责任的书面决议，[2]政府对实施机构和出资代表的书面授权委托书，规划选址意见书、建设用地规划许可证、建设工程规划许可证、不动产权证书（或有）、建筑工程施工许可证、质量监督备案及安全监督备案等。

办理时，应确认项目前期已办理合规性手续情况，并协调办理法人变更手续（划拨土地除外）。部分地方政府出台了建筑工程施工许可证的容缺办理政策，项目公司应向当地行政服务中心咨询，并依据政策办理。

若以上文件缺失或存在办理障碍，项目公司应专项协调实施机构处理，必要时，可向本级人民政府书面报告。

---

〔1〕 指物有所值评价、财政承受能力论证以及实施方案，简称“两评一案”，为存量项目的合规要求。根据最新政策规定，“两评一案”已经取消，新机制项目不再要求。

〔2〕 前期存量 PPP 项目有此要求，但新机制特许经营项目对此无要求。

基础档案

序号	“确定投融资项目合规性状态及办理相关行政批准手续”基础档案
1	项目建议书或可行性研究报告，国家发展改革委立项批复（审批、备案、核准）
2	“两评一案”及本级人民政府的正式书面批准文件
3	本级人大对政府支出责任的书面决议
4	政府对实施机构、出资代表的书面授权委托书
5	实施机构、政府方出资代表对实际管理人员的书面授权委托书
6	实施机构对实际管理人的书面授权委托书，如指挥部、管理办公室等（或有）
7	规划选址意见书、建设用地规划许可证、建设工程规划许可证、不动产权证、建筑工程施工许可证
8	质监、安监手续
9	信息公示记录
10	相关报告、会议纪要
11	其他相关文件等

第 32 条：确定本级人大决议的获取〔1〕

本级人大决议是项目公司运营期回款的基本保障，也是政策规定的投融资项目合规性要求之一，项目公司应确定获得本级人大决议文件。若实施机构不予配合，应采取提供政策依据、专函处理、项目公司专项协调会议、请求召开政府部门联席会议、股东公司专项协调会议、律师函，暂停项目等方式，直至获得相

〔1〕 前期存量 PPP 项目有此要求，但新机制特许经营项目对此无要求。

关文件。

基础档案

序号	“确定本级人大决议的获取”基础档案
1	本级人大决议文件
2	工作联系函、相关会议纪要、律师函
3	其他相关文件等

第 33 条：确定项目入库状态[1]

项目公司应同时确定项目入库状态，是否已在财政部投融资项目管理库中且信息公示正常。项目公司还应确认公示信息是否与项目实际情况一致，若不一致，应及时向实施机构汇报，协调更新。

基础档案

序号	“确定项目入库状态”基础档案
1	信息公示记录
2	相关工作联系函及其附件
3	相关会议纪要（若有）
4	其他相关文件等

〔1〕财政部 PPP 项目管理库已经关闭，不再有此要求，新机制特许经营项目将按照国家发展改革委的规定执行。可以确认的是，信息公示依然需要，只是途径发生了变化，因此，本项工作依然需要关注。

第 34 条：获得书面授权文件

项目公司应及时获得政府对实施机构、出资代表的正式书面授权文件。

当实际管理人非签约实施机构时，项目公司应要求实施机构出具对实际管理人的书面授权，明确授权管理范围、授权管理时限等内容，作为实际管理人的管理依据。

项目公司还应获得实施机构（或授权实际管理人）、出资代表对其管理代表的书面授权，明确该管理人员的职务与权限，避免人员调整变化导致的管理失效。

当实施机构（或授权实际管理人）、出资代表及相关授权管理代表发生变化时，项目公司应要求更新书面授权文件，并明确相应时点。

基础档案

序号	“获得书面授权文件”基础档案
1	相关工作联系函
2	相关月度例会会议纪要
3	相关项目公司经营管理月报
4	书面授权委托书
5	其他相关文件等

第 35 条：经营管理制度的建立与颁布

项目公司应根据项目特点，及时建立完整的经营管理制度，作为项目公司的管理依据。管理制度编制完成后，应根据公司章程，通过“三会”正式发布后，方可生效执行。

项目公司管理制度是管理工作的基本依据，应严格遵照执行，项目公司原则上应每 6 个月自查一次，确定各项管理工作成果与制度匹配。

项目公司管理制度原则上要求应在每年年底（12 月）更新、完善一次；建设期进入运营期后，也应继续更新、完善，以匹配运营管理需求。

基础档案

序号	“经营管理制度的建立与颁布”基础档案
1	项目公司首次会议的会议纪要
2	项目公司经营管理制度编制启动会会议纪要及其任务分配要求
3	经营管理制度初稿
4	项目公司内部评审会议纪要，附评审意见
5	修订完善后的正式经营管理制度文本
6	董事会决议相关文件
7	经营管理制度宣贯、学习的会议纪要文件，附照片
8	经营管理制度执行成果文件
9	经营管理制度更新完整文件（含年度更新）
10	其他相关文件等

第 36 条：党建管理

项目公司应根据党章要求设立党组织，并视实际情况设立相应部门或岗位负责党组织工作，有条件的设置专职副书记，并根据党组织要求开展党纪工团工作。

基础档案

序号	“党建管理”基础档案
1	项目公司首次会议的会议纪要
2	项目公司经营管理制度编制启动会会议纪要及其任务分配要求
3	经营管理制度初稿（含党建）文本
4	项目公司内部评审会议纪要，附评审意见
5	修订完善后的正式经营管理制度（党建）文本
6	董事会决议相关文件
7	经营管理制度（党建）宣贯、学习的会议纪要文件，附照片
8	党建管理制度执行成果文件
9	经营管理制度（党建）更新完整文件（含年度更新）
10	其他相关文件等

第 37 条：项目公司档案管理体系建立

项目公司应编制项目公司档案管理体系，并严格执行档案管理制度，完整记录项目公司全生命周期的经营管理内容，通过“三会”决议后遵照执行。

需要归档的文件包括签订的各类协议、合同，重要会议的会议纪要、谈判记录，政府方、合作单位之间的各类函件、通知、公文、前提条件落实的各项书面文件等，应完整包括公司经营管理、建设工程项目管理、项目运营管理、项目移交管理等内容，应以有效证据的要求对存档文件进行确认，方可归档。

档案管理人员应参加地方档案馆的档案管理培训，还应参加律师事务所有效证据的专项培训，以满足档案管理的专业能力要求。

基础档案

序号	“项目公司档案管理体系建立”基础档案
1	项目公司首次会议的会议纪要
2	项目公司经营管理制度编制启动会会议纪要及其任务分配要求
3	经营管理制度初稿（含档案管理）文本
4	项目公司内部评审会议纪要，附评审意见
5	修订完善后的正式经营管理制度（档案管理）文本
6	董事会决议相关文件
7	经营管理制度（档案管理）宣贯、学习的会议纪要文件，附照片
8	档案管理制度执行成果文件
9	经营管理制度（档案管理）更新完整文件（含年度更新）
10	其他相关文件等

第 38 条：项目公司的“三会一层”治理

项目公司应严格执行“三会一层”管理制度，根据公司章程，及时组织召开相关会议，对必须作出决议的议案进行审议，决议通过后遵照执行，保证项目公司经营的合规性。

其中，监事会每年至少召开一次。

“三会一层”召开后，应及时完成相应成果文件存档，决议成果文件后还应附后续执行完成成果文件，确保管理闭环。

基础档案

序号	“项目公司的‘三会一层’治理”基础档案
1	项目公司首次会议的会议纪要
2	项目公司经营管理制度编制启动会会议纪要及其任务分配要求
3	经营管理制度初稿（含“三会一层”）文本
4	项目公司内部评审会议纪要，附评审意见
5	修订完善后的正式经营管理制度（“三会一层”）文本
6	董事会决议相关文件
7	经营管理制度（“三会一层”）宣贯、学习的会议纪要文件，附照片
8	经营管理制度（“三会一层”）执行成果文件
9	经营管理制度（“三会一层”）更新完整文件（含年度更新）
10	其他相关文件等

第 39 条：财务管理

项目公司应建立完整的财务管理制度并严格遵照执行，财务部门应妥善做好财务账目，日清月结，三流一致[1]，按照规定缴纳税费，实施机构、金融机构可以随时监督、检查。

财务部门还应根据公司章程和管理制度的规定，制订年度预算方案、年度结算方案，报“三会”批准后遵照执行。在项目公司管理过程中，负责进行动态经济效益测算，对财务经营风险提

〔1〕 指合同、发票、现金流一致。

出预警和方案建议。年底还应根据规定及时提交财务年报。

财务部门还应对资金的高效使用负责，一方面，要保证建设生产资金及时到位，不得因资金不到位而导致项目推进受阻；另一方面，还要合理安排资金，不得产生不当资金沉淀。

基础档案

序号	"财务管理"基础档案
1	项目公司首次会议的会议纪要
2	项目公司经营管理制度编制启动会会议纪要及其任务分配要求
3	经营管理制度初稿（含财务管理）文本
4	项目公司内部评审会议纪要，附评审意见
5	修订完善后的正式管理制度（财务管理）文本
6	董事会决议相关文件
7	经营管理制度（财务管理）宣贯、学习的会议纪要文件，附照片
8	经营管理制度（财务管理）执行成果文件
9	经营管理制度（财务管理）更新完整文件（含年度更新）
10	其他相关文件等

第 40 条：税务管理

项目公司应严格执行税务管理制度，提前进行税务筹划，做好税收支出的统筹安排，严格按照规定纳税。应与当地税务部门充分沟通，熟悉当地税务政策，若有三免三减半[1]、留抵退

〔1〕 指符合条件的企业从取得经营收入的第一年至第三年可免交企业所得税，第四年至第六年减半征收。

税[1]等优惠政策时，应及时申请办理，必要时，可以协调实施机构协助。

对于不能获得增值税专用发票进行成本抵扣的，如征地拆迁费用、土地费用、前期已经开过发票的第三方转移类费用等，实施机构仅能开具行政事业收据，导致项目公司税费支出增加的，应和实施机构事先确认处理原则，方可支付相应费用。其中，征地拆迁费用、土地费用应按照支付上限原则处理，超出约定金额的，由实施机构自行承担，项目公司不再另行追加。

基础档案

序号	“税务管理”基础档案
1	项目公司首次会议的会议纪要
2	项目公司经营管理制度编制启动会会议纪要及其任务分配要求
3	经营管理制度初稿（含税务管理）文本
4	项目公司内部评审会议纪要，附评审意见
5	修订完善后的正式管理制度（税务管理）文本
6	董事会决议相关文件
7	经营管理制度（税务管理）宣贯、学习的会议纪要文件，附照片
8	经营管理制度（税务管理）执行成果文件
9	经营管理制度（税务管理）更新完整文件（含年度更新）
10	其他相关文件等

〔1〕又称“增值税留抵税额退税优惠”，指对现在还不能抵扣、留着将来才能抵扣的“进项”增值税，予以提前全额退还。

第 41 条：法务管理

项目公司应建立法务管理制度并严格遵照执行，可以设立法务管理部，可以配置法务专员，也可以委托外部律师兼任，但项目公司经营管理事务，应根据法务管理制度，严格出具法务意见，重要事项应出具法律意见书，以避免相关法律风险的产生。

建议项目公司聘请专业法律顾问，重要事项出具专业法律意见书，并经总经理办公会集体决议后执行（公司章程另有规定的，从其规定）。

基础档案

序号	“法务管理”基础档案
1	项目公司首次会议的会议纪要
2	项目公司经营管理制度编制启动会会议纪要及其任务分配要求
3	经营管理制度初稿（含法务管理）文本
4	项目公司内部评审会议纪要，附评审意见
5	修订完善后的正式管理制度（法务管理）文本
6	董事会决议相关文件
7	经营管理制度（法务管理）宣贯、学习的会议纪要文件，附照片
8	经营管理制度（法务管理）执行成果文件
9	经营管理制度（法务管理）更新完整文件（含年度更新）
10	其他相关文件等

第 42 条：工商管理

项目公司应严格执行工商管理制度，安排专人落实工商管理事务，按照规定每年定期提交工商年报。当工商信息发生重大变化时，应及时进行工商信息登记变更，确保经营合规。

基础档案

序号	“工商管理”基础档案
1	项目公司首次会议的会议纪要
2	项目公司经营管理制度编制启动会会议纪要及其任务分配要求
3	经营管理制度初稿（含工商管理）文本
4	项目公司内部评审会议纪要，附评审意见
5	修订完善后的正式管理制度（工商管理）文本
6	董事会决议相关文件
7	经营管理制度（工商管理）宣贯、学习的会议纪要文件，附照片
8	经营管理制度（工商管理）执行成果文件
9	经营管理制度（工商管理）更新完整文件（含年度更新）
10	其他相关文件等

第 43 条：人事组织管理

项目公司应建立人事组织管理制度，并严格遵照执行，对管理人员岗位薪酬、考勤、考核等进行统一管理。

项目公司在实施过程中，高管（总经理、副总经理、财务总监）发生变动，建议应获得实施机构批准，并在“三会”程序决议通过后，遵照实施。

基础档案

序号	“人事组织管理”基础档案
1	项目公司首次会议的会议纪要
2	项目公司经营管理制度编制启动会会议纪要及其任务分配要求
3	经营管理制度初稿（含人事组织管理）文本
4	项目公司内部评审会议纪要，附评审意见
5	修订完善后的正式管理制度（人事组织管理）文本
6	董事会决议相关文件
7	经营管理制度（人事组织管理）宣贯、学习的会议纪要文件，附照片
8	经营管理制度（人事组织管理）执行成果文件
9	经营管理制度（人事组织管理）更新完整文件（含年度更新）
10	其他相关文件等

第 44 条：办公室综合管理

项目公司应建立办公室综合管理制度，并严格遵照执行，对项目公司的会议组织、车辆安排、员工食宿、奖金福利、后勤安排等各项工作进行统一管理。还应对固定资产进行统一管理，登记造册，并按照财务规则计算相应折旧。项目公司不得擅自处置相应资产，所有资产的折旧、摊销、报废等，必须按照固定资产管理制度严格执行并妥善记录。

基础档案

序号	“办公室综合管理”基础档案
1	项目公司首次会议的会议纪要
2	项目公司经营管理制度编制启动会会议纪要及其任务分配要求
3	经营管理制度初稿（含办公室综合管理）文本
4	项目公司内部评审会议纪要，附评审意见
5	修订完善后的正式管理制度（办公室综合管理）文本
6	董事会决议相关文件
7	经营管理制度（办公室综合管理）宣贯、学习的会议纪要文件，附照片
8	经营管理制度（办公室综合管理）执行成果文件
9	经营管理制度（办公室综合管理）更新完整文件（含年度更新）
10	其他相关文件等

第 45 条：印章管理

项目公司应建立印章管理制度，并严格遵照执行。项目公司刻制、报废印章，除满足项目公司管理制度外，若股东公司有相应管理要求，还应获得股东公司的确认。

项目公司应详细登记用印记录，包括公章、法人章、合同专用章、财务专用章、发票专用章等具有法律效力的印章，原则应于每月自检一次，并妥善保存自检记录，确保用印安全。

基础档案

序号	“印章管理”基础档案
1	项目公司首次会议的会议纪要
2	项目公司经营管理制度编制启动会会议纪要及其任务分配要求
3	经营管理制度初稿（含印章管理）文本
4	项目公司内部评审会议纪要，附评审意见
5	修订完善后的正式管理制度（印章管理）文本
6	董事会决议相关文件
7	经营管理制度（印章管理）宣贯、学习的会议纪要文件，附照片
8	经营管理制度（印章管理）执行成果文件
9	经营管理制度（印章管理）更新完整文件（含年度更新）
10	其他相关文件等

第 46 条：培训管理

项目公司应预算出一定费用，用于安排管理人员定期培训、定期学习，并进行相应考核。

建议管理人员进行经常性经验总结，鼓励其将工作经验、工作教训总结形成论文或专项报告，鼓励创新，作为个人考核的加分项。

基础档案

序号	“培训管理”基础档案
1	项目公司首次会议的会议纪要
2	项目公司经营管理制度编制启动会会议纪要及其任务分配要求

续表

序号	“培训管理”基础档案
3	经营管理制度初稿（含培训管理）文本
4	项目公司内部评审会议纪要，附评审意见
5	修订完善后的正式管理制度（培训管理）文本
6	董事会决议相关文件
7	经营管理制度（培训管理）宣贯、学习的会议纪要文件，附照片
8	经营管理制度（培训管理）执行成果文件
9	经营管理制度（培训管理）更新完整文件（含年度更新）
10	其他相关文件等

第 47 条：监理单位的落实

项目正式实施前，项目公司应确认监理单位已经落实到位，可以开展监理工作。

监理单位可以由实施机构采购落实，也可以由项目公司采购落实。当由实施机构采购落实时，实施机构可以要求项目公司承担监理费，也可以自行承担。不论监理费由谁支付，监理单位均应依据监理规范对项目提供监理服务，项目公司均可以对监理服务进行管理和评价。

监理费由项目公司承担，且项目公司和监理单位之间签订合同的[1]，项目公司可以对监理单位进行直接管理。监理费由实施机构自行承担，且项目公司和监理单位未签订合同的，项目公司可以通过实施机构对监理单位进行间接管理。

---

〔1〕 此时应为实施机构、监理单位、项目公司共同签订的三方转移合同。

基础档案

序号	“监理单位的落实”基础档案
1	三方协议
2	监理服务协议及其完整的采购过程文件
3	协议评审完整记录
4	相关的工作联系函或会议纪要
5	历次监理月报
6	其他相关文件等

第 48 条：跟踪审计单位的落实

项目正式实施前，项目公司应确认跟踪审计单位已经落实到位，可以开展审计工作。跟踪审计可以是社会审计，也可以是政府审计，根据当地政府的规定及投融资项目合同的约定执行。根据国务院常务会议精神，“在工程建设领域全面推行过程结算”，建议项目公司和实施机构协商进行实时审计、过程结算工作。

当实施机构不予确认跟踪审计、不予推进过程结算时，建议项目公司委托第三方跟踪审计单位提供专业服务，严格按照内部审计管理制度执行，并形成内部审计成果。通过内部审计和外部审计结合的方式，降低被审计风险。

跟踪审计应既审查结果，也审查过程，以政府审计的标准开展审计工作。同时要求跟踪审计按月动态对项目投资额进行确认，并定期发布审计报告。项目公司应根据审计报告情况及时进行整改，并及时反馈闭环。

基础档案

序号	“跟踪审计单位的落实”基础档案
1	三方协议
2	跟踪审计服务协议及其完整的采购过程文件
3	协议评审完整记录
4	相关的工作联系函或会议纪要
5	历次跟踪审计报告
6	其他相关文件等

第 49 条：项目开工条件的确定

正式开工前，项目公司应联合施工项目部踏勘现场，确认是否已满足开工条件，如三通一平[1]是否已经完成、征地拆迁进度是否已经满足施工需要、施工许可证是否已经办理完成等。

如果尚不具备开工条件，项目公司应列示待解决事项清单，并协调实施机构限时完成，直至满足开工条件。当以上问题在短期内无法解决的，应及时固定相关过程证据，可以推动解决问题的同时，按照合同约定向责任方主张违约责任。

基础档案

序号	“项目开工条件的确定”基础档案
1	不具备全面开工条件的问题清单及处理对策
2	项目公司内部会议纪要及专项处理方案

〔1〕 指建设项目在正式施工以前，施工现场应达到水通、电通、道路通和场地平整等条件的简称。

续表

序号	"项目开工条件的确定"基础档案
3	过程处理文件，如工作联系函，会议纪要
4	全面开工条件具备，监理签发的开工令
5	其他相关文件等

第 50 条：土地指标、征地拆迁问题的处理

土地指标、征地拆迁等问题未能落实，导致开工行政许可无法办理，现场不具备开工条件的，还有可能会引致融资不能，项目公司应积极、主动协助实施机构推进问题解决，必要时，可共同向本级人民政府报告。问题短期内无法解决的，应及时固定相关过程证据，可以按照合同约定向实施机构主张违约责任，同时应向实施机构和股东提出合理推进方案。

基础档案

序号	"土地指标、征地拆迁问题的处理"基础档案
1	项目公司内部会议纪要
2	涉及的工作联系函、专项报告、会议纪要、请示报告、项目公司经营管理月报
3	工期索赔报告及其批准
4	费用索赔报告及其批准
5	投融资项目合同补充协议（或有）
6	土地许可 / 不动产权证，其他合规性手续
7	其他相关文件等

第51条：监理开工令的签发

当项目正式实施时，项目公司应根据投融资项目合同的约定，要求获得开工许可。开工许可的形式，可能约定为监理单位签发的开工令，也可能约定为实施机构签发的开工通知，两者具有同等法律效力。

开工许可应与立项批复文件对应，立项批复文件为整体批复的，出具一份开工许可；立项批复文件为单个子项分别批复或项目各子项将分批次进入运营期的，应针对各子项分别签发开工许可。

当项目不能按照合同约定日期开工时，项目公司应和实施机构明确原因，积极消除影响，并固定证据，作为未来追索相应责任的依据。

基础档案

序号	“监理开工令的签发”基础档案
1	监理单位正式签发的开工令及其附件，或实施机构签发的开工通知
2	各种会议纪要、工作联系函（或有）
3	其他相关文件等

第52条：施工总承包单位的管理

项目公司应根据施工总承包合同，对施工总承包单位进行管理。

当社会资本与施工总承包单位为一体时，项目公司的管理与施工项目部的工作没有冲突关系，施工项目部根据施工总承包合同的约定，对工程进度、工程质量、HSE 以及工程产值等负责。其中，工程产值应与施工图预算紧密结合，当工程产值确需突破时，项目公司从投资控制角度考虑，应事先获得实施机构的书面批准，并根据投融资项目合同及相关政策履行了其他适当的批准程序。

项目公司应和项目部定期沟通，并就投融资项目合同、施工总承包合同的履约情况进行交流，确保双方目标一致，充分协作。

基础档案

序号	“施工总承包单位的管理”基础档案
1	施工总承包合同工作任务分解清单（完整会议纪要）
2	施工总承包合同交底记录（完整会议纪要）
3	进度管理专项报告（月报、年报等）
4	HSE 管理专项报告（月报、年报等）
5	质量管理专项报告（月报、年报等）
6	商务管理专项报告（月报、年报、审计报告，含设计变更、工程签证等）
7	完整的请款、付款记录
8	和施工项目部召开的各项会议纪要、往来文件
9	其他相关文件等

第 53 条：监理单位的管理

项目公司应严格执行监理单位管理制度。项目公司应善加使用监理单位的第三方专业服务，应督促监理单位严格按照监理规范、监理合同、监理大纲、监理细则等要求，认真开展各项监理工作，并对本单位的日常工作进行管控。

当监理费用由项目公司承担时，项目公司应对监理大纲与细则进行审批，确保与项目公司经营管理目标匹配；当监理费用由实施机构承担时，项目公司应通过实施机构获得监理大纲与细则，并提出相关审核意见，确保监理目标与项目公司目标一致。

项目公司应要求监理单位于每月25日定期提交监理月报，并定期组织召开监理例会，监理工作过程中发现的各项问题，应督促监理单位跟踪整改，直至管理闭环。还应通过定期检查、不定期检查、现场走访、监理资料检查等方式，对监理工作进行监督。

审批支付监理费用时，还应要求监理单位附当月监理月报（或服务报告），满足四流一致[1]的要求。

基础档案

序号	“监理单位的管理”基础档案
1	监理合同内部学习会议纪要，附工作任务分解清单
2	监理月报
3	监理工作联系单、监理整改通知单、可能的停工令
4	和监理单位召开的各项会议纪要、往来文件
5	监理签发的专项报告、专项请示
6	完整的请款、付款记录
7	其他相关文件等

〔1〕此处指合同、发票、现金流、服务成果。

第 54 条：跟踪审计单位的管理

项目实施过程中，项目公司应善加使用跟踪审计单位的第三方专业服务，应督促审计单位严格按照审计政策、审计准则、审计合同等文件的要求，认真开展各项跟踪审计工作，并对本单位的日常工作进行管控。

项目公司应要求跟踪审计单位于每月 25 日定期提交审计月报，并对审计报告披露的问题进行专项整改。

审批支付跟踪审计费用时，还应要求跟踪审计单位附当月审计月报（或服务报告），满足四流一致的要求。

基础档案

序号	“跟踪审计单位的管理”基础档案
1	跟踪审计合同内部学习会议纪要，附工作任务分解清单
2	跟踪审计月报
3	跟踪审计单位工作联系单
4	和跟踪审计单位召开的各项会议纪要、往来文件
5	跟踪审计单位签发的专项报告、专项请示
6	完整的请款、付款记录
7	其他相关文件等

第 55 条：投资控制动态管理

投资控制部应严格执行投资管理制度，按照《项目公司标准操作规程》第 40 条的规定，对建设工程直接费、建设工程其他费、建设期利息等实际总投资进行动态管理。投资控制部还应协助财务部门编制资金使用计划，保证建设生产资金及时、足额到位，不得对项目推进产生阻碍。

投资控制部应编制投资控制管理月报，于每月25日定期发布，相关投资控制的主要内容同时应在项目公司经营管理月报中专章体现。

投资控制部还应当定期对项目的实际投资回报率进行动态测算，并于每年12月25日定期测算当年度实际投资回报偏差，并在项目公司经营管理年报中体现，作为下一年度经营计划的基础文件。当实际投资回报率有重大偏差时，应当及时识别偏差原因，并提出解决的意见和建议，向项目公司总经理汇报，必要时，还应当及时向股东方汇报，及时采取充分必要的措施，确保投资回报的核心目标可实现。

基础档案

序号	“投资控制动态管理”基础档案
1	三算对比完整文件
2	可能存在的三算调整工作联系函、专项协调会会议纪要
3	概算批准文件
4	资金计划，附股东会决议
5	每月实际产值报表，附商务管理月报
6	过程结算的跟踪审计报告
7	概算调整手续，含各种会议纪要、工作联系单、批文
8	投融资项目合同补充协议（或有）

续表

序号	“投资控制动态管理”基础档案
9	年度商务管理工作档案
10	其他相关文件等

第 56 条：超概算情形的处理

因国家政策调整、价格上涨、地质条件发生重大变化等因素确需增加投资概算的，项目公司可以根据规定及时申请调整，不得滞后。实施机构增加项目范围、提高项目标准、提出设计变更等原因导致投资发生变化的，投资控制部应及时测算相应费用，并根据投融资项目合同约定履行适当的批准手续，部分政府发布了地方管理政策，也应一并遵守，待获得相应批准手续且明确相关费用来源后，方可指令开展相应工作。

当以上变化超过批复概算 10% 时，项目公司必须先申报获得必要的行政审批，待财政部门确认政府方支出责任合规、本级人民政府书面批准同意后，双方签订投融资项目合同补充协议进行确认，并及时更新财政部 PPP 项目管理库信息，[1] 之后方可开展相应工作。

基础档案

序号	“超概算情形的处理”基础档案
1	商务人员的专项报告
2	项目公司内部会议纪要（决议，处理方案）

〔1〕 财政部 PPP 项目管理库已经关闭，新机制特许经营项目将执行国家发展改革委的政策规定。

续表

序号	“超概算情形的处理”基础档案
3	相关的专项报告、会议纪要、实施机构的批准文件、行政主管部门批复文件、财政主管部门批复文件、本级人民政府批准文件，省级财政主管部门批准文件（或有）
4	投融资项目合同补充协议（或有）
5	信息公示记录
6	项目公司内部复盘的会议纪要及相关文件
7	责任人员的经验总结报告
8	其他相关文件等

第 57 条：政府方前期费用的支付

项目公司应根据投融资项目合同的约定，及时支付政府方前期已发生的各类费用。根据税务三流一致的要求，项目公司应和原合同方签订三方转移合同，方可支付。签订三方转移合同时，项目公司应明确仅承担付费责任，原合同中约定的责任权利和义务由原合同方各自承担，原合同的采购合规性、审计审减风险、超付风险等，均由原合同双方承担。

依据合同，项目公司在收到对应增值税专用发票后方可支付。若合同相对方不能开具增值税专用发票，则项目公司有权拒绝支付。对于实施机构仅开具行政事业收据，不提供增值税专用发票而导致项目公司税费增加的，应和实施机构事先确认税费处理原则，方可支付。

基础档案

序号	“政府方前期费用的支付”基础档案
1	投融资项目合同中关于政府方前期费用的处理约定
2	实施机构承诺函，附三方转移合同及相关附件
3	税费处理原则文件
4	相关付款完整文件
5	相关会议纪要、专项报告、通知
6	其他相关文件等

第 58 条：征地拆迁、土地费用的处理

当投融资项目合同中约定征地拆迁和土地费用等大额资金由项目公司承担时，项目公司应按照“合同约定金额为支付上限”原则进行处理，超出约定金额的，由实施机构自行承担，项目公司不再另行追加。

支付该类费用时，实施机构仅开具行政事业收据，项目公司可以入账，但不能进行抵扣。项目公司应和实施机构充分沟通并达成一致意见，事先确认税费处理原则，方可支付。

基础档案

序号	“征地拆迁、土地费用的处理”基础档案
1	投融资项目合同中关于征地拆迁、土地费用的处理约定
2	实施机构承诺函或备忘录，附三方转移合同及相关附件
3	税费处理原则文件

续表

序号	“征地拆迁、土地费用的处理”基础档案
4	相关付款完整文件
5	相关会议纪要、专项报告、通知
6	其他相关文件等

第 59 条：项目范围增加或减少的处理

项目公司原则上不对项目的范围和内容提出变更要求，当实施机构提出变更要求时，必须以收到正式书面文件为准，口头通知、口头要求等非正式形式一律无效。[1]

收到实施机构的书面变更要求后，项目公司应根据法律法规、地方政策的规定和投融资项目合同的约定，及时申报、办理相应行政批准手续和合规程序，以保证该等变更合法合规。当相应审批手续办理完成后，还应通过签订补充协议的形式进行固定，签订补充协议时，还应获得本级人民政府的书面批准。

实施机构减少项目范围导致投资额降低时，项目公司应根据住房和城乡建设部出台的《建设工程造价鉴定规范》，及时向实施机构主张费用损失。

基础档案

序号	“项目范围增加或减少的处理”基础档案
1	政府方书面通知文件
2	项目公司内部会议纪要，附会议决议

〔1〕 抢险救灾等特殊情况除外，可以先遵照执行，后补相应手续。

续表

序号	“项目范围增加或减少的处理”基础档案
3	相关合规性审批手续
4	项目公司索赔文件及政府方批准文件
5	投融资项目合同补充协议
6	当期反映实际总投资增减的审计报告
7	信息公示记录
8	其他相关文件等

第 60 条：甩项的处理

特殊情况导致部分项目子项短期内不能正常实施时，项目公司可以和实施机构协商甩项处理，待实施条件具备时再予启动；当重新启动时间不能预期时，可以考虑剥离该子项。

甩项处理或剥离处理，双方均应协商一致，对下步工作作出妥善安排，并通过投融资项目合同补充协议进行固定，补充协议签订前，应获得本级人民政府的书面批准。

基础档案

序号	“甩项的处理”基础档案
1	关于确认部分项目子项短期内无法实施的相关报告、会议纪要
2	项目公司内部会议纪要及相关处理方案
3	股东书面回复
4	和实施机构确认的方案、条件等书面文件，如会议纪要、往来函件

续表

序号	“甩项的处理”基础档案
5	股东会决议、政府批文
6	甩项协议相关文本、谈判记录、会议纪要
7	正式签订的甩项协议
8	其他相关文件等

第 61 条：重大变更签证的处理

项目公司应严格执行投融资项目合同约定的变更签证程序，必须事先获得适当的书面批准，方可实施重大变更签证。重大变更签证，应当满足以下文件要求：

1. 明确变更原因，获得实施机构的书面批准；

2. 项目公司善意提醒实施机构，该项变更对工期和费用的影响；

3. 设计院出具正式变更图纸，监理单位下发正式变更通知；

4. 施工总承包单位遵照执行，涉及隐蔽工程验收的，应提供监理单位旁站记录和隐蔽工程验收合格记录；

5. 隐蔽工程所涉工序验收合格记录；

6. 重要变更签证内容的，应组织各相关方现场专项验收；

7. 工程量确认应由勘察设计单位（或有）、监理单位、跟踪审计单位、项目公司和实施机构共同确认；

8. 对应工程造价应根据合同约定的组价原则编制后，由跟踪审计单位及时确认。

项目公司还应特别注意，部分合同中约定，项目的变更签证除了应满足合同要求的批准程序外，还要满足当地政府投资项目管理办法，该种情形还应满足当地政府的行政批准程序。实施机构没有批准，相关合规性程序没有通过，项目公司不得实施。

除非合同明确约定，项目公司应争取变更签证部分不参与结算下浮。

基础档案

序号	“重大变更签证的处理”基础档案
1	政府方要求变更、签证的正式书面通知
2	项目公司发出的书面善意提醒
3	内部、外部批准的合规性手续
4	实施过程资料
5	工程量、工程价确认文件
6	完整的、胶装成册的设计变更和工程签证文件
7	当期实际总投资确认文件
8	经验教训书面总结报告
9	其他相关文件等

第 62 条：人工费、主材的调价

项目公司应根据投融资项目合同的约定，明确基价，持续跟踪价格变化情况，当调价条件成就时，应及时落实调价工作。

调价工作应在全生命周期内持续进行，不得滞后。

调价工作由投资控制部负责。若调价依据为信息价的，投资控制部应收集、存档每期信息价文件，并按照合同约定的程序，及时提请调价，直至调价成功。

基础档案

序号	“人工费、主材的调价”基础档案
1	投融资项目合同中关于人工费、主材的调价约定
2	相关政策
3	各期信息价、市场价文件
4	调价申请及实施机构、跟踪审计批复
5	当期实际总投资的确认文件及跟踪审计确认文件（过程结算文件）
6	其他相关文件等

第 63 条：暂估价的处理

项目公司应严格执行投融资项目合同约定的暂估价处理办法。当合同中没有明确约定时，可以主张依据《必须招标的工程项目规定》（国家发展改革委令第 16 号）第 5 条规定执行，施工单项合同估算价在 400 万元人民币以上；重要设备、材料等货物的采购，单项合同估算价在 200 万元人民币以上；勘察、设计、监理等服务的采购，单项合同估算价在 100 万元人民币以上的，必须以招标方式确认；未达到以上额度的，根据项目公司的采购管理制度执行，采用邀请招标、比价等方式确认。

当采用公开招标方式确认时，项目公司可以委托第三方招标代理机构代为采购，同时邀请实施机构派员共同参与采购监督。当采用其他方式确认时，项目公司应妥善保存全部采购文件备查。

除非合同明确约定，项目公司应争取暂估价部分不参与结算下浮。

基础档案

序号	“暂估价的处理”基础档案
1	投融资项目合同中关于暂估价的约定
2	相关采购管理制度
3	暂估价采购清单及财政投资评审中心确认的采购限价
4	项目公司内部会议确认的采购方案
5	实施机构签收或批复文件
6	完整采购记录，含项目公司、实施机构全程监督材料
7	相关协议草本以及评审记录、法律意见书
8	签订的相关协议以及实施机构签收记录
9	其他相关文件等

第 64 条：询价、认质认价的处理

项目公司应严格执行投融资项目合同约定的询价、认质认价程序。当合同中没有明确约定时，项目公司应根据财政投资评审中心的规定执行，邀请实施机构共同确认，必要时，可以邀请财政投资评审中心参加。

合同中没有明确约定，当地财政投资评审中心也没有规定的，项目公司应主动提出询价、认质认价的处理方案，报实施机构批准后，双方遵照实施。

除非合同明确约定，项目公司应争取询价、认质认价部分不参与结算下浮。

基础档案

序号	“询价、认质认价的处理”基础档案
1	投融资项目合同中关于询价、认质认价的约定
2	当地财政投资评审中心相关政策规定
3	询价、认质认价内容清单，财政投资评审中心确认的采购限价（或有）
4	项目公司内部会议确认的执行方案
5	实施机构签收或批复文件
6	完整采购记录，含项目公司、实施机构、财政投资评审中心及跟踪审计单位等全程监督材料
7	相关协议草本以及评审记录、法律意见书
8	签订的相关协议以及实施机构签收记录
9	其他相关文件等

第 65 条：建设期利息的计取

项目公司应根据投融资项目合同的约定，对建设期利息的计取进行实时确认。当合同中没有明确约定时，项目公司应及时和实施机构磋商一致，并通过签订投融资项目合同补充协议或备忘录的形式确定建设期利息计取原则，不得延至项目结算时考虑。

原则上，项目公司应主动提出建设期利息计取方案，并阐明相关依据和理由，报实施机构批准后执行，不得等待实施机构或其咨询机构出具相应方案。

基础档案

序号	“建设期利息的计取”基础档案
1	投融资项目合同中关于建设期利息计取的约定
2	备忘录或投融资项目合同补充协议（或有）
3	每月建设期利息的计取以及跟踪审计的确认
4	或有的会议纪要、往来文件、专项报告及批复
5	其他相关文件等

第 66 条：财政投资评审中心的介入处理

项目公司应严格执行投融资项目合同的约定。部分合同约定，项目公司在支付费用时，应接受实施机构和财政投资评审中心的双重管理，必须获得实施机构和财政投资评审中心的共同签认方可支付。该种情形下，应遵照执行。

若投融资项目合同对此没有约定，对于按照合同约定的常规付费行为，项目公司可以拒绝。但对于询价、认质认价部分，可以接受双重管理，待实施机构和财政投资评审中心共同签认后支付。当政府方采用刚性管理，确实无法拒绝时，双重审核程序过程中可能延长流转周期，但是未来审计时却无审减风险，项目公司可以适当妥协。

基础档案

序号	“财政投资评审中心的介入处理”基础档案
1	或有的会议纪要、政策文件、政府通知
2	财政评审相关成果文件
3	其他相关文件等

第 67 条：专项资金或奖补资金的处理

项目公司应充分了解相关政策，确认项目是否存在专项资金、奖补资金、贴息资金等，若有，应安排投资控制部和 / 或财务部专人落实资金申报工作，直至资金到位。

资金应专户管理，严格按照资金使用管理办法执行，专款专用，并做好资金台账备查。

基础档案

序号	“专项资金或奖补资金的处理”基础档案
1	投融资项目合同中关于专项资金、奖补资金、贴息资金等相关约定
2	专项资金、奖补资金、贴息资金等对应的相关政策
3	现金流量表（资金到账证明）
4	资金使用台账，附每笔资金使用申请、审批和对应附件
5	专项资金审计报告、检查报告
6	其他相关文件等

第 68 条：工程建设其他费用的处理

项目公司应严格执行四流一致的要求，即合同、发票、现金流、固定资产或服务成果必须统一，[1]在履行相应付款审批程序后方可支付。特殊情况下没有合同依据时，项目公司应向实施机构提交专项报告，明确该等费用发生的原因、费用的金额和依据，在获得实施机构的书面批准后，遵照执行。相应的事件应在当期项目公司经营管理月报中体现。

严禁无依据付费。

基础档案

序号	“工程建设其他费用的处理”基础档案
1	投融资项目合同相关约定
2	完整台账
3	对应的合同（完整的合同档案，含采购、交底、履约等全生命周期文件）
4	对应的服务成果
5	完整的付款记录以及附件
6	相关审计报告、结算报告、财务决算报告
7	或有的工作联系函、会议纪要、专项报告
8	其他相关文件等

〔1〕 也可以按照三流一致的要求，四流一致为较高标准。

第 69 条：工程进度款的支付

项目公司应严格执行资金使用管理制度。支付工程进度款时，应能满足以下基本要求：

1. 施工总承包单位提交进度款支付申请，附工程量清单等附件，工程量以经审计单位审定的工程量为准；

2. 监理单位和跟踪审计单位对付款申请进行审核、确认；

3. 项目公司按照管理制度逐级审批，确认付款金额后，施工总承包单位开具相应增值税专用发票；

4. 项目公司收到发票后，及时付款，保证三流一致。

项目公司应将以上文件妥善存档，且必须满足程序合规、依据充分、证据完整、数据详实、计算清晰、签字有效的要求。严禁未经审批、附件不全支付。

基础档案

序号	“工程进度款的支付”基础档案
1	施工总承包合同关于进度款支付的约定
2	施工总承包单位的进度款支付申请，附完整附件，含发票
3	监理单位、跟踪审计单位的签批文件
4	项目公司的完整付款审批程序、付款流水
5	完整付款台账
6	过程结算文件、财务决算报告
7	或有的整改通知单、相关会议纪要、工作联系函
8	其他相关文件等

第 70 条：设计管理

项目公司应严格执行设计技术管理制度。对设计方案进行评审，要求设计单位根据评审意见修订，必要时可以邀请专家参与。项目公司还应对设计图纸进行审核，提出优化意见，必要时可以委托第三方专业机构进行专业优化。

实施过程中发生技术核定事项时，应组织施工单位、监理单位、设计单位严格通过技术核定单的形式进行确认；发生设计变更事项时，应严格按照投融资项目合同约定的程序执行，获得实施机构书面批准后，方可指令施工单位实施。

项目公司应对图纸进行妥善存档，项目竣工时应督促设计单位及时完成竣工图纸，不得影响项目竣工验收。

基础档案

序号	“设计管理”基础档案
1	投融资项目合同中关于设计管理的要求
2	设计服务合同
3	设计交底记录
4	技术核定单、设计变更通知单
5	设计变更图纸，附相关会议纪要、决议文件
6	相关工作联系函、专项报告、专家评审记录
7	竣工图纸
8	其他相关文件等

第 71 条：建设期合同动态管理

项目公司应严格执行合同管理制度。合同分为三方转移类合同、主合同体系和项目公司主导合同三种类型，应根据不同类型进行针对性管理。三方转移类合同项目公司应根据《项目公司标准操作规程》第 57 条进行管理。主合同体系包括投融资项目投资协议、股东协议和公司章程、投融资项目合同、融资协议、施工总承包合同和委托运营合同，项目公司在建设期内应重点关注股东协议和公司章程、投融资项目合同和施工总承包合同。

项目公司应从以下 5 项进行合同全生命周期的动态管理：

1. 每一份合同应有对应的采购文件，其采购方式应满足项目公司采购管理制度要求，采购存档文件应及时、真实、有效和完整；

2. 每一份合同应有完整的合同评审文件、合同正式原件、合同交底文件；

3. 每一份合同应有项目公司 WBS 深度任务分解文件，包括相应会议纪要、任务清单以及动态完成情况等，应至少每月更新一次，直至合同关闭；

4. 每一份合同应有完整过程执行文件，包括项目概况、实施计划、每月 25 日动态更新的执行情况简报、付款记录、变更签证台账、问题整改记录、结算付款、特殊情况专项报告、补充协议等重要过程执行信息，特殊情况应在当期项目公司经营管理月报中体现；

5. 每一份合同完成后，应进行系统关闭总结报告，梳理合同履约以来的经验教训和心得收获，完成后，经项目公司集体会议讨论通过后存档。

以上 5 项内容，也是合同管理的文件归档要求。合同履行过程中，要求按照以上顺序统一采用封面、目录、档案（根据以上 5 项顺序存放）、封尾的样式进行存档；合同履约完成关闭后，要求将以上文件梳理后，正式胶装归档，不得缺失。

当项目实施过程中发生原合同条款实质性变化的，项目公司应当和实施机构共同协商一致，通过签订补充协议进行确认，按照《项目公司标准操作规程》第 133 条补充协议的处理执行。

基础档案

序号	"建设期合同动态管理"基础档案
1	合同正式原件
2	合同评审文件、合同交底文件
3	合同对应采购文件（招标文件、答疑文件、投标文件、评标记录、定标文件、中标通知书等）
4	合同 WBS 深度任务分解文件以及逐月动态管理文件，包括会议纪要、任务清单、动态完成情况等
5	合同执行文件：项目概况、实施计划、动态执行简报、付款记录、变更签证台账、问题整改记录、结算付款、特殊情况专项报告、补充协议等
6	合同关闭总结报告
7	重要往来函件、文件签收记录、政府发文、相关政策
8	其他相关文件等

第 72 条：合同偏差的处理

项目公司应于每月 24 日逐条梳理主要合同目标，若执行异常发生偏差，应及时分析原因、及时纠偏、及时关闭，主要包括股东协议和公司章程、投融资项目合同、施工总承包合同以及其他相关的重要合同。

识别偏差后，项目公司应及时制定纠偏措施和方案，并明确相应责任人和责任时限，相关文件、记录妥善存档，直至偏差关闭。相关情况，可以在当期项目公司经营管理月报中体现。

偏差原因属于项目公司责任的，项目公司应及时补救，直至问题关闭；属于实施机构责任的，项目公司应及时提请实施机构消除，对此造成的损失，应固定证据，可以根据合同约定及时进行索赔，相关证据固定时应有律师参与，必要时可以出具法律意见书。

基础档案

序号	“合同偏差的处理”基础档案
1	逐份合同的偏差分析报告（每月）
2	重要偏差的纠偏措施和方案
3	项目公司集体决策会议纪要
4	过程处理文件
5	非项目公司原因的完整证据链
6	索赔报告
7	索赔过程文件以及批复文件
8	法律意见书
9	其他相关文件等

第 73 条：索赔与被索赔动态管理

合同偏差分析过程中，项目公司应明确识别存在的索赔和被索赔风险，并作出明确判断。

存在索赔事项时，项目公司应安排专人负责收集、整理完整证据链文件，并请法务或律师确认，作为索赔依据。索赔与否，由项目公司根据索赔事项和后果，经过总经理办公会集体决策后进行确认。[1] 如果决议索赔，那么应在投融资项目合同约定的时限内提出索赔主张，律师应全程参与索赔工作，直至索赔完成。

存在被索赔风险时，应作为专项事件处理，编制专项应对处理方案，请律师确认后严格执行，直至消除被索赔风险。

以上工作应于每月 24 日与《项目公司标准操作规程》第 72 条工作合并进行，并出具结论性意见。索赔管理工作可以在当期项目公司经营管理月报中体现。

基础档案

序号	“索赔与被索赔动态管理”基础档案
1	投融资项目合同中关于违约责任的约定
2	每月 24 日的内部自检及相关会议纪要（含决议）
3	向实施机构发出的索赔报告以及批复
4	相关的专项报告、会议纪要、专项请示、政策文件
5	己方补救方案以及执行情况文件
6	相关项目公司经营管理月报
7	其他相关文件等

〔1〕 或项目公司总经理确认。

第 74 条：进度动态管理

项目公司应严格按照进度管理制度执行，应通过一级控制进度计划、年度计划、月度计划和重要事件的阶段性计划进行管理，应积极使用项目管理软件 Project 或 P6 等管理工具。

工程技术部负责对相关方的进度计划进行审核，确保与项目公司进度目标匹配。项目公司原则上应于每月 24 日进行进度偏差分析，当有进度偏差时，应及时分析原因，并提出解决方案，跟踪落实，直至进度偏差消除。

进度管理成果要求包括一级控制进度计划、年度计划、月度计划和重要事件的阶段性计划、相关单位的进度计划审核报告及其附件、进度管理月报、进度专题会议纪要、进度偏差实施方案与执行情况报告、工期索赔报告与批复（或有）、补充协议（或有）等。

以上进度管理成果文件，应及时完成、及时存档，不得滞后。进度管理工作应在当期项目公司经营管理月报中专章体现。

基础档案

序号	“进度动态管理”基础档案
1	经批复的一级控制进度计划
2	经项目公司批准的年度计划、月度计划及重要事件的阶段性计划
3	其他相关单位的进度计划审核报告及其附件
4	每月 25 日项目公司工程管理部出具的进度管理月报
5	进度偏差预警单及其回复

续表

序号	"进度动态管理"基础档案
6	月进度偏差分析报告
7	进度专题会议纪要
8	进度偏差实施方案与执行情况报告
9	工期索赔报告与批复（或有）
10	补充协议（或有）
11	赶工措施与方案
12	其他相关文件等

第 75 条：进度偏差的处理

当进度偏差是政府方造成时，应及时督促、协助实施机构消除影响，并固定过程证据，作为工期索赔和费用索赔的依据；当进度偏差是第三方供应商、分包单位等原因造成时，应及时督促、协助第三方消除影响，并固定过程证据，作为工期索赔和费用索赔的依据。

在编制纠偏方案时，应留有自由时差空间，要求设定备份方案。

基础档案

序号	"进度偏差的处理"基础档案
1	经批复的一级控制进度计划
2	经项目公司批准的年度计划、月度计划及重要事件的阶段性计划

续表

序号	“进度偏差的处理”基础档案
3	其他相关单位的进度计划审核报告及其附件
4	每月 25 日项目公司工程管理部出具的进度管理月报
5	进度偏差预警单及其回复
6	月进度偏差分析报告
7	进度专题会议纪要
8	进度偏差实施方案与执行情况报告
9	工期索赔报告与批复（或有）
10	补充协议（或有）
11	赶工措施与方案
12	其他相关文件等

第 76 条：赶工要求的处理

实施机构提出赶工要求的，项目公司应会同施工项目部确认赶工要求是否合理。技术可行的情况下，项目公司应主张赶工措施费，在获得实施机构书面批准后，可以遵照执行；技术不可行的情况下，项目公司应根据国务院《政府投资条例》（国务院令第 712 号）第 24 条[1]的规定书面回复。

实施机构有刚性要求的，项目公司可以提请召开专家论证会，从政府专家库中随机抽取 3 至 5 名专家组成专家小组，以专家小组的书面论证结论作为执行依据，以此确认压缩工期的合理性和

〔1〕 政府投资项目应当按照国家有关规定合理确定并严格执行建设工期，任何单位和个人不得非法干预。

可行性。相关专家费用可以从项目公司支出。

基础档案

序号	“赶工要求的处理”基础档案
1	赶工要求的正式书面通知
2	项目公司关于赶工要求可行性的回复
3	赶工措施方案与赶工措施费报告
4	实施机构的批复
5	赶工措施过程执行文件
6	赶工费用的结算与确认
7	其他相关文件等
8	建议附相关政策

第 77 条：工程建设特殊情况的处理

项目实施过程中，若发生阻工、地下土质重大变化等特殊情况的，项目公司应以不影响项目推进为前提积极处理。若涉及费用增加、工期延期等情形时，项目公司应及时向实施机构汇报，并共同推进处理。项目公司应善加利用实施机构的管理权力，在过程中以解决问题为先，同时争取获得费用、工期的书面确认，直至问题关闭。

因政策要求短期暂停施工的，如环保要求、国家公祭日、特殊检查等，项目公司应严格遵照执行，做好项目现场的安全管理，及时向实施机构发出确认工作联系单，相应顺延工期，不得滞后。

以上事项应在当期项目公司经营管理月报中专章体现。

基础档案

序号	“工程建设特殊情况的处理”基础档案
1	事件的初步情况报告及其附件
2	项目公司会议纪要及其附件（初步解决方案）
3	向实施机构发出的工作联系函或相关会议纪要
4	和实施机构共同确认的最终解决方案
5	具体处理的过程文件
6	相关工期和费用的处理文件（过程结算、审计报告等）
7	或有的往来文件、专项会议会议纪要、专项报告、政府批示
8	其他相关文件等

第 78 条：安全文明施工动态管理

项目公司应严格执行安全文明施工管理制度，组织五方责任主体签订安全管理责任书。项目公司应配备安全专员，全员应熟练掌握国家相关安全生产法律法规，定期召开安全生产分析会或培训会，每年不得低于 2 次。

项目公司应成立安全管理专项小组，落实安全管理方案，进行应急安全预案演练，善加利用监理单位第三方监督职责等方式进行全方位、全时段的持续安全管理。项目公司应负责监督、落实全员安全学习、全员安全交底、日常安全检查、节假日专项安全检查、危险性较大的分部分项工程专项安全检查、针对各类危险源的应急预案演练等安全工作，确保安全工作到位。项目公司还应严格遵守项目所在地 HSE 的管理规定，确保安全环保工作落实到位。其中，全员安全学习每年不低于 2 次、全员安全交底每年不低于 2 次、日常安全检查每日进行、节假日专项安全检查每周 1 次、应急预案演练每年不低于 1 次。

以上安全管理成果文件，应随时完成、随时存档，不得滞后。安全管理工作应在当期项目公司经营管理月报中专章体现。

基础档案

序号	“安全文明施工动态管理”基础档案
1	投融资项目合同相关约定
2	相关政策要求
3	项目公司管理制度、股东公司文件要求
4	项目公司 HSE 工作方案、工作计划
5	过程执行文件及 HSE 管理月报
6	HSE 管理年报
7	项目公司年度 HSE 管理档案
8	其他相关会议纪要、政府发文、政府通知、专项报告、专项检查及整改文件
9	其他相关文件等

第 79 条：安全事故的处理

发生安全事故，项目公司应严格执行应急预案制度，立即启动应急预案，组织应急救援队伍，抢救伤员，保护现场，停止现场作业，并第一时间按照规定向相关部门报告。事故处理过程中，项目公司应全力解决问题，消除影响，必要时配合调查，不得隐瞒漏报，不得消极抵抗。

安全事故处理完成后，项目公司应组织全员进行认真反思，分析原因，并制定或更新相应的管理方案，规避类似事件的发生。

以上事件应在当期项目公司经营管理月报中专章体现。

基础档案

序号	“安全事故的处理”基础档案
1	事件发生的专项报告
2	初步处理方案、处理意见（项目公司内部），附会议纪要
3	政府发文、书面通知
4	正式处理意见（各方确认一致的正式文件）
5	处理过程及结果文件
6	项目公司内部复盘文件，附会议纪要及决议；经验教训总结
7	更新的相关管理制度或要求
8	相关的会议纪要、专项文件、往来文件
9	其他相关文件等

第 80 条：质量动态管理

项目公司应严格执行质量管理制度，组织五方责任主体签订质量终身责任承诺书，落实质量管理责任制。可以根据政策要求、法律法规规定、合同约定，采用隐患曝光、专项整治、奖励惩处等手段进行管理。项目公司还应配合当地建设行政主管部门对质量管理和验收的规定，落实主管部门提出的要求。

项目公司可以通过审查施工单位、监理单位的质量管理机制和执行情况，对原材料和构配件抽查、参与过程验收、参与质量管理专题例会、审核专项施工方案和执行情况、随机检查等方式进行动态管理。其中，项目公司对质量管理机制执行情况的审查每月至少 1 次，随机检查每周 1 次，对其他常规管理应全程参与。

以上质量管理成果文件，应随时完成、随时存档，不得滞后。质量管理工作应在当期项目公司经营管理月报中专章体现。

基础档案

序号	“质量动态管理”基础档案
1	投融资项目合同相关约定
2	相关政策要求、法律法规规定
3	项目公司管理制度、股东公司文件要求
4	项目公司质量工作方案、工作计划
5	过程执行文件、项目公司经营管理月报的质量管理章节
6	项目公司年度质量管理档案
7	其他相关会议纪要、政府发文、政府通知、专项报告、专项检查及整改文件
8	其他相关文件等

第 81 条：质量问题的处理

对于项目质量问题，项目公司应专人跟踪、专项处理，直至问题关闭。

政府行政主管部门、实施机构等对项目公司有质量问题整改要求的，项目公司应及时提交整改方案，实施机构对此无异议的，应及时整改落实。双方对此有争议的，应根据合同约定的争议解决程序执行。整改完成后及时向实施机构汇报，直至问题关闭。

质量动态管理过程中发现的重要质量问题，项目公司应督促相关方按照规定处理，重大问题的，应由设计单位出具整改方案，施工单位遵照执行，监理单位进行检查确认，整改完成后，各方验收通过，直至问题关闭。

以上质量问题处理内容，应在当期项目公司经营管理月报中体现。

基础档案

序号	“质量问题的处理”基础档案
1	事件发生的专项报告
2	初步处理方案、处理意见（项目公司内部），附会议纪要
3	政府发文、书面通知
4	正式处理意见（各方确认一致的正式文件）
5	处理过程及结果文件
6	项目公司内部复盘文件，附会议纪要及决议；经验教训总结
7	更新的相关管理制度或要求
8	相关的会议纪要、专项文件、往来文件
9	其他相关文件等

第 82 条：采购动态管理

项目公司应严格执行采购管理制度。项目公司的采购管理制度应依据《招标投标法》和《必须招标的工程项目规定》编制。

项目公司应于每年年初向实施机构提交年度采购计划，实施机构批准或备案后遵照执行。实际采购时，应邀请实施机构派出代表监督，共同开标、评标与定标，由项目公司发出中标通知书并签订合同，当投融资项目合同有约定时，重要合同文本应提交实施机构审核通过。合同签订生效后一周内，项目公司应向实施机构提交一份合同原件备案。项目公司可以委托第三方招标代理机构进行采购。其中，采购计划的招标限价，应以批复概算对应子项为准，涉及暂估价的，应和实施机构、财政评审中心书面确认。

项目公司应完整保存相关采购文件，并按照《项目公司标准操作规程》第 71 条的规定，与对应合同合并存档。以上采购管理成果文件，应随时完成、随时存档，不得滞后。

采购管理工作应在当期项目公司经营管理月报中专章体现。

基础档案

序号	“采购动态管理”基础档案
1	年度采购管理计划，附项目公司内部评审会议纪要
2	实施机构签收记录及书面批复文件（或有）
3	第三方招标代理机构确认文件
4	完整采购过程文件（招标代理机构提供）
5	合同评审记录
6	中标通知书、签订的协议
7	实施机构签收记录
8	其他相关文件等

第 83 条：关联交易的处理

项目公司采购过程中，若发生与股东方签约的关联交易时，应根据公司法和公司章程的规定，在签订前履行股东会决议程序，在获得股东会决议批准后，方可签订。

股东会决议文件应和对应合同合并存档。

基础档案

序号	"关联交易的处理"基础档案
1	相关的会议纪要、请示报告
2	实施机构的批复文件（或有）
3	股东会决议，附完整的附件
4	合同评审记录
5	正式签订的合同
6	实施机构签收记录
7	合同履约记录
8	其他相关文件等

第 84 条：建设期档案管理

项目公司应严格执行档案管理制度。档案管理可以与统计管理合并进行。

档案管理专员应依据《项目公司标准操作规程》第 37 条规定建立完整的档案管理体系，同时做好各项统计管理工作，对关键的、核心的、共用的信息进行统计，并统一数据出口，确保项目公司档案管理工作安全、有序和信息流一致。敏感数据流出时，应根据管理制度获得适当批准，否则不得擅自外流。

项目竣工验收前，项目公司应督促施工单位、监理单位做好验收准备。熟悉档案馆要求，提前准备竣工资料，确保竣工资料合规，竣工资料最晚应在竣工验收报告后 3 个月内完成档案馆验收。

基础档案

序号	“建设期档案管理”基础档案
1	档案管理制度
2	档案管理体系及对应清单，及其匹配的存档文件
3	每月 24 日自检报告
4	完善整改任务清单，附相关会议纪要
5	相关工作联系函、专项会议纪要、书面整改通知
6	其他相关文件等

第 85 条：项目的竣工验收

项目公司应依据政策规定及时组织竣工验收。竣工验收合格的，应及时获得竣工验收合格证书。竣工验收不合格的，应专项处理，尽快消除影响，重新组织验收，并做好追索责任方责任的准备。

竣工验收过程中发现的问题，项目公司应组织专题会议，定人定责，明确整改方案，限时整改完成，及时消缺，并提交整改完成报告，直至问题关闭，获得竣工验收合格证书。

基础档案

序号	“项目的竣工验收”基础档案
1	预验收相关文件
2	相关会议纪要、工作联系函、整改通知及回复
3	正式验收方案、验收通知
4	验收会议纪要、验收报告、整改通知单及回复
5	正式竣工验收报告
6	其他相关文件等

第 86 条：项目的结算和决算

项目公司应严格按照投融资项目合同、竣工结算管理程序和财务决算管理制度执行项目的结算和决算。项目公司应根据国务院政策及地方政策的规定，协调实施机构开展过程结算。

竣工结算书包括对工程建设直接费、工程建设其他费和建设期利息，由投资控制部负责编制、审核，报项目公司总经理批准后，根据投融资项目合同约定，提交竣工结算审计。竣工结算审计完成后，相关结算资料原件应及时妥善存档，同时向财务部门提交复印件和电子档进行财务决算的编制。对于建设周期长、建设内容多的项目，单项工程具备交付使用条件的，可以分批编制单项工程竣工财务决算。

工程财务决算报告应依据相关政策、批准的可行性研究报告及设计资料、政府批复文件、工程相关资料等进行编制，对整个建设期的财务支出，以权责发生制为基础，对整个项目已经发生或应发生的费用进行统计。编制完成后，应提交项目公司总经理签批，并根据公司章程的规定，报董事会、股东会审议批准后，提交审计。

报审计机构审计后，项目公司应安排专人跟踪，负责及时解答审计机构的审计意见或问题，及时获得决算报告。相关工作内容，可以在当期项目公司经营管理月报中专章体现。

基础档案

序号	“项目的结算和决算”基础档案
1	正式提交的工结算报告
2	跟踪审计要求提交的其他竣工结算补充资料
3	正式竣工结算报告
4	正式提交的财务决算报告
5	跟踪审计要求提交的其他财务决算补充资料
6	正式财务决算报告
7	相关的工作联系函、会议纪要、往来文件
8	其他相关文件等

第 87 条：建设期绩效考核的准备和开展

项目公司应严格执行投融资项目合同的约定，依据《项目公司标准操作规程》第 39 条的规定落实绩效考核相关工作。

项目公司应提前做好运营期绩效考核的各项准备工作，之后再提请实施机构开展。准备时，应根据绩效考核办法约定的程序，逐项落实对应工作，责任到人、实物到位、详细策划、提前演练，确保考核工作流畅；还应根据绩效考核和绩效考核细则的要求逐条准备好对应管理成果文件，顺序摆放，做到考核内容与成果内容紧密对应，精准匹配，同时对考核现场进行针对性清理和预演，提前锁定考核得分。

考核过程中，项目公司应及时跟踪，对于考核反馈的问题现场反馈，对于遗留需要整改的问题，应专人负责、限时完成，并在时限内提交整改完成报告，直至问题关闭。

绩效考核完成后，项目公司应及时获得建设期绩效评价报告，并在当期项目公司经营管理月报中专章体现。

基础档案

序号	“建设期绩效考核的准备和开展”基础档案
1	项目公司内部会议纪要，附工作任务分解清单
2	每月 24 日自检报告
3	绩效考核细则逐项内容对应的管理成果文件
4	绩效考核通知、方案、要求
5	实施机构正式签发的绩效评价报告
6	补充答疑、整改的证据文件
7	相关的会议纪要、往来文件、专项报告
8	其他相关文件等

第 88 条：保修期工作的安排

保修期内，项目公司应安排保修期管理专员，依据保修管理制度和保修证书，对保修期间发生的问题及时整改和修复，整改和修复的问题，应及时做好完整的台账记录，并及时向相关方反馈整改完成的信息，形成问题闭环，方可关闭。

保修发生的费用，应在质量保证金或保函中支出，应和运营成本清晰分割。

基础档案

序号	“保修期工作的安排”基础档案
1	投融资项目合同中关于保修工作的约定
2	保修管理制度
3	保修管理专员的任命文件，附相关文件或会议纪要
4	保修记录
5	对应的维修记录以及关闭文件
6	备品备件等采购计划、采购记录、领用记录、库存情况
7	相关会议纪要、往来文件
8	其他相关文件等

第 89 条：建设期履约保函的退还

项目竣工验收合格，建设期绩效考核通过后，项目公司应及时向实施机构申请建设期履约保函的退还，不得滞后。

建设期履约保函可以退还，也可以转为运营期履约保函，根据投融资项目合同的约定以及财务部的意见执行。

基础档案

序号	“建设期履约保函的退还”基础档案
1	投融资项目合同中关于建设期履约保函退还的约定
2	相关财务管理制度
3	建设期履约保函退还的申请报告
4	退还记录
5	其他相关文件等

第 90 条：股权变更管理（或有）

项目公司应严格执行公司章程和投融资项目合同的约定。股权不得随意变更，特殊情况确需发生股权变更的，项目公司应专项处理。

原则上建设期内不得发生股权变更，确需变更的，项目公司可以协助股东出具股权变更方案，说明变更理由、对项目建设进度及建设质量的影响、受让方履约能力及责任承担等情况，明确保障措施，经项目实施机构充分评估后，报本级人民政府审核决定。

股权发生变更后，项目公司应及时落实股东协议和公司章程的更新，并报市场监督管理部门备案。

股权变更内容应在当期项目公司经营管理月报中专章体现。

基础档案

序号	“股权变更管理（或有）”基础档案
1	投融资项目合同和公司章程中关于股权变更的约定
2	相关政策规定

续表

序号	“股权变更管理（或有）”基础档案
3	相关股权变更发起的原因文件，如会议纪要、工作联系函、专项报告
4	向实施机构发出的专项请示报告及相关磋商会议纪要，附股权变更方案
5	实施机构的书面回复、本级人民政府的书面批示或会议纪要
6	同意股权变更的正式文件
7	重新签订的股东协议和公司章程
8	股东出资证明书
9	签订的投融资项目合同补充协议
10	信息公示记录
11	其他相关文件等

第 91 条：落实会计师事务所

会计师事务所的选定，项目公司应按照招标采购管理制度执行。

项目公司还应根据公司法和公司章程的规定，在签订服务协议前履行股东会决议程序，在获得股东会决议批准后，方可签订。

股东会决议文件应和对应合同合并存档。

基础档案

序号	“落实会计师事务所”基础档案
1	投融资项目合同和公司章程中的相关约定
2	招标采购管理制度

续表

序号	“落实会计师事务所”基础档案
3	股东会决议
4	相关采购文件
5	合同评审文件
6	正式签订的合同
7	实施机构备案合同的签收记录
8	相关的会议纪要、专项报告、往来文件
9	其他相关文件等

第 92 条：财务年报提交

项目公司应根据公司章程和投融资项目合同的约定，每年 12 月月底前向实施机构及各股东提交会计师事务所出具的财务年报。

当财务年报中出现重大经营和财务风险的，项目公司应同时提交应对处理方案，该方案应经过总经理办公会审议通过，项目公司总经理签发。必要时，可以召开股东会共同商定解决方案，报实施机构批准后遵照执行。

相关财务年报内容应在当期项目公司经营管理月报、项目公司经营管理年报中专章体现。

基础档案

序号	“财务年报提交”基础档案
1	提交的财务年报
2	重大经营和财务风险处理方案（或有），附总经理办公会会议决议

续表

序号	“财务年报提交”基础档案
3	股东会决议
4	发布的正式财务年报
5	实施机构签收记录
6	实施机构书面回复文件（或有）
7	信息公示记录
8	其他相关文件等

第93条：配合实施机构信息公示

项目公司应配合实施机构做好投融资项目的信息公示工作，对政策要求公示的内容进行全面梳理，并及时、完整提交相关资料，不得导致信息公示不畅。

相关资料提交前，应先根据项目公司管理制度获得批准。

本项工作应当贯穿项目全生命周期，应至少按季度进行自检确认。

基础档案

序号	“配合实施机构信息公示”基础档案
1	投融资项目合同中相关约定
2	信息公示政策深度学习，列示应当提交的公示信息清单及文件
3	向实施机构提交的公示信息文件以及签收记录
4	信息公示记录

续表

序号	“配合实施机构信息公示”基础档案
5	或有的会议纪要、专项报告、往来文件
6	其他相关文件等

第 94 条：项目的试运营管理

项目公司应按照投融资项目合同的约定进行项目的试运营管理。项目竣工验收通过后，项目公司应向实施机构提交进入试运营期的申请报告，在实施机构书面批准后正式进入试运营期。

试运营期期满，具备进入正式运营条件的，项目公司应向实施机构提交试运营验收申请报告，实施机构验收合格，书面确认试运营达到合同约定标准的，批准项目进入正式运营。验收过程中发现问题的，项目公司应专人跟踪、专项处理，直至问题关闭，验收通过。

基础档案

序号	“项目的试运营管理”基础档案
1	投融资项目合同中关于试运营的约定
2	相关管理制度文件
3	试运营管理方案，附相关会议纪要（或决议）
4	试运营相关过程文件
5	试运营验收或测试申请报告以及相关附件
6	试运营验收或测试报告，附会议纪要、整改要求

续表

序号	“项目的试运营管理”基础档案
7	整改完成书面回复以及验收确认文件
8	正式试运营验收通过文件
9	其他相关会议纪要、往来函件、专项报告
10	其他相关文件等

第 95 条：运营期目标的更新与确定

项目公司应根据《项目公司标准操作规程》第 13 条规定，对运营期目标进行更新和确认，并予以量化和交底，作为项目公司运营期管理的基准要求。

确认量化的目标为项目公司运营管理的核心要求，也是项目公司管理团队的核心目标。目标一经确定，不得轻易调整，确需调整的，应通过适当的批准。

基础档案

序号	“运营期目标的更新与确定”基础档案
1	项目公司内部会议纪要，附决议文件
2	确定的运营期最新目标
3	总经理办公会决议文件，附会议纪要
4	全员交底记录
5	各人工作任务清单
6	其他相关文件等

第 96 条：运营管理大纲的更新和批准

项目公司应根据《项目公司标准操作规程》第 14 条规定，对项目公司运营管理大纲进行更新和确认。

运营管理大纲应对运营方式进行策划。项目运营应按照投融资项目合同的约定执行，项目公司可以自行运营，可以通过招标形式委托第三方专业机构运营，也可以由指定机构运营（如公立学校、公立医院等），运营方式应在运营管理大纲中确定。运营管理大纲应包括详细运营方案，并附运营成本测算，运营成本不得擅自突破投融资项目合同约定的上限。

运营管理大纲应报实施机构书面批准或备案，项目公司根据批准意见开展运营工作。

各项目参与方的计划、方案，应满足项目公司运营管理大纲的要求，不得突破大纲的要求和标准。

基础档案

序号	“运营管理大纲的更新和批准”基础档案
1	项目公司内部会议纪要，附决议文件
2	运营管理大纲更新草案，项目公司内部评审及决议文件
3	正式修订提交的更新版运营管理大纲，附总经理办公会决议文件及会议纪要
4	全员交底记录
5	各人工作任务清单
6	其他相关文件等

第 97 条：运营管理手册的编制和批准

项目公司自行运营的，应组建完整运营管理团队，学习相关行业运营法律法规和政策，并编制运营管理工作指导手册，该手册根据项目运营情况每年更新，在其通过项目公司总经理办公会或项目公司总经理批准后，遵照执行。

基础档案

序号	“运营管理手册的编制和批准”基础档案
1	项目公司内部会议纪要，附决议文件
2	运营管理手册草案，项目公司内部评审及决议文件
3	正式修订提交的运营管理手册，附总经理办公会决议文件及会议纪要
4	全员交底记录
5	各人工作任务清单
6	其他相关文件等

第 98 条：经营管理制度的更新和发布

项目公司应根据《项目公司标准操作规程》第 35 条规定，及时更新项目公司经营管理制度，以适配运营管理需求。经营管理制度更新完成后，应根据公司章程的规定，通过“三会”程序正式发布，方可生效执行。

项目公司应根据内部审计管理制度，定期对管理制度的执行进行内审，每年不低于一次。当经营管理制度发生执行偏差时，应专人跟踪、专项处理，直至偏差纠正。

基础档案

序号	“运营管理制度的更新和发布”基础档案
1	项目公司内部会议纪要，附决议文件
2	经营管理制度更新草案，项目公司内部评审及决议文件
3	正式修订提交的更新版经营管理制度，附董事会决议文件及会议纪要
4	全员交底记录
5	各人工作任务清单
6	其他相关文件等

第 99 条：运营期履约保函的提交和管理

项目公司应按照投融资项目合同的约定及时向实施机构提交运营期履约保函，并专人跟踪管理，使保函持续处于有效期内，同时应严格控制履约保函的被提取。

履约保函应为见索即付保函，但实施机构提取保函时，应附相应证据，确保提取合规。实施机构不当提取时，项目公司应及时追索，不得形成“管理真空”，导致实质性损失。

基础档案

序号	“运营期履约保函的提交和管理”基础档案
1	投融资项目合同中关于运营期履约保函的约定和要求
2	金融机构对于开具运营期履约保函的条件和要求
3	向股东方发出的相关工作联系函或相关会议纪要

续表

序号	“运营期履约保函的提交和管理”基础档案
4	正式的运营期履约保函及实施机构签收记录
5	过程管理记录
6	保函提取记录以及完整附件（或有）
7	项目公司内部会议纪要及完整的处理记录
8	提交的新的保函文件以及实施机构签收记录
9	其他相关文件等

第 100 条：运营期保险的购买

项目公司应充分识别项目运营潜在危险源，并制订保险购买方案，提交实施机构批准或备案后，及时、足额购买。购买保险的凭证，应根据投融资项目合同的约定及时向实施机构提交，同时应在项目公司经营管理月报中体现。

项目公司还应定人管理，使保险持续处于有效期内。根据保险合同的规定，当被保险人发生变化时（如人员流动变化），应及时向保险公司进行报备更新。

基础档案

序号	“运营期保险的购买”基础档案
1	项目公司全员共同确认的潜在危险源清单
2	各保险公司的初步保险方案
3	项目公司确定的保险拟采购方案

续表

序号	“运营期保险的购买”基础档案
4	报实施机构的工作联系函
5	完整保险采购记录文件
6	正式签订的保险合同
7	保险合同在实施机构的备案记录或签收记录
8	综合管理部过程管理文件、赔付记录（或有）
9	其他相关文件等

第 101 条：获得正式运营许可

项目公司应根据《项目公司标准操作规程》第 4 条规定，在建设期内完成运营所需的资质申领工作。

项目试运营结束后，项目公司应及时获得实施机构签发的正式运营证书，运营证书应明确项目具备正式运营条件，且明确载明正式运营起始日。

当不能获得实施机构签发的正式运营证书时，项目公司应明确原因，积极消除影响，并固定证据，作为追索责任的依据，相关过程应有律师参加。必要时，可以向相关方发出律师函。

基础档案

序号	“获得正式运营许可”基础档案
1	投融资项目合同中关于进入正式运营的相关条款
2	竣工验收合格证书
3	试运营验收通过证书

续表

序号	“获得正式运营许可”基础档案
4	正式运营证书
5	或有的会议纪要、专项报告、往来文件、律师函
6	其他相关文件等

第 102 条：委托运营单位的选择

项目公司委托第三方运营的，应严格执行采购管理制度。采购时，可以依据《项目公司标准操作规程》第 82 条的规定实施，邀请实施机构派出代表监督，共同开标、评标与定标，由项目公司发出中标通知书并签订合同。

项目公司也可以委托第三方招标代理机构进行采购，其中，运营费用不得突破投融资项目合同约定的上限。

项目公司应完整保存相关采购文件，并按照《项目公司标准操作规程》第 71 条的规定，与对应合同合并存档。以上采购管理成果文件，应随时完成、随时存档，不得滞后。

委托运营单位的选择应在当期项目公司经营管理月报中专章体现。

基础档案

序号	“委托运营单位的选择”基础档案
1	项目公司内部确认运营方式的文件（委托第三方运营）
2	采购方案的策划（采购要求、标准等）及项目公司内部评审通过的文件

续表

序号	“委托运营单位的选择”基础档案
3	招标文件的审定和确认
4	完整招标采购过程文件
5	相关的会议纪要、专项报告、往来文件
6	其他相关文件等

第 103 条：委托运营合同的签订

项目公司应严格执行合同管理制度，履行合同审批流程，合同评审应附法律意见书。当投融资项目合同有约定时，委托运营合同可以提交实施机构审核。

合同签订时，应明确具体的签约日期，不得留有空白。

合同签订生效后一周内，项目公司应向实施机构提交一份合同原件备案。

基础档案

序号	“委托运营合同的签订”基础档案
1	委托运营合同的起草文件及初稿
2	内部评审记录
3	律师评审意见
4	合同谈判备忘录
5	合同修订评审记录、法律意见书
6	委托运营单位的中标通知书

续表

序号	“委托运营合同的签订”基础档案
7	项目公司内部审批通过的文件
8	正式签订的委托运营合同
9	其他相关文件等

第 104 条：委托运营合同的内部交底与 WBS 深度任务分解

委托运营合同签订完成后，前端负责人员应向后端运营管理人员进行内部交底，同时，运营管理团队应对合同进行深度学习，完成 WBS 深度任务分解工作，内部交底与任务分解可以合并进行。

合同交底应以专项会议形式正式进行，就合同内容逐条分解，应分别确认责任人、实施方案、责任时间以及要求的成果目标，不得流于形式。交底会议应形成正式的会议纪要，参与交底的全部人员应在交底记录上签名确认。

WBS 深度任务分解应结合岗位职责，最终形成各管理人员的工作目标责任书（工作任务清单），以此作为个人考核的原始依据。

基础档案

序号	“委托运营合同的内部交底与 WBS 深度任务分解”基础档案
1	委托运营合同
2	合同管理制度文件
3	内部合同交底会议纪要，附完整交底记录

续表

序号	“委托运营合同的内部交底与 WBS 深度任务分解”基础档案
4	合同 WBS 深度任务分解记录，附完整会议纪要
5	重要工作的专项处理方案
6	其他相关文件等

第 105 条：运营期绩效考核的交底与 WBS 深度任务分解

项目公司应根据委托运营合同的约定，明确运营期绩效考核中各项工作的完成标准，并与《项目公司标准操作规程》第 104 条形成的管理人员工作任务清单结合，逐条交底，责任到人，不得遗漏。

形成精确到各岗位各人的工作任务清单、工作任务清单完成标准的同时应明确相关工作的实施方案、完成时限、形成的管理成果要求等，并通过正式文件进行发布。若岗位人员发生调整变动，应做好详细的交底、交接后，方可办理人员变动手续。

原则上，项目公司应于每月 24 日定期检查任务清单完成情况，并根据偏差制定解决方案，逐条销项，以此作为各岗位个人的工作绩效考核内容之一。

基础档案

序号	“运营期绩效考核的交底与 WBS 深度任务分解”基础档案
1	正式签发的会议纪要
2	团队成员确认的详细工作任务清单和要求
3	其他相关文件等

第 106 条：委托运营合同与运营期绩效考核的外部交底

项目公司在委托运营合同进行 WBS 深度任务分解后，应及时对被委托运营单位开展正式合同外部交底。

委托运营合同外部交底应以专项会议的形式正式进行，就合同背景，合同关键事项，《项目公司标准操作规程》第 103 条、第 104 条、第 105 条的内容逐条交底，应分别确认责任人、实施方案及责任时间，不得流于形式。外部交底会议应形成完整的会议纪要，参与外部交底的全部人员应在交底记录上签名确认。

当项目公司与被委托运营单位为同一人时，可以将“委托运营合同交底”与“委托运营合同的 WBS 深度任务分解”、“运营期绩效考核的 WBS 深度任务分解”工作合并进行。

基础档案

序号	“委托运营合同与运营期绩效考核的外部交底”基础档案
1	外部交底会议纪要，附与会人员签字的完整交底记录
2	重要工作的专项处理方案
3	其他相关文件等

第 107 条：运营工作的动态管理

项目公司应严格按照运营管理相关制度执行，对运营管理工作进行持续、动态管理，对运营结果负责。

项目公司应通过运营方案策划、执行监管、监督检查、偏差纠正的 PDCA 方式开展动态管理工作，并对过程管理成果文件，妥善存档。重大运营管理问题，应根据公司章程的约定，通过

“三会一层”程序集体决策，重要运营相关问题，应有律师参与，并出具法律意见书。项目公司还应通过定期的内部审计，对运营管理工作进行检查。

运营动态管理工作，应形成项目公司经营管理月报，定期向实施机构、股东方进行通报，确保项目相关方沟通顺畅、信息流一致。

基础档案

序号	“运营工作的动态管理”基础档案
1	项目公司经营管理月报
2	专项工作的处理报告
3	或有的会议纪要、往来文件、专项报告、法律意见书、内部审计报告
4	整改通知及对应的整改完成报告、照片
5	项目公司年度运营管理工作档案（年初计划、具体实施执行等过程文件）
6	其他相关文件等

第 108 条：运营成本的动态确认

项目公司应根据投融资项目合同的约定，妥善记录运营期间产生的各项运营成本，及时、定期进行过程确认。根据合同约定须报审计确认的，应专人跟踪、专项处理，直至获得审计报告。

基础档案

序号	“运营成本的动态确认”基础档案
1	项目公司内部评审记录，附批准通过的年初运营方案及运营成本预算
2	实施机构签收记录及相关批复文件
3	股东会决议文件，附决议通过的运营方案、成本预算
4	或有的政府发出的运营标准变化文件
5	或有的备忘录或投融资项目合同补充协议
6	每月运营成本结算文件以及跟踪审计审定报告
7	年度运营成本确认文件
8	相关会议纪要、专项报告、往来文件
9	第二年的运营方案及运营成本预算
10	其他相关文件等

第 109 条：调价管理

项目公司应按照投融资项目合同的约定，满足调价条件时应及时申请调价，不得滞后。调价工作应专人跟踪、专项处理，直至调价工作完成，必要时，可以聘请外部专家或律师参与，协助处理。

调价申请报告至少应包括调价申请报告、调价的金额、调价的依据、调价的计算过程，其他相关文件等。

相关调价工作应在项目公司经营管理月报中专章体现。

基础档案

序号	“调价管理”基础档案
1	投融资项目合同中关于调价的约定
2	相关管理制度和政策文件
3	各期信息价、市场价的文件记录
4	历次调价台账以及对应的完整调价申请、批准确认文件
5	跟踪审计确认文件
6	其他相关文件等

第 110 条：运营期采购管理

项目公司应严格执行采购制度。项目公司的采购应依据《招标投标法》和《必须招标的工程项目规定》，根据《项目公司标准操作规程》第 82 条的规定开展具体采购工作。

项目公司应完整保存运营期采购文件，并按照《项目公司标准操作规程》第 71 条的规定，与对应合同合并存档。以上采购管理成果文件，应随时完成、随时存档，不得滞后处理。

采购管理工作应在当期项目公司经营管理月报中专章体现。

基础档案

序号	“运营期采购管理”基础档案
1	年度采购管理计划，附项目公司内部评审会议纪要
2	实施机构签收记录，书面批复文件（或有）
3	第三方招标代理机构确认文件

续表

序号	“运营期采购管理”基础档案
4	完整采购过程文件（招标代理机构提供）
5	合同评审记录
6	中标通知书、签订的协议
7	实施机构签收记录
8	其他相关文件等

第 111 条：运营期合同动态管理

项目公司应严格执行合同管理制度，根据《项目公司标准操作规程》第 71 条的规定开展具体合同管理工作。

合同管理应按照全生命周期进行动态管理，管理成果要求按照规定顺序统一采用封面、目录、档案、封尾的样式进行存档；合同履约完成关闭后，要求将以上文件梳理后，正式胶装归档。

需要签订补充协议的，按照《项目公司标准操作规程》第 133 条补充协议的处理执行。

基础档案

序号	“运营期合同动态管理”基础档案
1	合同原件
2	合同评审文件、合同交底文件
3	合同对应采购文件（招标文件、答疑文件、投标文件、评标记录、定标文件、中标通知书等）

续表

序号	“运营期合同动态管理”基础档案
4	合同 WBS 深度任务分解文件以及逐月动态管理文件，包括会议纪要、任务清单、动态完成情况等
5	合同执行文件：项目概况、实施计划、动态执行简报、付款记录、变更签证台账、问题整改记录、结算付款、特殊情况专项报告、补充协议等
6	合同关闭总结报告
7	重要往来函件、文件签收记录、政府发文、相关政策
8	其他相关文件等

第 112 条：运营期档案管理

项目公司应严格执行档案管理制度、信息管理制度和档案安全管理制度，根据《项目公司标准操作规程》第 37 条、第 84 条的规定开展具体档案管理工作。档案管理可以与统计管理合并进行。

项目公司应建立完整的运营、养护、维修、中大修、更新重置档案，对项目运营内容应及时、完整、妥善归档，应做到管理事项可追溯。

基础档案

序号	“运营期档案管理”基础档案
1	档案管理制度
2	档案管理体系及对应清单，及其匹配的存档文件

续表

序号	“运营期档案管理”基础档案
3	每月 24 日自检报告
4	完善整改任务清单，附相关会议纪要
5	相关工作联系函、专项会议纪要、书面整改通知
6	其他相关文件等

第 113 条：运营期往来文件管理

项目公司应根据《项目公司标准操作规程》第 23 条的规定开展具体往来文件管理工作。

基础档案

序号	“运营期往来文件管理”基础档案
1	正式发布的项目公司档案管理制度
2	《运营期往来文件 ×××× 年度档案》
3	其他相关文件等

第 114 条：法务管理

项目公司应严格执行法务管理制度，根据《项目公司标准操作规程》第 41 条的规定开展具体法务管理工作。

建议项目公司聘请专业法律顾问，重要事项出具法律意见书，并经总经理办公会集体决议后执行（公司章程另有规定的，从其规定）。

基础档案

序号	“法务管理”基础档案
1	更新批准后的正式法务管理制度文本
2	董事会决议相关文件
3	宣贯、学习的会议纪要文件，附照片
4	管理制度执行成果文件
5	项目公司年度法务管理专项档案
6	其他相关文件等

第 115 条：运营期绩效考核的准备和开展

项目公司应严格执行投融资项目合同的约定，依据《项目公司标准操作规程》第 105 条的规定落实运营期绩效考核相关工作。

项目公司应提前做好运营期绩效考核的各项准备工作，之后再提请实施机构开展。准备时，应根据绩效考核办法约定的程序，逐项落实对应工作，责任到人、实物到位、详细策划、提前演练，确保考核工作流畅；还应根据绩效考核细则，逐条准备好对应的管理成果文件，顺序摆放，做到考核内容与成果内容紧密对应、精准匹配，同时对考核现场进行针对性清理和预演，提前锁定考核得分。

考核过程中，项目公司应及时跟踪，对于考核反馈的问题现场反馈，对于遗留需要整改的问题，应专人负责、限时完成，并在时限内提交整改完成报告，直至问题关闭。

绩效考核完成后，项目公司应及时获得运营期绩效评价报告，并在当期项目公司经营管理月报中专章体现。

基础档案

序号	“运营期绩效考核的准备和开展”基础档案
1	项目公司内部会议纪要，附工作任务分解清单
2	每月 24 日自检报告
3	绩效考核细则逐项内容对应的管理成果文件
4	绩效考核通知、方案、要求
5	实施机构正式签发的绩效评价报告
6	补充答疑、整改的证据文件
7	相关的会议纪要、往来文件、专项报告
8	其他相关文件等

第 116 条：项目回款落实

运营期绩效考核完成后，项目公司应根据投融资项目合同的约定，及时向实施机构提请付费。

提请付费的文件至少应包括：

1. 请款报告。请款报告应根据投融资项目合同的约定和绩效考核结果，明确计算过程并计算出付费金额。

2. 工程竣工验收合格证书。

3. 决算审计报告，以确定付费计算基数。

4. 运营期绩效考核过程中发现的问题及其整改完成、验收通过的报告等。

请款报告应及时提交实施机构审核、批准，同时开具等额增值税专用发票，并敦促其提交财政部门及时支付。其中，增值税税率应为 6%。

基础档案

序号	“项目回款落实”基础档案
1	投融资项目合同中关于回款的约定
2	项目公司回款工作方案和工作任务清单
3	请款报告及其相关附件
4	实施机构、财政部门批示文件
5	财务确认的资金流水
6	或有的向实施机构发出的催付函
7	或有的相关会议纪要、专项报告、往来文件以及律师函
8	其他相关文件等

第 117 条：不能及时回款的处理

当实施机构（或财政部门）不能及时、足额付费时，项目公司应专项处理，向实施机构发出公函，明确违约责任和后果，并积极敦促实施机构拿出解决方案。律师应全程参与该工作。

双方达成一致意见延期付款的，项目公司应明确资金缺口处理方案，相应资金成本、违约责任等核心条件，经“三会一层”决议通过后，应以投融资项目合同补充协议的形式进行确认。补充协议应经本级人民政府书面批准。

双方无法形成一致意见的，项目公司应根据投融资项目合同的约定执行，及时向实施机构主张违约责任，不得滞后。

本项工作应在项目公司经营管理月报中专章体现。

基础档案

序号	"不能及时回款的处理"基础档案
1	向实施机构发出的公函及其签收记录
2	或有的专项会议纪要、往来函件，律师函
3	实施机构发文或本级人民政府批文
4	双方协商一致的备忘录或投融资项目合同补充协议
5	其他相关文件等

第 118 条：银行还本付息的处理

项目公司应根据融资协议的约定及时、足额还款。项目公司在签订融资协议前应充分考虑政府方付费的时点与还本付息时点之间的时差，并提前合理筹划。

当政府方不能及时足额付费，项目公司不能正常还款时，应根据《项目公司标准操作规程》第 116 条的规定，提前策划处理方案，必要时可以采用股东借款方式。股东借款应明确借款金额、借款利息、借款周期，通过股东借款协议形式确定，并经股东会决议通过后签订。相关资金成本应由责任方承担。

基础档案

序号	"银行还本付息的处理"基础档案
1	融资协议相关约定
2	财务管理制度
3	资金使用计划及批准文件

续表

序号	“银行还本付息的处理”基础档案
4	股东会决议（或有）
5	还本付息的资金流水
6	或有的股东借款协议（若有，应附股东会决议和资金流水）
7	相关的会议纪要、专项报告、往来文件
8	其他相关文件等

第 119 条：超额收益的处理

当项目产生计划外超额收益时，项目公司应按照公司章程和投融资项目合同的约定，通过“三会一层”程序决议后，遵照实施。

基础档案

序号	“超额收益的处理”基础档案
1	超额收益确认文件
2	超额收益处理的初步方案，项目公司内部会议纪要及决议
3	股东会决议文件，附最终确认方案
4	过程执行文件，附资金流量表
5	相关会议纪要、专项报告、往来文件
6	其他相关文件等

第 120 条：资产证券化的处理

项目公司计划采用资产证券化方式进行再融资时，应根据投融资项目合同的约定，先行策划资产证券化的初步方案，通过市场测试确认其可行性。

资产证券化方案可行的，应向实施机构提请专项报告，获得支持，同时应通过“三会一层”程序决议后实施。

相关工作应在项目公司经营管理月报中专章体现。

基础档案

序号	“资产证券化的处理”基础档案
1	资产证券化的初步方案，项目公司内部会议纪要及决议
2	股东方确认文件
3	实施机构确认文件
4	相关会议纪要、专项报告、往来文件
5	和金融机构确认的方案以及过程执行文件，附资金流量表
6	资金使用方案，股东会确认文件
7	资金使用记录、台账及其完整附件
8	其他相关文件等

第 121 条：非项目公司原因造成计划外暂停服务的处理

非项目公司原因造成计划外暂停服务的，项目公司的处理应执行投融资项目合同的约定。

事件发生时，项目公司应第一时间采取应急措施避免损失进一步扩大，同时向实施机构汇报，明确事件及其成因，固定好相关证据，避免违约责任风险的产生。事件处理中，项目公司应积极、主动推进处理，尽快恢复项目运营。涉及费用和/或运营期延长的，应协同实施机构共同落实。由于非项目公司原因造成计划外暂停服务的，项目公司还应获得绩效考核豁免的文件。事件处理完成后，项目公司可以向责任方进行追索赔偿，实施机构应予支持和协助。律师应全程参与该工作。

相关事项应在项目公司经营管理月报中专章体现。

基础档案

序号	"非项目公司原因造成计划外暂停服务的处理"基础档案
1	具体事件的专项报告以及实施机构签收文件
2	初步处理方案以及项目公司内部会议决议文件
3	实施机构的书面批复
4	或有的会议纪要、专项报告、往来文件
5	或有的法律意见书、律师函
6	相关方共同确认的处理方案
7	具体执行、处理过程文件
8	其他相关文件等

第 122 条：中期评估工作的准备和开展

项目实施 3 至 5 年，具备中期评估条件时，项目公司应按照投融资项目合同的约定推进中期评估工作。

项目公司应提前对中期评估工作进行准备和安排：

1. 投融资项目合同中对中期评估工作约定不明时，项目公司应按照有关政策编制中期评估方案，报实施机构批准后，双方遵照执行；

2. 中期评估前，项目公司应根据政策规定和合同约定，提前准备己方诉求，并匹配相应支撑性材料，确保相关主张可以顺利通过；

3. 项目公司还应根据中期评估方案，提前做好评估准备工作，使评估工作可以顺利、高效完成；

4. 经过评估，需要通过投融资项目合同补充协议进行确认的事项，项目公司应及时编制补充协议，按照合同管理制度经内部评审通过，并和实施机构沟通一致，获得本级人民政府书面批准后，方可签订。

相关工作应在项目公司经营管理月报中专章体现。

基础档案

序号	“中期评估工作的准备和开展”基础档案
1	投融资项目合同中关于中期评估工作的相关约定
2	中期评估初步方案和内容
3	项目公司内部准备文件，附相应会议纪要及决议文件
4	中期评估记录、会议纪要、整改通知
5	项目公司回复文件（可能包含整改文件）
6	专项处理方案、或有的投融资项目合同补充协议
7	相关会议纪要、专项报告、往来文件
8	或有的专家评议报告、法律意见书
9	投融资项目中期评估专项管理档案
10	其他相关文件等

第 123 条：设备更新、中大修专项管理

项目公司应严格执行投融资项目合同的约定，依据《项目公司标准操作规程》第 96 条、第 97 条、第 107 条的规定开展设备更新、中大修专项管理工作。

项目公司应编制详细的设备更新、中大修专项方案，并附相应成本测算，报实施机构书面批准，项目公司根据批准意见执行。

相关工作应在项目公司经营管理月报中专章体现。

基础档案

序号	“设备更新、中大修专项管理”基础档案
1	投融资项目合同中关于设备更新、中大修的约定
2	设备更新、中大修方案以及相应预算，附项目公司内部会议纪要及确认文件
3	向实施机构报送的记录以及实施机构的批准文件
4	相关资金计划和预算，附股东会决议文件
5	具体执行文件，含费用支付记录
6	验收合格报告，含完整附件
7	费用申报及跟踪审计确认报告
8	相关的会议纪要、专项报告、往来函件
9	其他相关文件等

第 124 条：运营期履约保函的退还

项目运营期结束，进入移交阶段前，项目公司应及时向实施

机构申请运营期履约保函的退还，不得滞后。

运营期履约保函可以退还，也可以转为移交履约保函，根据投融资项目合同的约定以及财务部意见执行即可。

基础档案

序号	"运营期履约保函的退还"基础档案
1	投融资项目合同中关于运营期履约保函退还的约定
2	相关财务管理制度
3	运营期履约保函退还的申请报告
4	退还记录或转为移交履约保函的记录
5	其他相关文件等

第 125 条：移交履约保函提交

项目公司应按照投融资项目合同的约定及时向实施机构提交移交履约保函，并派专人跟踪管理，使保函持续处于有效期内，同时应严格控制保函的被提取。

移交履约保函应为见索即付保函，但实施机构提取保函时，应附相应证据，确保提取合规。当实施机构不当提取时，项目公司应及时追索，不得形成"管理真空"，避免产生实质性损失。

项目公司向实施机构移交完成后，实施机构应于 10 日内退还履约担保。

基础档案

序号	“移交履约保函提交”基础档案
1	投融资项目合同中关于移交履约保函的约定和要求
2	金融机构对于开具移交履约保函的条件和要求
3	向股东方发出的相关工作联系函或相关会议纪要
4	正式的移交履约保函及实施机构签收记录
5	过程管理记录
6	提取保函记录及其完整附件（或有）
7	项目公司内部会议纪要及完整的处理记录
8	提交的新的保函文件及实施机构签收记录
9	其他相关文件等

第 126 条：项目移交方案策划和准备

项目公司应严格执行投融资项目合同的约定，对项目公司经营管理大纲中的移交方案进行更新和确认，同时还应编制移交前大修计划与方案，报实施机构书面批准，根据批准意见执行。

项目公司应根据批准的方案做好移交前的准备工作，且相关工作应在项目公司经营管理月报中专章体现。

基础档案

序号	“项目移交方案策划和准备”基础档案
1	初步移交方案及项目公司内部会议决议文件
2	实施机构的批准文件

续表

序号	“项目移交方案策划和准备”基础档案
3	或有的会议纪要、专项报告、往来文件、项目公司经营管理月报
4	修订后，双方共同确认的正式移交方案
5	项目公司根据移交方案准备的各项移交文件台账及其对应的档案
6	其他相关文件等

第 127 条：移交工作小组的成立

项目公司应根据批准的移交方案，和实施机构在约定时间共同成立移交工作小组。

移交工作小组成员应包括实施机构、政府出资代表、行业主管部门、财政部门、移交接收机构和国有资产管理部门的人员，以政府或实施机构的正式公文为准。

基础档案

序号	“移交工作小组的成立”基础档案
1	初步移交方案及项目公司内部会议决议文件（含移交小组成员名单）
2	报实施机构的批准文件
3	或有的会议纪要、专项报告、往来文件
4	报本级人民政府的批准文件或正式回复意见
5	修订后，双方共同确认的正式移交方案（含移交小组成员名单）
6	其他相关文件等

第 128 条：项目移交的启动与落实

项目公司应根据投融资项目合同的约定以及批准的移交方案，和移交工作小组共同制定移交清单，开展最后恢复性大修、性能测试和员工安置工作，最终对移交资产进行验收、交接。

性能测试结果不达标的，项目公司应及时采取恢复性修理、更新重置等方案，整改到位，获得正常移交。

项目公司还应对项目接收小组进行系统培训，确保项目能持续、稳定服务。

相关移交工作应在项目公司经营管理月报中专章体现。

基础档案

序号	“项目移交的启动与落实”基础档案
1	投融资项目合同中关于移交的约定
2	正式批准的移交方案
3	恢复性修理、更新重置整改记录以及验收记录（或有）
4	项目公司对接收小组的培训记录
5	相关会议纪要、专项报告、往来文件、项目公司经营管理月报
6	正式移交的物资、材料清单（各方正式签字确认）
7	移交的其他工作专项方案与落实文件
8	其他相关文件等

第 129 条：项目整体移交

项目公司应提前将项目资产、权益和技术法律文件、公司完整档案进行归类、登记、造册，连同资产清单交给移交工作小组或政府指定接收单位，依法办理转让、变更程序以及管理权移交手续，直至项目整体平稳交接完成。

项目公司应配合实施机构做好项目运营平稳过渡的相关工作。

基础档案

序号	“项目整体移交”基础档案
1	投融资项目合同中关于移交的约定
2	正式批准的移交方案
3	相关会议纪要、专项报告、往来文件
4	双方正式确认的交接完成的书面文件
5	其他相关文件等

第 130 条：移交履约保函的退还

项目公司根据投融资项目合同的约定完成项目整体移交后，应及时向实施机构申请移交履约保函的退还，不得滞后。

基础档案

序号	“移交履约保函的退还”基础档案
1	投融资项目合同中关于移交履约保函退还的约定
2	相关财务管理制度
3	移交履约保函退还的申请报告
4	退还记录
5	其他相关文件等

第 131 条：项目总结与后评价

项目公司完成整体移交后，团队在解散前应对项目整体的管理经验教训进行系统总结，形成经验性管理成果，并给出管理意见或建议，该成果可以提交给实施机构或指定接收单位，以示提醒；应当提交股东公司，作为未来同类型项目投资、管理的经验性建议成果。

鼓励将该等成果形成论文、典型案例、工作操作指南、实务著作等成果。

基础档案

序号	“项目总结与后评价”基础档案
1	全体管理人员参加讨论的会议纪要
2	具体事件的复盘专项报告
3	各人经验教训总结报告
4	或有的论文、典型案例、工作操作指南、实务著作等
5	项目各期后评价报告
6	其他相关文件等

第 132 条：合同争议的处理

项目公司应按照投融资项目合同约定的方式解决双方争议问题，争议处理过程中，律师应全程参与。

一般争议，建议采用以下简易程序处理：

1. 从政府专家库中随机选取 3 至 5 名相关行业专家（含 1 名

律师），组成专家小组；

2. 就争议问题，请专家小组研讨并出具正式的解决方案，必要时，可以请律师同时出具法律意见书；

3. 专家小组全员签字的合意作为争议的最终处理意见，项目公司和实施机构应遵照执行。

4. 专家费用由项目公司承担。

专家小组不能形成正式合意或项目公司和实施机构均不采纳专家小组意见的，再行采用投融资项目合同约定的仲裁或诉讼程序。

基础档案

序号	“合同争议的处理”基础档案
1	投融资项目合同中关于争议纠纷处理的约定
2	争议事件的专项报告，法务或律师出具的处理意见
3	项目公司内部会议决议及初步处理方案
4	相关的会议纪要、专项报告、往来函件
5	专家评议合议报告（或有）
6	法律意见书（或有）
7	各方共同确认的处理方案
8	具体执行文件及过程记录
9	仲裁或诉讼完整记录
10	其他相关文件等

第 133 条：补充协议的处理

当投融资项目合同约定不明或项目执行情况发生实质性变化时，项目公司应及时协调实施机构通过投融资项目合同补充协议进行确认，明确双方的责任、权利和义务，保障双方权益，不得滞后。

投融资项目合同补充协议文本，应根据合同管理制度履行审批程序，应附法律意见书。

投融资项目合同补充协议签订前，应获得本级人民政府书面批准。

基础档案

序号	“补充协议的处理”基础档案
1	投融资项目合同中关于补充协议的处理约定
2	相关政策规定
3	合同管理制度规定
4	补充协议事件专项报告，附补充协议初步文本、项目公司内部会议及决议文件
5	和实施机构的谈判会议纪要
6	补充协议修订文件及法律意见书
7	项目公司内部审批文件、股东批准文件、本级人民政府批准文件
8	正式签订的补充协议文本
9	信息公示记录
10	相关的会议纪要、专项报告、往来文件
11	其他相关文件等

第 134 条：情势变更的处理

投融资项目合同的条款原则上不得变更，因重大情势变更确需调整，或者涉及非实质性条款的调整、补充或完善的，项目公司应和实施机构协商一致，按照投融资项目合同约定的条件和程序进行修订，报本级人民政府审核同意后执行。合同修订不得导致项目公司、实施机构、社会公众及其他相关方的合法权益受到损害。

基础档案

序号	“情势变更的处理”基础档案
1	投融资项目合同中关于情势变更的处理约定
2	相关政策规定
3	合同管理制度规定
4	重大情势变更事件专项报告，附处理方案初步文本、项目公司内部会议及决议文件
5	和实施机构的谈判会议纪要（建议附法律意见书）
6	处理方案的修订文件
7	项目公司内部审批文件、股东批准文件、本级人民政府批准文件
8	各方正式确认的处理方案或补充协议文本
9	信息公示记录
10	相关的会议纪要、专项报告、往来文件
11	其他相关文件等

第 135 条：不可抗力的处理（或有）

当不可抗力发生时，项目公司应严格执行投融资项目合同的约定，妥善准备好相关证据，并在合同约定时限内向实施机构主张费用和 / 或工期补偿。律师应全程参与索赔工作，项目公司应派专人跟踪，专项处理，直至索赔工作完成。

该项工作内容应在项目公司经营管理月报中体现。

基础档案

序号	“不可抗力的处理（或有）”基础档案
1	投融资项目合同中关于不可抗力的约定
2	相关政策规定
3	不可抗力事件专项报告，附相关证明文件
4	向实施机构提交的正式索赔报告
5	实施机构的正式批复（若必要，应附授权书）
6	相关的会议纪要、专项报告、往来函件
7	政府发文
8	其他相关文件等

第 136 条：合同提前终止管理（或有）

当发生特殊情形，项目无法继续实施时，项目公司应严格按照投融资项目合同的约定程序提前终止合同。

项目公司应根据特殊情形产生的原因，提出相应的解决方案，如改变模式继续推进或直接清算退出等，并报股东方、实施机构确认。问题处理过程中，项目公司应始终处于主导状态，积极推进问题解决。

合同确需提前终止的，项目公司应及时完成项目清算工作，并推动政府审计限时完成，直至和实施机构签订投融资项目合同终止协议和还款协议。资金到位后，应当尽快向金融机构还本付息，并向社会资本方注资回款。

律师应全程参与本项工作，应出具重要事项的法律意见书，必要时，可以发出律师函。

基础档案

序号	“合同提前终止管理（或有）”基础档案
1	投融资项目合同中关于提前终止合同的约定
2	相关管理制度（合同管理制度）
3	提前终止事项的专项报告及处理方案，项目公司内部会议纪要及决议文件
4	报股东方的解决方案及股东方决议文件
5	报实施机构的正式文件，实施机构签收记录
6	实施机构的批准文件或回复意见
7	相关的会议纪要、专项报告、往来文件
8	法律意见书（或有）
9	本级人民政府批准文件、回复意见或会议纪要
10	各方确认一致的处理方案
11	终止协议、还款协议以及信息公示记录
12	其他相关文件等

第 137 条：项目公司固定提交的文件和报告

项目公司应及时、规范地向股东方和实施机构提交相关材料，保证各方信息流一致，积极争取获得各方的支持，保证项目顺利推进。相关材料至少应包括以下文件：

1. 向股东方提交的汇报类材料：合规性手续、项目公司经营管理大纲、项目公司经营管理月报、项目公司经营管理半年报、项目公司经营管理年度报告、项目保险、“三会一层”决议文件、项目月度例会或专项会议的会议纪要、特殊事项的专项报告、项目公司财务年报、项目公司内部审计报告或专项检查报告、政府审计报告等；

2. 向股东方提交的审批类材料：项目公司签订的协议及其评审意见、项目公司大额用款申请、项目公司对外重要发文、律师函、投融资项目合同补充协议及法律意见书、索赔报告等；

3. 向政府方提交的汇报类材料：项目公司经营管理月报、项目公司经营管理半年报、项目公司经营管理年度报告、项目月度例会或专项会议的会议纪要、特殊事项的专项报告、项目公司财务年报、项目公司专项检查报告、审计报告等；

4. 向政府方提交的请示、备案类材料：项目公司经营管理大纲（含建设方案、运营方案、移交方案等）、一级控制进度计划、采购计划、变更签证材料、调价申请报告、询价和认质认价文件、项目公司签订的合同原件、投融资项目合同补充协议等。

基础档案

序号	“项目公司固定提交的文件和报告”基础档案
1	项目公司研究确定固定提交的文件和报告，附相关决议文件
2	相关更新、调整的记录，附决议文件
3	工作联系函、会议纪要、审批文件、法律法规政策文件
4	其他相关文件等

第 138 条：项目公司应特别熟知项

项目公司应对法律法规、政策规定进行定期学习，应特别熟知以下基本规则并善加运用：

1. 遵循合同相对性和法不溯及既往的基本司法原则，并灵活运用。

2. 投融资项目风险分担原则明确，法律法规、政策风险由政府方承担，当有新的政策规定强制实施时，项目公司应遵照执行，但由此增加的费用应据实结算，纳入总投资或运营成本。

3. 投融资风险、建设风险和运营风险由项目公司（社会资本方）承担，因此，管理过程中实施机构对投融资、建设和运营提出投融资项目合同以外的条件时，应获得正式书面文件许可，不得根据口头要求执行。

4. “谁主张谁举证”原则，项目公司应将管理工作成果按照“有效证据”的要求形成完整证据链，并妥善存档。

5. 根据国家发展改革委《关于印发〈中央预算内直接投资项目概算管理暂行办法〉的通知》（国家发展改革委投资〔2015〕482 号）第 14 条规定，“因项目建设期价格大幅上涨、政策调整、地质条件发生重大变化和自然灾害等不可抗力因素等原因导致原核定概算不能满足工程实际需要的，可以向国家发展改革委申请调整概算”，项目公司不应承担地下土质情况变化而产生的后果。

基础档案

序号	“项目公司应特别熟知项”基础档案
1	无

第139条：投资收益动态管理

项目公司还应根据工作目标责任书定期对投资收益进行动态管理，分析建设期投资变化、投资节奏以及项目融资变化等因素对项目收益率及总利润的影响，指导项目实施及调整后续应对措施。

投资收益发生较大偏差时，应分析导致偏差的具体原因并作出纠偏方案，报总经理办公会决议后遵照执行。

基础档案

序号	“投资收益动态管理”基础档案
1	项目公司确认的工作目标责任书
2	定期测算的正式投资回报率文件及形成决议的整改措施
3	落实整改要求的文件
4	相关的会议纪要、专项报告、往来函件等
5	总经理办公会决议文件（或有）
6	其他相关文件等

第 140 条：附件

项目公司应当根据档案管理规定、各项工作要求，对相关的附件进行妥善收集、整理、归类和存档，确保形成完整的证据链，确保各项具体工作“依据充分、证据完整”。

基础档案

序号	“附件”基础档案
1	相关的附件

第三章

专项档案

专项档案是指具有明确主题的、强关联性的、同类型证据资料按照一定逻辑关系组卷的合集。以进度管理专项档案为例，所有与进度管理相关的档案成果，采用一定逻辑结构进行“链接”，使之逻辑清晰、前后有序，可以忠实呈现执行阶段进度管理的全过程，即为“专项档案”。

专项档案遵循两个内含逻辑，一是满足审计需要，二是满足管理需要。其核心是基于审计证据要求所作出的标准化、规范化应对，在此基础上，再结合项目公司经营管理所需，对相关证据资料进行适当加工、构建。

通常在审计时，审计人员可能会提出“进度是怎么管理的”“投资是怎么控制的”“采购是怎么实施的”“合同又是如何管理的”等问题，由于这些问题实际上是一个系统性问题，因此难以迅速作出简明扼要的清晰回答。在管理实践中，一般是按照职能部门的形式进行“切割式”管理，不同内容在不同部门进行管控，当需要提交相关审计证据时，还需要到各个部门协调提取，这就大概率会形成证据缺失，难以形成体系性的证据链效果，为了避免该种情形产生，可以通过提前构建证据链清单的方式来解决，专项档案也就应运而生。

根据实践经验，投融资项目专项档案通常包括“三会”管理专项档案、合规管理专项档案、合同管理专项档案、投资控制/商务管理专项档案、采购管理专项档案等45项，详见表3-1。在项目实践中，项目单位可以根据项目实际管理情况进行主题和数量的调整，确保适配管理所需。

表3-1 专项档案示例

序号	分类	专项档案名录
1	建设期管理专项档案	1.1 投融资项目合同全生命周期履约管理专项档案
2	建设期管理专项档案	1.2 项目合规管理专项档案
3	建设期管理专项档案	1.3 施工总承包合同全生命周期履约管理专项档案
4	建设期管理专项档案	1.4 项目投资控制/商务管理专项档案
5	建设期管理专项档案	1.5 项目设计变更、工程签证管理专项档案
6	建设期管理专项档案	1.6 项目进度管理专项档案
7	建设期管理专项档案	1.7 项目 HSE 管理专项档案
8	建设期管理专项档案	1.8 项目质量管理专项档案
9	建设期管理专项档案	1.9 监理单位管理专项档案
10	建设期管理专项档案	1.10 设计单位管理专项档案
11	建设期管理专项档案	1.11 跟踪审计单位管理专项档案
12	建设期管理专项档案	1.12 项目保险管理专项档案
13	建设期管理专项档案	1.13 项目履约保函管理专项档案
14	建设期管理专项档案	1.14 项目建设期绩效考核管理专项档案

续表

序号	分类	专项档案名录
15	运营期管理专项档案	2.1 委托运营合同全生命周期履约管理专项档案
16	运营期管理专项档案	2.2 项目试运营管理专项档案
17	运营期管理专项档案	2.3 项目保修管理专项档案
18	运营期管理专项档案	2.4 项目建筑物维护管理专项档案
19	运营期管理专项档案	2.5 项目设备设施维护管理专项档案
20	运营期管理专项档案	2.6 项目公用设施维护管理专项档案
21	运营期管理专项档案	2.7 项目道路系统养护管理专项档案
22	运营期管理专项档案	2.8 项目园林绿化养护管理专项档案
23	运营期管理专项档案	2.9 项目设备更新、中大修管理专项档案
24	运营期管理专项档案	2.10 项目中期评估管理专项档案
25	项目公司管理专项档案	3.1 项目公司制度管理专项档案
26	项目公司管理专项档案	3.2 项目公司工商管理专项档案
27	项目公司管理专项档案	3.3 项目公司人事组织管理专项档案
28	项目公司管理专项档案	3.4 项目公司党建管理专项档案
29	项目公司管理专项档案	3.5 项目公司股东会管理专项档案
30	项目公司管理专项档案	3.6 项目公司董事会管理专项档案
31	项目公司管理专项档案	3.7 项目公司监事会管理专项档案
32	项目公司管理专项档案	3.8 项目公司总经理办公会管理专项档案
33	项目公司管理专项档案	3.9 项目公司财务管理专项档案
34	项目公司管理专项档案	3.10 项目公司资金管理专项档案

续表

序号	分类	专项档案名录
35	项目公司管理专项档案	3.11 项目公司采购管理专项档案
36	项目公司管理专项档案	3.12 项目公司采购管理—关联交易专项档案
37	项目公司管理专项档案	3.13 项目公司一般合同管理专项档案
38	项目公司管理专项档案	3.14 项目公司法务管理专项档案
39	项目公司管理专项档案	3.15 项目公司印章管理专项档案
40	项目公司管理专项档案	3.16 项目公司会议纪要管理专项档案
41	项目公司管理专项档案	3.17 项目公司经营管理报告管理专项档案
42	项目公司管理专项档案	3.18 项目公司往来文件管理专项档案
43	项目公司管理专项档案	3.19 项目公司不可抗力管理专项档案
44	项目公司管理专项档案	3.20 项目公司培训管理专项档案
45	项目公司管理专项档案	3.21 项目公司经验管理专项档案

第一节　建设期管理专项档案

1.1　投融资项目合同全生命周期履约管理专项档案

整理投融资项目合同全生命周期履约管理专项档案的目的是，聚焦核心合同完全履约，使之完全受控，避免履约偏离产生违约责任、审计风险等不当后果。

本专项档案的责任部门通常为合同法务部。

专项档案

序号	投融资项目合同全生命周期履约管理专项档案（按年度）
一	**封面**
二	**目录**
三	**首页说明：关于投融资项目合同履约情况的说明，每月 25 日更新，使人对当前投融资项目合同履约现状一目了然**
四	**管理依据**
1	投融资项目合同中关于合同管理约定的条款
2	项目公司合同管理制度、程序与办法，附批准通过管理制度的董事会决议文件及正式发布的红头文件
3	项目公司经营管理大纲，附项目公司内部评审、批准文件
4	项目公司对于合同管理的书面规定、通知和要求
5	股东方书面通知、要求
6	政府发文及实施机构书面通知、要求
7	相关的法律法规、政策规定等
五	**投融资项目合同管理工作目标与任务分解，附完成情况及奖惩记录**
六	**投融资项目合同动态管理记录**
1	**投融资项目合同采购文件**
1.1	首页说明：本项合同采购的具体情况摘要
1.2	目录

续表

序号	投融资项目合同全生命周期履约管理专项档案（按年度）
1.3	项目资格预审文件
1.4	项目正式招标文件：招标文件、公示记录，投标文件，谈判备忘录，中标通知书等
2	**投融资项目合同签订文件**
2.1	正式签订的投融资项目合同，附补充协议（或有）
2.2	社会资本集团公司的书面批准文件（国企、央企）
2.3	本级人民政府书面批准文件（或有）
2.4	信息公示记录
3	**投融资项目合同交底与任务分解学习文件**
3.1	商务人员对项目公司管理人员的正式书面交底记录，附签到表、交底记录、现场照片等
3.2	项目公司全体人员对项目合同进行 WBS 深度任务分解学习的正式记录，附签到表、工作任务分解清单、现场照片等
4	**投融资项目合同履约文件**
4.1	目录
4.2	投融资合同动态管理情况，合同履约情况简报（每月 25 日）
4.2.1	投融资项目合同管理简报—1 月，通过具体目标工作与实际完成情况的比对，发现未完成的情况，明确下步工作的要求，直至问题关闭
4.2.2	投融资项目合同管理简报—2 月，通过具体目标工作与实际完成情况的比对，发现未完成的情况，明确下步工作的要求，直至问题关闭

续表

序号	投融资项目合同全生命周期履约管理专项档案（按年度）
4.2.3	投融资项目合同管理简报—3月，通过具体目标工作与实际完成情况的比对，发现未完成的情况，明确下步工作的要求，直至问题关闭
4.2.4	投融资项目合同管理简报—4月，通过具体目标工作与实际完成情况的比对，发现未完成的情况，明确下步工作的要求，直至问题关闭
4.2.5	投融资项目合同管理简报—5月，通过具体目标工作与实际完成情况的比对，发现未完成的情况，明确下步工作的要求，直至问题关闭
4.2.6	投融资项目合同管理简报—6月，通过具体目标工作与实际完成情况的比对，发现未完成的情况，明确下步工作的要求，直至问题关闭
4.2.7	投融资项目合同管理半年报
4.2.8	投融资项目合同管理简报—7月，通过具体目标工作与实际完成情况的比对，发现未完成的情况，明确下步工作的要求，直至问题关闭
4.2.9	投融资项目合同管理简报—8月，通过具体目标工作与实际完成情况的比对，发现未完成的情况，明确下步工作的要求，直至问题关闭
4.2.10	投融资项目合同管理简报—9月，通过具体目标工作与实际完成情况的比对，发现未完成的情况，明确下步工作的要求，直至问题关闭
4.2.11	投融资项目合同管理简报—10月，通过具体目标工作与实际完成情况的比对，发现未完成的情况，明确下步工作的要求，直至问题关闭

续表

序号	投融资项目合同全生命周期履约管理专项档案（按年度）
4.2.12	投融资项目合同管理简报—11 月，通过具体目标工作与实际完成情况的比对，发现未完成的情况，明确下步工作的要求，直至问题关闭
4.2.13	投融资项目合同管理简报—12 月，通过具体目标工作与实际完成情况的比对，发现未完成的情况，明确下步工作的要求，直至问题关闭
4.2.14	投融资项目合同管理年报
4.2.15	投融资项目合同管理专报（或有，如果有多份，那么可以按照第 1 期、第 2 期、第 3 期等排列）
4.3	投融资合同主要履约成果（根据合同内容确定）
4.3.1	建设阶段履约成果：实施机构批准的一级控制进度计划、实施机构或监理单位签发的开工通知、竣工验收合格证书、建设期绩效评价报告、跟踪审计报告、竣工结算报告、财务决算报告等
4.3.2	试运营履约成果：试运营验收合格证书
4.3.3	运营阶段履约成果：正式运营证书、运营期绩效评价报告、中期评估报告、回款记录等
4.3.4	其他履约成果：根据工作任务分解清单完成的成果、合同发生主要偏差的处理文件（或有）等
4.4	请款与付款记录
4.4.1	付款记录台账
4.4.2	历次付款申请、审批、付款、发票等完整文件
4.5	其他相关履约成果
5	**投融资项目合同关闭文件：**相关合同履约管理工作经验教训的总结与建议等

续表

序号	投融资项目合同全生命周期履约管理专项档案（按年度）
七	**特殊情况的处理（或有）**
1	**索赔或被索赔的处理文件**
1.1	索赔或被索赔申请报告，附签收记录
1.2	相关谈判记录、会议纪要
1.3	相关决议文件，附各方正式书面批准文件
1.4	相关处理记录文件
2	**补充协议文件**
2.1	首页说明：关于当前补充协议发起原因及签订情况的说明，及时更新，使人对当前补充协议签订现状一目了然
2.2	正式签署完成的投融资项目合同补充协议
2.2.1	附本级人民政府批准签订的书面文件
2.2.2	股东方书面批准文件
2.2.3	项目公司内部批准文件，附法务意见或法律意见书
2.3	项目公司对投融资项目合同补充协议的原始评审记录
2.4	其他相关文件：往来工作联系函、会议纪要、谈判记录、备忘录等
3	**投融资项目合同争议的处理文件**
4	**投融资项目合同提前终止文件**
5	**行政处罚记录（或有）**
5.1	行政处罚通知单
5.2	行政处罚事件的协调、处理记录（请示、汇报、协调等材料）
5.3	行政处罚事件的关闭记录

续表

序号	投融资项目合同全生命周期履约管理专项档案（按年度）
5.4	经验教训总结与建议（建议附落实情况记录）
八	**当年度工作总结与下年度工作安排**
1	当年度工作总结：相关工作经验、教训总结与建议等（含对合同条款、管理制度的建议）
2	下年度工作安排
九	**其他相关文件**
1	相关会议纪要、往来函件、通知、审批文件、专家论证等
2	相关法律法规及政策文件等
十	**封尾**

注：也可以按照专项进行管理，即不分年度，仅按合同专项管理。

实务风险提示：

投融资项目合同管理问题在实务中较为普遍，管理人员通常仅将投融资项目合同的文本进行简单的保存，多数不会从合同履约的角度进行系统思考，因此，本专项档案的核心在于合同管理观念的转变。具体包括：

1. 投融资项目合同来源的合规性，即合同的采购文件。

2. 投融资项目合同履约的前提条件，即合同的交底与任务分解文件。

3. 投融资项目合同履约的适当性，即合同动态管理记录，包括常规记录和特殊情况处理记录等。

4. 投融资项目合同关闭的完整性，即有始有终，确保合同始终处于可控状态。

从投融资项目合同全生命周期思考，沿着以上逻辑关系和档案清单执行，即可有效规避相关实务风险。

以上逻辑同样适用于对其他合同的管理。

1.2 项目合规管理专项档案

整理项目合规管理专项档案的目的是，明确项目合规边界，强调合规的重要优先等级，并将之作为专项工作去实施，确保项目持续处于合规状态。需要强调的是，以下清单为存量 PPP 项目的要求，新增特许经营项目所需的文件清单应当根据后续政策进行修改，不能完全照搬使用。

本专项档案的责任部门通常为工程管理部。

专项档案

序号	项目合规管理专项档案（按专项）
一	**封面**
二	**目录**
三	**首页说明：关于合规管理的情况说明，每月 25 日更新，使人对当前项目的合规状态一目了然**
四	**管理依据**
1	投融资项目合同中关于合规手续办理、要求约定的条款
2	项目公司合规管理制度、程序与办法，附批准通过管理制度的董事会决议文件及正式发布的红头文件
3	股东方书面通知、要求
4	政府发文及实施机构书面通知、要求
5	相关的法律法规、政策规定等

续表

序号	项目合规管理专项档案（按专项）
五	**项目合规手续办理工作目标与任务分解，附完成情况及奖惩记录**
六	**合规动态管理记录**
1	**投资人内部决策审批文件（适用于国企、央企）**
1.1	投资人自身公司批准的正式文件，如重大项目评审会、投资决策评审会、总经理办公会决议、董事会、党委会决议等
1.2	集团公司批准文件[①]
2	**存量 PPP 项目合规手续文件**
2.1	两评一案审议批准文件，含后续变更、调整后的重新批复文件
2.2	本级人民政府书面批准文件
2.3	本级人大同意政府方支出责任纳入一般公共预算支出的书面决议文件
2.4	本级人民政府对实施机构、出资代表的书面授权文件，含调整后的重新授权文件
2.5	实施机构、出资代表对实际管理人员的书面授权文件
2.6	实施机构对指挥部、重点项目办公室等临时管理机构的书面授权（或有）
3	**建设工程合规手续文件**
3.1	可行性研究报告或项目建议书
3.2	项目立项批复文件（审批、核准或备案），含后续变更、调整后的重新批复文件，估算调整专项记录
3.3	初步设计概算批复文件，含后续变更、调整后的重新批复文件，概算调整专项记录

续表

序号	项目合规管理专项档案（按专项）
3.4	施工图预算批复文件，含后续变更、调整后的重新批复文件
3.5	规划选址意见书
3.6	建设用地规划许可证
3.7	建设工程规划许可证
3.8	不动产权证 / 划拨许可
3.9	建筑工程施工许可证
3.10	安全监督、质量监督备案手续
3.11	图纸审批手续
3.12	监理签发的开工令或实施机构签发的开工许可
3.13	环保批准手续
3.14	消防批准手续
3.15	竣工验收手续
3.15.1	专项验收合格证书
3.15.2	竣工档案移交接收证书
3.15.3	项目竣工验收合格证书
3.16	其他相关合规手续
4	**运营合规手续文件**
4.1	被委托运营单位的运营资质许可（或有，只有运营项目涉及国家强制要求时才提供）
4.2	试运营合格证书（实施机构签发）
4.3	正式进入运营期的证书（实施机构签发）

续表

序号	项目合规管理专项档案（按专项）
4.4	其他相关合规手续文件：如合同约定必须提交的运营期履约保函、运营期保险、运营方案等
5	**其他相关合规成果文件**
七	**特殊情况的处理（或有）**
1	**土地指标与征地拆迁问题专项记录：**相关的专项报告、请示、协调会议、工期、费用索赔报告与批复等
2	**超概算情形的合规处理文件**
2.1	行政职能主管部门重新批复文件
2.2	财政部门重新批复或备案文件
2.3	本级人民政府书面批复文件
2.4	投融资项目合同补充协议
2.5	其他相关文件
3	**项目范围增加或减少的合规处理文件**
3.1	项目范围增加的
3.1.1	实施机构正式书面通知
3.1.2	项目公司、股东内部确认文件
3.1.3	相关行政批准文件（国家发展改革委、财政、其他行政职能部门）
3.1.4	按照投融资项目合同约定履行的合规批准文件
3.1.5	本级人民政府书面批准文件
3.1.6	投融资项目合同补充协议
3.1.7	其他相关文件
3.2	项目范围减少的

续表

序号	项目合规管理专项档案（按专项）
3.2.1	实施机构正式书面通知
3.2.2	项目公司、股东内部确认文件（包含提出的索赔报告）
3.2.3	实施机构书面批准确认文件（包含对索赔要求的批复）
3.2.4	相关行政批准文件（国家发展改革委、财政、其他行政职能部门）
3.2.5	按照投融资项目合同约定履行的合规批准文件
3.2.6	本级人民政府书面批准文件
3.2.7	投融资项目合同补充协议
3.2.8	其他相关文件
4	**甩项情形的合规处理文件**
4.1	实施机构正式书面通知
4.2	项目公司、股东内部确认文件（包含提出的索赔报告）
4.3	实施机构书面批准确认文件（包含对索赔要求的批复）
4.4	相关行政批准文件（国家发展改革委、财政、其他行政职能部门）
4.5	按照投融资项目合同约定履行的合规批准文件
4.6	本级人民政府书面批准文件
4.7	甩项协议
4.8	其他相关文件
5	**股权变更合规处理文件**
5.1	项目公司提出的股权变更申请（建议附法律意见书）
5.2	股东方内部确认的正式书面意见
5.3	实施机构批复文件

续表

序号	项目合规管理专项档案（按专项）
5.4	本级人民政府正式批复文件
5.5	项目公司股东会决议文件
5.6	股权变更记录（股东协议、公司章程、投融资项目合同调整文件）
5.7	市场监督管理部门备案文件
5.8	其他相关文件：会议纪要、请示报告与批复、法律意见书等
6	**行政处罚记录（或有）**
6.1	行政处罚通知单
6.2	行政处罚事件的协调、处理记录（请示、汇报、协调等材料）
6.3	行政处罚事件的关闭记录
6.4	经验教训总结与建议（建议附落实情况记录）
八	**当年度工作总结与下年度工作安排**
1	当年度工作总结：相关工作经验、教训总结与建议等（含对合同条款、管理制度的建议）
2	下年度工作安排
九	**其他相关文件**
1	相关会议纪要、往来函件、通知、审批文件、专家论证等
2	相关法律法规及政策文件等
十	**封尾**

①国务院国有资产监督管理委员会《关于加强中央企业 PPP 业务风险管控的通知》（国资发财管〔2017〕192 号）第 1 条规定，“明确集团对 PPP 业务管控的主体责任和各级子企业的具体管理责任，由集团总部（含整体上市的上市公司总部）负责统一审批 PPP 业务”。

实务风险提示：

项目合规手续不完善的问题属于高频高发问题，从实践来看，有两个原因：一是部分项目先天存在不足，二是管理人员不够重视。因此，本专项档案的核心在于引起管理人员的充分重视，帮助管理人员明确合规边界，只要重视合规，相关问题总有解决方案，否则，项目可能处于违规状态，可能会引发严重的不当后果。

需要提醒的是，由于部分政策失效，按照《国务院办公厅转发国家发展改革委、财政部〈关于规范实施政府和社会资本合作新机制的指导意见〉的通知》（国办函〔2023〕115号）的精神，"老项目老办法，新项目新办法"，以上专项档案清单部分内容在新项目使用中需要微调，如两评一案批准文件、人大决议文件等，新项目是不再需要的，各位读者应当知悉。

1.3 施工总承包合同〔1〕全生命周期履约管理专项档案

整理施工总承包合同全生命周期履约管理专项档案的目的是，聚焦总承包合同完全履约，对下游总承包单位进行有效管理，使之完全受控，避免合同履约的较大偏离，促使建设工程产出目标达成。

本专项档案的责任部门通常为工程管理部。

专项档案

序号	施工总承包合同全生命周期履约管理专项档案（按年度）
一	封面
二	目录

〔1〕 也可能是工程总承包合同，虽然合同类型不同，但档案清单是一致的。

续表

序号	施工总承包合同全生命周期履约管理专项档案（按年度）
三	**首页说明：关于施工总承包单位管理情况的说明，每月 25 日更新，使人对当前施工履约现状一目了然**
四	**管理依据**
1	投融资项目合同中关于总承包合同签订、管理约定的条款
2	项目公司合同管理制度、程序与办法，附批准通过管理制度的董事会决议文件及正式发布的红头文件
3	股东方书面通知、要求
4	政府发文及实施机构书面通知、要求
5	相关的法律法规、政策规定等
五	**项目施工总承包管理工作目标与任务分解，附完成情况及奖惩记录**
六	**建设工程施工动态管理记录**
1	**施工总承包合同采购文件**
1.1	项目公司直接与股东方签订合同的（关联交易）
1.1.1	首页说明：当期关联交易的简要说明，使人对相关情况一目了然
1.1.2	股东会或董事会决议通过文件（根据公司章程的约定执行）
1.1.3	实施机构的批准文件（非必须，根据投融资项目合同的约定执行，或有）
1.1.4	关联交易签订的合同，附合同评审记录、批准签订审批程序文件
1.1.5	其他与本期关联交易相关的文件，如会议纪要、往来函件等

续表

序号	施工总承包合同全生命周期履约管理专项档案（按年度）
1.2	项目公司委托第三方施工的
1.2.1	首页说明：本项合同采购的具体情况摘要
1.2.2	目录
1.2.3	经项目公司正式发布、实施机构批准或备案的采购方案、采购计划
1.2.4	招标文件、公示记录
1.2.5	投标文件、签收记录
1.2.6	开标记录
1.2.7	评标记录
1.2.8	谈判备忘录（或有）
1.2.9	定标记录
1.2.10	中标通知书
2	**施工合同签订文件**
2.1	正式签订的施工总承包合同
2.2	项目公司对拟签订合同的审批文件，附合同评审记录、法务意见或法律意见书，同时拟签订合同应有责任人页签
2.3	实施机构的备案签收记录
3	**施工合同交底与深度任务分解学习文件**
3.1	项目公司对后端施工总承包单位的正式书面交底记录，附签到表、交底记录、现场照片等

续表

序号	施工总承包合同全生命周期履约管理专项档案（按年度）
3.2	施工单位对施工总承包合同进行 WBS 深度任务分解学习的正式记录，附签到表、工作任务分解清单、会议照片等（项目公司与施工单位为同一人时遵照执行，外部委托第三方施工的，不做强制要求）
4	**施工合同履约文件**
4.1	目录
4.2	施工总承包合同动态管理成果
4.2.1	合同履约情况简报（每月 25 日）
4.2.1.1	项目公司经营管理月报—1 月（包括总承包合同履约部分）
4.2.1.2	项目公司经营管理月报—2 月（包括总承包合同履约部分）
4.2.1.3	项目公司经营管理月报—3 月（包括总承包合同履约部分）
4.2.1.4	项目公司经营管理月报—4 月（包括总承包合同履约部分）
4.2.1.5	项目公司经营管理月报—5 月（包括总承包合同履约部分）
4.2.1.6	项目公司经营管理月报—6 月（包括总承包合同履约部分）
4.2.1.7	项目公司经营管理月报—7 月（包括总承包合同履约部分）
4.2.1.8	项目公司经营管理月报—8 月（包括总承包合同履约部分）
4.2.1.9	项目公司经营管理月报—9 月（包括总承包合同履约部分）
4.2.1.10	项目公司经营管理月报—10 月（包括总承包合同履约部分）
4.2.1.11	项目公司经营管理月报—11 月（包括总承包合同履约部分）
4.2.1.12	项目公司经营管理月报—12 月（包括总承包合同履约部分）
4.2.2	项目公司对施工工作的监督检查记录

续表

序号	施工总承包合同全生命周期履约管理专项档案（按年度）
4.2.2.1	对施工单位工作偏差发出的工作联系函
4.2.2.2	对监理单位工作偏差发出的工作联系函
4.2.2.3	处罚通知单（或有），附后续整改情况的回复与确认文件
4.3	合同发生主要偏差的处理文件（或有）
4.4	请款与付款记录
4.4.1	付款记录台账
4.4.2	工程预付款申请、审批、付款、发票等完整文件
4.4.3	历次工程进度款付款申请、审批、付款、发票等完整文件
4.5	其他相关履约成果
4.5.1	设计变更、工程签证文件
4.5.2	材料调差、人工调差文件
4.5.3	工期索赔、费用索赔文件
4.5.4	过程结算报告
4.5.5	建设期绩效评价报告
4.5.6	交工验收记录、专项验收记录、竣工验收记录等
5	**施工合同关闭文件：**施工总承包工作全部结束后，作出的总结性报告
七	**特殊情况的处理（或有）**
1	**补充协议文件**
1.1	首页说明：关于补充协议发起原因及签订情况的说明，及时更新，使人对现状一目了然

续表

序号	施工总承包合同全生命周期履约管理专项档案（按年度）
1.2	正式签署完成的施工总承包合同补充协议
1.3	项目公司内部批准文件，附法务意见或法律意见书
1.4	项目公司合同评审记录
1.5	其他相关文件：往来工作联系函、会议纪要、谈判记录、备忘录等
2	**合同争议的处理文件**
3	**合同提前终止文件**
4	**行政处罚记录（或有）**
4.1	行政处罚通知单
4.2	行政处罚事件的协调、处理记录（请示、汇报、协调等材料）
4.3	行政处罚事件的关闭记录
4.4	经验教训总结与建议（建议附落实情况记录）
八	**当年度工作总结与下年度工作安排**
1	当年度工作总结：相关工作经验、教训总结与建议等（含对合同条款、管理制度的建议）
2	下年度工作安排
九	**其他相关文件**
1	相关会议纪要、往来函件、通知、审批文件、专家论证等
2	相关法律法规及政策文件等
十	**封尾**

实务风险提示：

投融资项目实务中，项目公司和施工总承包单位通常为一家公司，在管理上难以完全按照甲方、乙方的关系进行管理，实践中，强调合同管理是解决内部管理矛盾的高效方式之一，因此，建议项目公司重点关注本项专项档案，严格按照本方法执行。

1.4 项目投资控制 / 商务管理专项档案

整理项目投资控制 / 商务管理专项档案的目的是，推动过程结算，确定实际总投资的同时，动态评估投资控制情况，防止违规超概算的情形发生，也防止最终一并结算的争议和纠纷，实现“落袋为安”的效果。

本专项档案的责任部门通常为投资控制部。

专项档案

序号	项目投资控制 / 商务管理专项档案（按年度）
一	**封面**
二	**目录**
三	**首页说明：关于投资控制 / 商务管理情况的说明，每月 25 日更新，使人对当前项目投资控制 / 商务管理现状一目了然**
四	**管理依据**
1	投融资项目合同中关于投资控制 / 商务管理约定的条款
2	项目公司投资控制 / 商务管理制度、程序与办法，附批准通过管理制度的董事会决议文件及正式发布的红头文件
3	股东方书面通知、要求
4	政府发文及实施机构书面通知、要求

续表

序号	项目投资控制 / 商务管理专项档案（按年度）
5	相关法律法规及政策文件等
5.1	国家发展改革委《关于印发〈中央预算内直接投资项目概算管理暂行办法〉的通知》（发改投资〔2015〕482 号　2015 年 3 月 15 日印发　根据 2023 年 3 月 23 日国家发展改革委令第 1 号修订）
5.2	《政府投资条例》（国务院令第 712 号）
5.3	国家发展改革委《关于依法依规加强 PPP 项目投资和建设管理的通知》（发改投资规〔2019〕1098 号）
五	**项目投资控制 / 商务管理工作目标与任务分解，附完成情况及奖惩记录**
六	**投资控制 / 商务管理动态管理记录**
1	**投资控制 / 商务管理动态管理台账**
2	**管理基准文件**
2.1	估算批复文件，包含后续可能存在的重新批复版本
2.2	概算批复文件，包含后续可能存在的重新批复版本
2.3	预算批复文件，包含后续可能存在的重新批复版本
2.4	项目公司三算对比报告
3	**动态管理文件**
3.1	项目投资控制 / 商务管理月报—1 月（确认每月实际总投资，与批复概算比对，确认是否存在超概算情况及相关处理要求等，直至超概算风险消除。附各相关方签收记录）
3.2	项目投资控制 / 商务管理月报—2 月（确认每月实际总投资，与批复概算比对，确认是否存在超概算情况及相关处理要求等，直至超概算风险消除。附各相关方签收记录）

续表

序号	项目投资控制 / 商务管理专项档案（按年度）
3.3	项目投资控制 / 商务管理月报—3 月（确认每月实际总投资，与批复概算比对，确认是否存在超概算情况及相关处理要求等，直至超概算风险消除。附各相关方签收记录）
3.4	项目投资控制 / 商务管理月报—4 月（确认每月实际总投资，与批复概算比对，确认是否存在超概算情况及相关处理要求等，直至超概算风险消除。附各相关方签收记录）
3.5	项目投资控制 / 商务管理月报—5 月（确认每月实际总投资，与批复概算比对，确认是否存在超概算情况及相关处理要求等，直至超概算风险消除。附各相关方签收记录）
3.6	项目投资控制 / 商务管理月报—6 月（确认每月实际总投资，与批复概算比对，确认是否存在超概算情况及相关处理要求等，直至超概算风险消除。附各相关方签收记录）
3.7	项目投资控制 / 商务管理月报—7 月（确认每月实际总投资，与批复概算比对，确认是否存在超概算情况及相关处理要求等，直至超概算风险消除。附各相关方签收记录）
3.8	项目投资控制 / 商务管理月报—8 月（确认每月实际总投资，与批复概算比对，确认是否存在超概算情况及相关处理要求等，直至超概算风险消除。附各相关方签收记录）
3.9	项目投资控制 / 商务管理月报—9 月（确认每月实际总投资，与批复概算比对，确认是否存在超概算情况及相关处理要求等，直至超概算风险消除。附各相关方签收记录）
3.10	项目投资控制 / 商务管理月报—10 月（确认每月实际总投资，与批复概算比对，确认是否存在超概算情况及相关处理要求等，直至超概算风险消除。附各相关方签收记录）

续表

序号	项目投资控制 / 商务管理专项档案（按年度）
3.11	项目投资控制 / 商务管理月报—11 月（确认每月实际总投资，与批复概算比对，确认是否存在超概算情况及相关处理要求等，直至超概算风险消除。附各相关方签收记录）
3.12	项目投资控制 / 商务管理月报—12 月（确认每月实际总投资，与批复概算比对，确认是否存在超概算情况及相关处理要求等，直至超概算风险消除。附各相关方签收记录）
3.13	项目投资控制 / 商务管理年报，对年度投资控制工作进行整体汇报，每年 12 月 25 日发布，附各相关方签收记录
4	**实际总投资确认文件**
4.1	1 月实际总投资
4.1.1	关于当月实际总投资申报与确认的简要说明
4.1.2	跟踪审计确认文件（过程结算的成果文件）
4.1.3	项目公司申报文件：一类费、二类费、建设期利息、人工与材料调差、设计变更与工程签证、暂估价、询价与认质认价、索赔与被索赔、处罚与奖励以及其他费用处理等文件
4.2	2 月实际总投资
4.2.1	关于当月实际总投资申报与确认的简要说明
4.2.2	跟踪审计确认文件（过程结算的成果文件）
4.2.3	项目公司申报文件：一类费、二类费、建设期利息、人工与材料调差、设计变更与工程签证、暂估价、询价与认质认价、索赔与被索赔、处罚与奖励以及其他费用处理等文件
4.3	3 月实际总投资
4.3.1	关于当月实际总投资申报与确认的简要说明

续表

序号	项目投资控制 / 商务管理专项档案（按年度）
4.3.2	跟踪审计确认文件（过程结算的成果文件）
4.3.3	项目公司申报文件：一类费、二类费、建设期利息、人工与材料调差、设计变更与工程签证、暂估价、询价与认质认价、索赔与被索赔、处罚与奖励以及其他费用处理等文件
4.4	4 月实际总投资
4.4.1	关于当月实际总投资申报与确认的简要说明
4.4.2	跟踪审计确认文件（过程结算的成果文件）
4.4.3	项目公司申报文件：一类费、二类费、建设期利息、人工与材料调差、设计变更与工程签证、暂估价、询价与认质认价、索赔与被索赔、处罚与奖励以及其他费用处理等文件
4.5	5 月实际总投资
4.5.1	关于当月实际总投资申报与确认的简要说明
4.5.2	跟踪审计确认文件（过程结算的成果文件）
4.5.3	项目公司申报文件：一类费、二类费、建设期利息、人工与材料调差、设计变更与工程签证、暂估价、询价与认质认价、索赔与被索赔、处罚与奖励以及其他费用处理等文件
4.6	6 月实际总投资
4.6.1	关于当月实际总投资申报与确认的简要说明
4.6.2	跟踪审计确认文件（过程结算的成果文件）
4.6.3	项目公司申报文件：一类费、二类费、建设期利息、人工与材料调差、设计变更与工程签证、暂估价、询价与认质认价、索赔与被索赔、处罚与奖励以及其他费用处理等文件
4.7	7 月实际总投资

续表

序号	项目投资控制 / 商务管理专项档案（按年度）
4.7.1	关于当月实际总投资申报与确认的简要说明
4.7.2	跟踪审计确认文件（过程结算的成果文件）
4.7.3	项目公司申报文件：一类费、二类费、建设期利息、人工与材料调差、设计变更与工程签证、暂估价、询价与认质认价、索赔与被索赔、处罚与奖励以及其他费用处理等文件
4.8	8 月实际总投资
4.8.1	关于当月实际总投资申报与确认的简要说明
4.8.2	跟踪审计确认文件（过程结算的成果文件）
4.8.3	项目公司申报文件：一类费、二类费、建设期利息、人工与材料调差、设计变更与工程签证、暂估价、询价与认质认价、索赔与被索赔、处罚与奖励以及其他费用处理等文件
4.9	9 月实际总投资
4.9.1	关于当月实际总投资申报与确认的简要说明
4.9.2	跟踪审计确认文件（过程结算的成果文件）
4.9.3	项目公司申报文件：一类费、二类费、建设期利息、人工与材料调差、设计变更与工程签证、暂估价、询价与认质认价、索赔与被索赔、处罚与奖励以及其他费用处理等文件
4.10	10 月实际总投资
4.10.1	关于当月实际总投资申报与确认的简要说明
4.10.2	跟踪审计确认文件（过程结算的成果文件）
4.10.3	项目公司申报文件：一类费、二类费、建设期利息、人工与材料调差、设计变更与工程签证、暂估价、询价与认质认价、索赔与被索赔、处罚与奖励以及其他费用处理等文件

续表

序号	项目投资控制 / 商务管理专项档案（按年度）
4.11	11 月实际总投资
4.11.1	关于当月实际总投资申报与确认的简要说明
4.11.2	跟踪审计确认文件（过程结算的成果文件）
4.11.3	项目公司申报文件：一类费、二类费、建设期利息、人工与材料调差、设计变更与工程签证、暂估价、询价与认质认价、索赔与被索赔、处罚与奖励以及其他费用处理等文件
4.12	12 月实际总投资
4.12.1	关于当月实际总投资申报与确认的简要说明
4.12.2	跟踪审计确认文件（过程结算的成果文件）
4.12.3	项目公司申报文件：一类费、二类费、建设期利息、人工与材料调差、设计变更与工程签证、暂估价、询价与认质认价、索赔与被索赔、处罚与奖励以及其他费用处理等文件
5	**跟踪审计确认文件**
5.1	过程结算文件
5.1.1	第一期过程结算报告
5.1.2	第二期过程结算报告
5.1.3	第三期过程结算报告（可能有多期，按顺序存档）
5.2	竣工结算文件
5.3	财务决算文件
6	**财政评审确认文件（财政评审中心确认的相关文件）**
7	**投资收益率动态管理记录**
7.1	中标通知书或投融资项目合同约定的投资收益率

续表

序号	项目投资控制 / 商务管理专项档案（按年度）
7.2	20×× 年第一季度实际投资收益率及偏差处理记录：3 月 25 日测算确认，识别偏差，分析原因，提出意见和建议
7.3	20×× 年第二季度实际投资收益率及偏差处理记录：6 月 25 日测算确认，识别偏差，分析原因，提出意见和建议
7.4	20×× 年第三季度实际投资收益率及偏差处理记录：9 月 25 日测算确认，识别偏差，分析原因，提出意见和建议
7.5	20×× 年第四季度实际投资收益率及偏差处理记录：12 月 25 日测算确认，识别偏差，分析原因，提出意见和建议
8	**其他相关成果**
七	**特殊情况的处理（或有）**
1	**超概算情形的处理文件（或有）**
1.1	国家发展改革委重新批复文件
1.2	财政部门重新批复文件
1.3	本级人民政府书面批复文件
1.4	投融资项目合同补充协议
1.5	信息公示记录等
2	**项目范围增加或减少的合规处理文件（或有）**
2.1	项目范围增加的
2.1.1	实施机构正式书面通知
2.1.2	项目公司、股东内部确认文件
2.1.3	相关行政批准文件（国家发展改革委、财政、其他行政职能部门）
2.1.4	按照投融资项目合同约定履行的合规批准文件

续表

序号	项目投资控制 / 商务管理专项档案（按年度）
2.1.5	本级人民政府书面批准文件
2.1.6	投融资项目合同补充协议
2.1.7	信息公示记录等
2.2	项目范围减少的
2.2.1	实施机构正式书面通知
2.2.2	项目公司、股东内部确认文件（包含提出的索赔报告）
2.2.3	实施机构书面批准确认文件（包含对索赔要求的批复）
2.2.4	按照投融资项目合同约定履行的合规批准文件
2.2.5	本级人民政府书面批准文件
2.2.6	投融资项目合同补充协议
2.2.7	信息公示记录等
2.2.8	相关行政批准文件（国家发展改革委、财政、其他行政职能部门）
3	**甩项情形的合规处理文件（或有）**
3.1	实施机构正式书面通知
3.2	项目公司、股东内部确认文件（包含提出的索赔报告）
3.3	实施机构书面批准确认文件（包含对索赔要求的批复）
3.4	按照投融资项目合同约定履行的合规批准文件
3.5	本级人民政府书面批准文件
3.6	甩项协议
3.7	信息公示记录等
3.8	相关行政批准文件（国家发展改革委、财政、其他行政职能部门）

续表

序号	项目投资控制 / 商务管理专项档案（按年度）
4	**行政处罚记录（或有）**
4.1	行政处罚通知单
4.2	行政处罚事件的协调、处理记录（请示、汇报、协调等材料）
4.3	行政处罚事件的关闭记录
4.4	经验教训总结与建议（建议附落实情况记录）
八	**当年度工作总结与下年度工作安排**
1	当年度工作总结：相关工作经验、教训总结与建议等（含对合同条款、管理制度的建议）
2	下年度工作安排
九	**其他相关文件**
1	相关会议纪要、往来函件、通知、审批文件、专家论证等
2	相关法律法规及政策文件等
十	**封尾**

实务风险提示：

实务中投资控制不当，违规超概算属于高发风险，不推行过程结算，导致竣工结算和财务决算产生争议纠纷，合理利益受损也是常态，通过以上专项档案处理，定期动态整理，倒逼实时确认总投资，可以有效规避以上风险。

1.5 项目设计变更、工程签证管理专项档案

整理项目设计变更、工程签证管理专项档案的目的，一方面是敦促责任人及时完成设计变更、工程签证的审批流程，同时结

合过程结算，实时确认费用的调整，避免发生事后补救的情形；另一方面是明确完整证据链的边界，规避后续审计风险。

本专项档案的责任部门通常为工程管理部。

专项档案

序号	项目设计变更、工程签证管理专项档案（按专项）
一	**封面**
二	**目录**
三	**首页说明：关于设计变更、工程签证发生情况的说明，每月 25 日更新，使人对当前设计变更、工程签证的现状一目了然**
四	**管理依据**
1	投融资项目合同中关于设计变更、工程签证约定的条款
2	项目公司关于设计变更、工程签证的管理制度、程序与办法，附批准通过管理制度的董事会决议文件及正式发布的红头文件
3	公司章程中关于设计变更、工程签证约定的条款（或有）
4	股东方书面通知、要求
5	政府发文及实施机构书面通知、要求
6	相关法律法规及政策文件等（包含地方政府相关政策规定，一般相关的为地方政府投资项目管理办法）
五	**项目设计变更、工程签证工作目标与任务分解，附完成情况及奖惩记录**
六	**设计变更、工程签证动态管理记录**
1	**设计变更、工程签证台账**

续表

序号	项目设计变更、工程签证管理专项档案（按专项）
2	**设计变更、工程签证文件—第 1 期**
2.1	当期设计变更、工程签证的简要说明，以及设计变更、工程签证所涉及的金额（跟踪审计确认），使人对当期情况一目了然
2.2	文件目录
2.3	事件的起因：该事项发生的原因，以及合同约定、政策规定的各项必要流程、审批程序
2.4	事件的经过：该事项的实施过程资料，如隐蔽工程验收记录、旁站记录、检验检测记录、分部分项验收记录、会议纪要等
2.5	事件的结果：工程量确认单，附签章的原始测量数据，各方签字、盖章确认；跟踪审计审定的报告，各方确认对应造价
2.6	附件：其他相关文件，如协调会会议纪要、授权委托书、专家认证报告等
3	**设计变更、工程签证文件—第 2 期，目录清单同第 1 期**
4	**设计变更、工程签证文件—第 3 期，目录清单同第 1 期**
5	**设计变更、工程签证文件—第 *N* 期，目录清单同第 1 期**
6	**其他相关成果**
七	**特殊情况的处理（或有）**
	例如，有实际设计变更、工程签证工作发生，但双方协商一致，不进行费用调整或采用其他方式平衡等。相关记录文件
八	**当年度工作总结与下年度工作安排**
1	当年度工作总结：相关工作经验、教训总结与建议等（含对合同条款、管理制度的建议）

续表

序号	项目设计变更、工程签证管理专项档案（按专项）
2	下年度工作安排
九	**其他相关文件**
1	相关会议纪要、往来函件、通知、审批文件、专家论证等
2	相关法律法规及政策文件等
十	**封尾**

实务风险提示：

设计变更、工程签证是结算高发风险之一，部分项目人员缺少及时闭环意识，通常是“先把事情干了再说”，然后到后期“再慢慢补资料”，这种做法往往会导致应得的利益缺失。因此，采用专项档案的形式，倒逼商务人员及时、完整地形成相关成果。

另外需要提醒的是，投融资模式的设计变更和工程签证对于程序性的要求较高，商务人员应当仔细研究合同约定及政策规定，并严格遵守，这是顺利结算的必要条件。

1.6 项目进度管理专项档案

整理项目进度管理专项档案的目的是，促使项目进行动态进度管理，在项目工期滞后时及时进行索赔或赶工，在需要赶工时进行合理策划和措施费主张，使进度可控，使权益保障，避免后续违约及审计风险。

本专项档案的责任部门通常为工程管理部。

专项档案

序号	项目进度管理专项档案（按年度）
一	**封面**
二	**目录**
三	**首页说明：关于项目进度情况及管理情况的说明，每月 25 日更新，使人对当前项目进度情况一目了然**
四	**管理依据**
1	投融资项目合同中关于进度要求约定的条款
2	项目公司进度管理制度、程序与办法，附批准通过管理制度的董事会决议文件及正式发布的红头文件
3	项目公司确定的进度管理目标与要求
4	经批准的一级控制进度计划，附实施机构签收、备案记录、批复文件
5	监理签发的开工令或实施机构签发的开工许可，附申报文件、批复文件、施工许可证等附件
6	股东方书面通知、要求
7	政府发文及实施机构书面通知、要求
8	相关法律法规及政策文件等
五	**项目进度管理工作目标与任务分解，附完成情况及奖惩记录**
六	**项目进度管理专项档案动态管理记录**
1	项目进度动态管理成果台账
2	年度控制进度计划，附批准文件
3	月度控制进度计划，附批准文件

续表

序号	项目进度管理专项档案（按年度）
4	项目进度管理月报—1 月（包含具体开展的工作，发现的问题，整改的要求与进展，直至问题关闭）
5	项目进度管理月报—2 月（包含具体开展的工作，发现的问题，整改的要求与进展，直至问题关闭）
6	项目进度管理月报—3 月（包含具体开展的工作，发现的问题，整改的要求与进展，直至问题关闭）
7	项目进度管理月报—4 月（包含具体开展的工作，发现的问题，整改的要求与进展，直至问题关闭）
8	项目进度管理月报—5 月（包含具体开展的工作，发现的问题，整改的要求与进展，直至问题关闭）
9	项目进度管理月报—6 月（包含具体开展的工作，发现的问题，整改的要求与进展，直至问题关闭）
10	项目进度管理月报—7 月（包含具体开展的工作，发现的问题，整改的要求与进展，直至问题关闭）
11	项目进度管理月报—8 月（包含具体开展的工作，发现的问题，整改的要求与进展，直至问题关闭）
12	项目进度管理月报—9 月（包含具体开展的工作，发现的问题，整改的要求与进展，直至问题关闭）
13	项目进度管理月报—10 月（包含具体开展的工作，发现的问题，整改的要求与进展，直至问题关闭）
14	项目进度管理月报—11 月（包含具体开展的工作，发现的问题，整改的要求与进展，直至问题关闭）
15	项目进度管理月报—12 月（包含具体开展的工作，发现的问题，整改的要求与进展，直至问题关闭）

续表

序号	项目进度管理专项档案（按年度）
16	项目进度管理年报
17	项目进度管理专项报告—第 1 期（或有）
18	项目进度管理专项报告—第 2 期（或有）
19	项目进度管理专项报告—第 3 期（或有）
20	项目进度管理专项报告—第 *N* 期（或有）
21	其他相关成果
七	**特殊情况的处理（或有）**
1	**进度索赔与被索赔文件**
1.1	目录
1.2	索赔与被索赔事件台账
1.3	索赔报告与批准文件
1.4	被索赔通知与处理记录
1.5	其他相关文件
2	**赶工措施相关文件**
2.1	目录
2.2	赶工事件台账
2.3	赶工的正式通知文件，如工作联系函、会议纪要、书面通知等
2.4	技术可行的论证文件，如专家评审会、会议纪要、备忘录等（或有）
2.5	赶工方案、措施与赶工费的报告，及实施机构的书面签复批准文件

续表

序号	项目进度管理专项档案（按年度）
2.6	赶工过程主要记录文件
2.7	赶工措施费结算确认文件
2.8	其他相关文件
3	**对下游单位的奖惩记录（或有）**
八	**当年度工作总结与下年度工作安排**
1	当年度工作总结：相关工作经验、教训总结与建议等（含对合同条款、管理制度的建议）
2	下年度工作安排
九	**其他相关文件**
1	相关会议纪要、往来函件、通知、审批文件、专家论证等
2	相关法律法规及政策文件等
十	**封尾**

实务风险提示：

投融资项目进度滞后导致违约，在实践中发射管的概率比较高，导致的一系列违约情形不胜枚举，延伸带来的不能如期进入运营、不能如期顺利回款、不能足额还本付息、不能达成预期投资收益等问题也是比比皆是，解决这些问题的核心在于重视项目过程中的动态管理：一是项目的控制性计划；二是项目实施起始点；三是工期提前或滞后所采取的对应措施与办法，如索赔、赶工措施费等，这里强调的是及时性和程序性，必须按照合同约定的程序和办法执行；四是实施终点，通常为竣工验收合格之日，但实务中可能存在合同约定竣工验收备案之日的情形，项目单位应当仔细甄别并妥善筹划。

以上专项档案的动态管理，可以有效推动工程管理部门“有所为”，有效规避相应的不当后果。

1.7 项目 HSE 管理[1]专项档案

整理项目 HSE 管理专项档案的目的是，敦促项目进行动态 HSE 管理，保证项目守住安全底线的同时，不发生环境污染、行政处罚等不当后果，顺利通过环保专项验收，使安全环保可控，避免后续违约及审计风险。

本专项档案的责任部门通常为工程管理部或安全环保部。

专项档案

序号	项目 HSE 管理专项档案（按年度）
一	**封面**
二	**目录**
三	**首页说明：关于项目 HSE 管理情况的说明，每月 25 日更新，使人对当前项目 HSE 管理情况一目了然**
四	**管理依据**
1	投融资项目合同中关于 HSE 要求约定的条款
2	项目公司的 HSE 管理制度、程序与办法，附批准通过管理制度的董事会决议文件及正式发布的红头文件
3	项目公司确定的 HSE 管理目标与要求
4	股东方书面通知、要求

〔1〕 HSE 管理，指健康、安全和环境管理的缩写，下同。

续表

序号	项目 HSE 管理专项档案（按年度）
5	政府发文及实施机构书面通知、要求
6	相关法律法规及政策文件等
五	**项目 HSE 管理工作目标与任务分解，附完成情况及奖惩记录**
六	**项目 HSE 管理专项档案动态管理记录**
1	**项目 HSE 动态管理成果台账**
1.1	项目 HSE 管理月报—1 月（包括具体开展的工作，发现的问题，整改的要求及后续整改情况等）
1.2	项目 HSE 管理月报—2 月（包括具体开展的工作，发现的问题，整改的要求及后续整改情况等）
1.3	项目 HSE 管理月报—3 月（包括具体开展的工作，发现的问题，整改的要求及后续整改情况等）
1.4	项目 HSE 管理月报—4 月（包括具体开展的工作，发现的问题，整改的要求及后续整改情况等）
1.5	项目 HSE 管理月报—5 月（包括具体开展的工作，发现的问题，整改的要求及后续整改情况等）
1.6	项目 HSE 管理月报—6 月（包括具体开展的工作，发现的问题，整改的要求及后续整改情况等）
1.7	项目 HSE 管理半年报
1.8	项目 HSE 管理月报—7 月（包括具体开展的工作，发现的问题，整改的要求及后续整改情况等）
1.9	项目 HSE 管理月报—8 月（包括具体开展的工作，发现的问题，整改的要求及后续整改情况等）

续表

序号	项目 HSE 管理专项档案（按年度）
1.10	项目 HSE 管理月报—9 月（包括具体开展的工作，发现的问题，整改的要求及后续整改情况等）
1.11	项目 HSE 管理月报—10 月（包括具体开展的工作，发现的问题，整改的要求及后续整改情况等）
1.12	项目 HSE 管理月报—11 月（包括具体开展的工作，发现的问题，整改的要求及后续整改情况等）
1.13	项目 HSE 管理月报—12 月（包括具体开展的工作，发现的问题，整改的要求及后续整改情况等）
1.14	项目 HSE 管理年报
1.15	项目 HSE 管理专项报告—第 1 期（或有）
1.16	项目 HSE 管理专项报告—第 2 期（或有）
1.17	项目 HSE 管理专项报告—第 3 期（或有）
1.18	项目 HSE 管理专项报告—第 *N* 期（或有）
1.19	其他相关成果
2	**安全生产协议**
2.1	安全生产协议台账
2.2	正式签订的安全生产协议
3	**项目公司应急安全预案**
3.1	项目公司正式批准的应急安全演练预案文件
3.2	历次应急安全预案演练记录，附详细相关文件
4	**安全教育交底及学习记录文件**
4.1	安全教育交底及学习记录台账

续表

序号	项目 HSE 管理专项档案（按年度）
4.2	历次安全教育交底及学习记录文件，附签到表、学习材料、学习记录、照片等
5	**定期安全检查记录**
5.1	定期安全检查记录台账
5.2	历次定期安全检查记录，发现问题的，还应附整改记录，直至问题关闭
6	**不定期安全检查记录**
6.1	不定期安全检查记录台账
6.2	历次不定期安全检查记录，发现问题的，还应附整改记录，直至问题关闭
7	**专项安全检查记录**
7.1	专项安全检查记录台账
7.2	历次专项安全检查记录，发现问题的，还应附整改记录，直至问题关闭
8	**环保监督检查记录**
8.1	环保监督检查台账
8.2	历次环保监督检查记录，发现问题的，还应附整改记录，直至问题关闭
9	**其他相关成果**
七	**特殊情况的处理（或有）**
1	**项目公司安全事故处理专项记录（或有）**
2	**行政处罚记录（或有）**

续表

序号	项目 HSE 管理专项档案（按年度）
2.1	首页说明
2.2	目录
2.3	行政处罚通知单
2.4	行政处罚事件的协调、处理记录（请示、汇报、协调等材料）
2.5	行政处罚事件的关闭记录
2.6	经验教训总结与建议（建议附落实情况记录）
3	**对下游单位的奖惩记录（或有）**
八	**当年度工作总结与下年度工作安排**
1	当年度工作总结：相关工作经验、教训总结与建议等（含对合同条款、管理制度的建议）
2	下年度工作安排
九	**其他相关文件**
1	相关会议纪要、往来函件、通知、审批文件、专家论证等
2	相关法律法规及政策文件等
十	**封尾**

实务风险提示：

根据审计署发布的《政府和社会资本合作项目审计指南》，HSE 工作在政府审计中属于单列审计项（项目生态环境保护审计以及项目安全管理情况审计），项目单位应当充分重视 HSE 工作，将该工作当作专项工作来抓。实务中，安全管理工作缺失的情形经常发生，而且在特殊情况下，可能引发违规甚至违法事件，还可能导致环保专项验收不能通过，影响项目竣工验收。以上专项档案，可以有效帮助项目单位系统落实 HSE 相关工作，避免产生不当后果。

1.8 项目质量管理专项档案

整理项目质量管理专项档案的目的是，敦促项目进行动态质量管理，保证项目守住质量底线，使项目质量可控，顺利通过竣工验收，避免产生违约及审计风险。

本专项档案的责任部门通常为工程管理部。

专项档案

序号	项目质量管理专项档案（按年度）
一	**封面**
二	**目录**
三	**首页说明：关于项目质量管理情况的说明，每月 25 日更新，使人对当前项目质量情况一目了然**
四	**管理依据**
1	投融资项目合同中关于质量要求约定的条款
2	项目公司的质量管理制度、程序与办法，附批准通过管理制度的董事会决议文件及正式发布的红头文件
3	股东方书面通知、要求
4	政府发文及实施机构书面通知、要求
5	相关法律法规、政策规定、规范标准等
五	**项目质量管理工作目标与任务分解，附完成情况及奖惩记录**
六	**项目质量管理专项档案动态管理记录**

续表

序号	项目质量管理专项档案（按年度）
1	**项目负责人质量终身责任承诺书**
2	**项目质量动态管理成果台账**
2.1	项目质量管理月报—1月（包括具体开展的工作，发现的问题，整改的要求及后续整改情况等）
2.2	项目质量管理月报—2月（包括具体开展的工作，发现的问题，整改的要求及后续整改情况等）
2.3	项目质量管理月报—3月（包括具体开展的工作，发现的问题，整改的要求及后续整改情况等）
2.4	项目质量管理月报—4月（包括具体开展的工作，发现的问题，整改的要求及后续整改情况等）
2.5	项目质量管理月报—5月（包括具体开展的工作，发现的问题，整改的要求及后续整改情况等）
2.6	项目质量管理月报—6月（包括具体开展的工作，发现的问题，整改的要求及后续整改情况等）
2.7	项目质量管理半年报
2.8	项目质量管理月报—7月（包括具体开展的工作，发现的问题，整改的要求及后续整改情况等）
2.9	项目质量管理月报—8月（包括具体开展的工作，发现的问题，整改的要求及后续整改情况等）
2.10	项目质量管理月报—9月（包括具体开展的工作，发现的问题，整改的要求及后续整改情况等）
2.11	项目质量管理月报—10月（包括具体开展的工作，发现的问题，整改的要求及后续整改情况等）

续表

序号	项目质量管理专项档案（按年度）
2.12	项目质量管理月报—11 月（包括具体开展的工作，发现的问题，整改的要求及后续整改情况等）
2.13	项目质量管理月报—12 月（包括具体开展的工作，发现的问题，整改的要求及后续整改情况等）
2.14	项目质量管理年报
2.15	项目质量管理专项报告—第 1 期（或有）
2.16	项目质量管理专项报告—第 2 期（或有）
2.17	项目质量管理专项报告—第 3 期（或有）
2.18	项目质量管理专项报告—第 N 期（或有）
2.19	其他管理成果
3	**定期质量检查记录**
3.1	定期质量检查记录台账
3.2	历次定期质量检查记录文件，发现问题的，还应附整改记录，直至问题关闭
4	**不定期质量检查记录**
4.1	不定期质量检查记录台账
4.2	历次不定期质量检查记录文件，发现问题的，还应附整改记录，直至问题关闭
5	**专项质量检查记录**
5.1	专项质量检查记录台账
5.2	历次专项质量检查记录文件，发现问题的，还应附整改记录，直至问题关闭

续表

序号	项目质量管理专项档案（按年度）
6	**质量月活动记录**
7	**主要工程验收记录**
7.1	分部分项与单位工程验收台账
7.2	分部分项与单位工程验收记录（只保存验收通过的签字盖章页）
7.3	交工 / 竣工验收记录
7.3.1	专项验收记录（环保、消防、水土保持、竣工档案等）
7.3.2	工程正式竣工验收报告
7.3.3	工程竣工验收备案记录
8	**其他相关成果**
七	**特殊情况的处理（或有）**
1	**创优、创杯[①]管理专项文件**
1.1	首页说明
1.2	目录
1.3	投融资项目合同中关于创优、创杯要求的约定
1.4	股东公司对创优、创杯的书面要求
1.5	项目公司创优、创杯的策划方案
1.6	项目公司创优、创杯的具体过程执行文件
1.7	创优、创杯验收记录与申报文件、整改记录
1.8	创优、创杯结果文件
1.9	经验教训总结与建议（建议附落实情况记录）
2	**重大质量问题专项处理文件**

续表

序号	项目质量管理专项档案（按年度）
2.1	质量问题处理专项台账
2.2	质量问题专项处理记录—第 1 期
2.2.1	首页说明
2.2.2	目录
2.2.3	质量问题整改通知单（主要质量问题，不包含质量通病）
2.2.4	整改方案文件，如设计方案、专家论证会决议、方案确认会议纪要
2.2.5	整改过程文件、检查记录
2.2.6	整改完成验收确认文件
2.2.7	奖惩记录：首页说明；奖惩通知与签收记录；奖惩过程文件，如扣款证明、奖励证明、对应流水；对质量问题的原因分析与措施跟进；全员学习与落实文件
2.2.8	其他相关文件
2.3	质量问题专项处理记录—第 2 期，目录清单同第 1 期
2.4	质量问题专项处理记录—第 3 期，目录清单同第 1 期
2.5	质量问题专项处理记录—第 N 期，目录清单同第 1 期
3	行政处罚记录（或有）
3.1	首页说明
3.2	行政处罚通知单
3.3	行政处罚事件的协调、处理记录（请示、汇报、协调等材料）
3.4	行政处罚事件的关闭记录

续表

序号	项目质量管理专项档案（按年度）
3.5	经验教训总结与建议（建议附落实情况记录）
4	**对下游单位的奖惩记录（或有）**
八	**当年度工作总结与下年度工作安排**
1	当年度工作总结：相关工作经验、教训总结与建议等（含对合同条款、管理制度的建议）
2	下年度工作安排
九	**其他相关文件**
1	相关会议纪要、往来函件、通知、审批文件、专家论证等
2	相关法律法规及政策文件等
十	**封尾**

①指优质结构工程奖，如鲁班奖、宜宾市酒都杯（优质工程）、四川省建设工程天府杯奖（省优质工程）等。

实务风险提示：

质量问题并非高发风险问题，但是一旦发生，就是重大问题，2017 年 3 月 24 日，原天津市建设管理委员会所属建设工程质量安全监督管理总队在开复工抽查天津市房信建筑工程总承包有限公司施工的粤翠名邸项目中发现，该项目 10 号楼混凝土强度未达到设计要求。天津市建筑设计院和天津大学建筑设计研究院依据复核验算混凝土强度取值和原施工图设计文件计算模型，逐栋逐层逐部位逐节点对已施工的 1—19 号楼、19A 号楼和地下车库进行了结构安全验算。根据设计复核及专家组论证的意见，依据施工图设计文件、施工合同等相关资料和目前已完工部位，从技术角度认为需拆除1号楼、2号楼、5号楼、10号楼、19号楼、19A号楼地面以上建筑。根据天津市人民政府《关于同意粤翠名邸项目质量事故调查报告的批复》(津政函〔2019〕42号)的认定，该事故是一起重大工程质量事故。事件爆发后，住房和城乡建设部下发多份文件，对本事故进行了严肃处理。项目单位应引以为戒，将质量问题常抓不懈。

1.9 监理单位管理专项档案

整理监理单位管理专项档案的目的是，有效协同、管理第三方监理单位，使项目管理处于良性受控状态，确保各方各司其职，为项目目标实现增值。

本专项档案的责任部门通常为工程管理部。

专项档案

序号	监理单位管理专项档案（按年度）
一	**封面**
二	**目录**
三	**首页说明：关于监理单位管理情况的说明，每月25日更新，使人对当前项目监理履约现状一目了然**
四	**管理依据**
1	投融资项目合同中关于监理合同签订、管理约定的条款
2	项目公司供应商相关管理制度、程序与办法，附批准通过管理制度的董事会决议文件及正式发布的红头文件
3	股东方书面通知、要求

续表

序号	监理单位管理专项档案（按年度）
4	政府发文及实施机构书面通知、要求
5	相关法律法规及政策文件等
五	**项目监理工作目标与任务分解，附完成情况及奖惩记录**
六	**监理单位动态管理记录**
1	**监理合同采购文件**
1.1	实施机构采购后转移给项目公司的：实施机构根据投融资项目合同的约定，发出的转移类合同承诺函
1.2	实施机构委托项目公司采购的：项目公司采购监理单位的全套采购文件，包括经项目公司正式发布、实施机构批准或备案的采购方案、采购计划；招标文件、公示记录；投标文件、签收记录；开标记录、评标记录；谈判备忘录（或有）；定标记录以及中标通知书等
2	**监理合同签订文件**
2.1	实施机构采购后转移给项目公司的：正式签订的三方转移合同
2.2	实施机构委托项目公司采购的：正式签订的合同，附实施机构签收、备案记录
2.3	项目公司对拟签订合同的审批文件，附合同评审记录，法务意见或法律意见书（拟签订合同应有责任人页签）
3	**监理合同交底与学习文件**
3.1	商务人员对后端执行人员的正式书面交底记录，附签到表、交底记录、现场照片等
3.2	后端执行人员对监理合同进行 WBS 深度任务分解学习的正式记录，附签到表、工作任务分解清单、现场照片等

续表

序号	监理单位管理专项档案（按年度）
4	**监理合同履约文件**
4.1	目录
4.2	监理合同动态管理成果
4.2.1	合同履约情况简报（每月 25 日或每双月 25 日）
4.2.2	服务方完成的主要核心成果
4.2.2.1	监理月报
4.2.2.2	停工令及其相关完整附件
4.2.2.3	重要监理通知单及其相关完整附件
4.2.2.4	重要监理报告及其相关完整附件
4.2.3	项目公司对监理工作的监督检查记录
4.2.3.1	项目公司对监理工作偏差发出的工作联系函
4.2.3.2	处罚通知单，附后续整改情况的回复与确认文件
4.3	请款与付款记录
4.3.1	监理付款记录台账
4.3.2	历次付款申请、审批、付款、发票等完整文件
4.4	其他相关履约成果
5	**监理合同关闭文件**
七	**特殊情况的处理（或有）**
1	**合同发生主要偏差的处理文件（或有）**
2	**补充协议文件（或有）**

续表

序号	监理单位管理专项档案（按年度）
2.1	首页说明：关于当前补充协议发起原因及签订情况的说明，及时更新，使人对当前现状一目了然
2.2	正式签署完成的补充协议，附项目公司内部批准文件、法务意见或法律意见书
2.3	项目公司合同评审记录
2.4	其他相关文件：往来工作联系函、会议纪要、谈判记录、备忘录等
3	**合同争议的处理文件（或有）**
4	**合同提前终止文件（或有）**
八	**当年度工作总结与下年度工作安排**
1	当年度工作总结：相关工作经验、教训总结与建议等（含对合同条款、管理制度的建议）
2	下年度工作安排
九	**其他相关文件**
1	相关会议纪要、往来函件、通知、审批文件、专家论证等
2	相关法律法规及政策文件等
十	**封尾**

1.10 设计单位管理专项档案

整理设计单位管理专项档案的目的是，有效协同、管理第三方设计单位，使项目实施处于高效运转状态，确保各方各司其职，为项目目标实现增值。

本专项档案的责任部门通常为工程管理部。

专项档案

序号	设计单位管理专项档案（按年度）
一	**封面**
二	**目录**
三	**首页说明：关于设计单位管理情况的说明，每月 25 日更新，使人对当前设计单位管理现状一目了然**
四	**管理依据**
1	投融资项目合同中关于设计合同签订、管理约定的条款
2	项目公司针对供应商制定的相关管理制度、程序与办法，附批准通过管理制度的董事会决议文件及正式发布的红头文件
3	股东方书面通知、要求
4	政府发文及实施机构书面通知、要求
5	相关法律法规及政策文件等
五	**项目设计管理工作目标与任务分解，附完成情况及奖惩记录**
六	**设计单位动态管理记录**
1	**设计合同采购文件**
1.1	实施机构采购后转移给项目公司的：实施机构根据投融资项目合同的约定，发出的转移类合同承诺函
1.2	实施机构委托项目公司采购的：项目公司采购设计单位的全套采购文件，包括经项目公司正式发布、实施机构批准或备案的采购方案、采购计划；招标文件、公示记录；投标文件、签收记录；开标记录、评标记录；谈判备忘录（或有）；定标记录以及中标通知书等
2	**设计合同签订文件**

续表

序号	设计单位管理专项档案（按年度）
2.1	实施机构采购后转移给项目公司的：正式签订的三方转移合同
2.2	实施机构委托项目公司采购的：正式签订的合同，附实施机构签收、备案记录
2.3	项目公司对拟签订合同的审批文件，附合同评审记录，法务意见或法律意见书（拟签订合同应有责任人页签）
3	**设计合同交底与学习文件**
3.1	商务人员对后端执行人员的正式书面交底记录，附签到表、交底记录、现场照片等
3.2	后端执行人员对设计合同进行 WBS 深度任务分解学习的正式记录，附签到表、工作任务分解清单、现场照片等
4	**设计合同履约文件**
4.1	目录
4.2	设计合同动态管理成果
4.2.1	合同履约情况简报（每月 25 日或每双月 25 日）
4.2.2	服务方完成的主要核心成果
4.2.2.1	设计单位正式签发的施工图纸
4.2.2.2	施工图纸审查批准文件
4.2.2.3	设计交底及图纸会审记录，附会议纪要、现场照片等
4.2.2.4	历次方案审核意见
4.2.2.5	历次技术核定单
4.2.2.6	历次设计变更文件
4.3	请款与付款记录

续表

序号	设计单位管理专项档案（按年度）
4.3.1	设计单位付款记录台账
4.3.2	历次付款申请、审批、付款、发票等完整文件
4.4	其他相关履约成果
5	**设计合同关闭文件**
七	**特殊情况的处理（或有）**
1	**合同发生主要偏差的处理文件（或有）**
2	**补充协议文件（或有）**
2.1	首页说明：关于当前补充协议发起原因及签订情况的说明，及时更新，使人对当前现状一目了然
2.2	正式签署完成的补充协议，附项目公司内部批准文件、法务意见或法律意见书
2.3	项目公司合同评审记录
2.4	其他相关文件：往来工作联系函、会议纪要、谈判记录、备忘录等
3	**合同争议的处理文件（或有）**
4	**合同提前终止文件（或有）**
八	**当年度工作总结与下年度工作安排**
1	当年度工作总结：相关工作经验、教训总结与建议等（含对合同条款、管理制度的建议）
2	下年度工作安排
九	**其他相关文件**
1	相关会议纪要、往来函件、通知、审批文件、专家论证等

续表

序号	设计单位管理专项档案（按年度）
2	相关法律法规及政策文件等
十	**封尾**

1.11 跟踪审计单位管理专项档案

整理跟踪审计单位管理专项档案的目的是，有效协同、管理第三方跟踪审计单位，使项目实施处于高效运转状态，确保各方各司其职，在动态确认实际总投资的同时，避免产生违规超概算的审计风险和不当后果，同时提高竣工结算和财务决算的效率，保护参建各方的合法权益，为项目目标实现增值。

本专项档案的责任部门通常为投资控制部。

专项档案

序号	跟踪审计单位管理专项档案（按年度）
一	**封面**
二	**目录**
三	**首页说明：关于跟踪审计单位管理情况的说明，每月 25 日更新，使人对当前跟踪审计履约现状一目了然**
四	**管理依据**
1	投融资项目合同中关于跟踪审计合同签订、管理约定的条款
2	项目公司针对供应商制定的相关管理制度、程序与办法，附批准通过管理制度的董事会决议文件及正式发布的红头文件
3	股东方书面通知、要求

续表

序号	跟踪审计单位管理专项档案（按年度）
4	政府发文及实施机构书面通知、要求
5	相关法律法规及政策文件等
五	**跟踪审计单位管理工作目标与任务分解，附完成情况及奖惩记录**
六	**跟踪审计单位动态管理记录**
1	**跟踪审计合同采购文件**
1.1	实施机构采购后转移给项目公司的：实施机构根据投融资项目合同约定，发出的转移类合同承诺函
1.2	实施机构委托项目公司采购的：项目公司采购跟踪审计单位的全套采购文件，包括经项目公司正式发布、实施机构批准或备案的采购方案、采购计划；招标文件、公示记录；投标文件、签收记录；开标记录、评标记录；谈判备忘录（或有）；定标记录以及中标通知书等
2	**跟踪审计合同签订文件**
2.1	实施机构采购后转移给项目公司的：正式签订的三方转移合同
2.2	实施机构委托项目公司采购的：正式签订的合同，附实施机构签收、备案记录
2.3	项目公司对拟签订合同的审批文件，附合同评审记录，法务意见或法律意见书（拟签订合同应有责任人页签）
3	**跟踪审计合同交底与学习文件**
3.1	商务人员对后端执行人员的正式书面交底记录，附签到表、交底记录、现场照片等
3.2	后端执行人员对跟踪审计合同进行 WBS 深度任务分解学习的正式记录，附签到表、工作任务分解清单、现场照片等

续表

序号	跟踪审计单位管理专项档案（按年度）
4	**跟踪审计合同履约文件**
4.1	目录
4.2	跟踪审计合同动态管理成果
4.2.1	合同履约情况简报（每月 25 日或每双月 25 日）
4.2.2	服务方完成的主要核心成果
4.2.2.1	历次跟踪审计报告（过程结算相关文件）
4.2.2.2	工程竣工结算审计报告
4.2.2.3	工程财务决算审计报告
4.3	请款与付款记录
4.3.1	跟踪审计付款记录台账
4.3.2	历次付款申请、审批、付款、发票等完整文件
4.4	其他相关履约成果
5	**跟踪审计合同关闭文件**
七	**特殊情况的处理（或有）**
1	**合同发生主要偏差的处理文件（或有）**
2	**补充协议文件（或有）**
2.1	首页说明：关于当前补充协议发起原因及签订情况的说明，及时更新，使人对当前现状一目了然
2.2	正式签署完成的补充协议，附项目公司内部批准文件、法务意见或法律意见书

续表

序号	跟踪审计单位管理专项档案（按年度）
2.3	项目公司合同评审记录
2.4	其他相关文件：往来工作联系函、会议纪要、谈判记录、备忘录等
3	**合同争议的处理文件（或有）**
4	**合同提前终止文件（或有）**
八	**当年度工作总结与下年度工作安排**
1	当年度工作总结：相关工作经验、教训总结与建议等（含对合同条款、管理制度的建议）
2	下年度工作安排
九	**其他相关文件**
1	相关会议纪要、往来函件、通知、审批文件、专家论证等
2	相关法律法规及政策文件等
十	**封尾**

实务风险提示：

跟踪审计单位的落实问题在实务中较为普遍，不少项目没有聘请跟踪审计，也就无法推行过程结算，不能实时确认实际总投资，一方面可能会导致违规超概算，另一方面可能会引起未来竣工结算和财务决算的矛盾，因此，积极落实并有效协助第三方跟踪审计单位，是确保项目各方合法权益的高效路径，建议项目单位予以重视。

1.12 项目保险管理专项档案

整理项目保险管理专项档案的目的是，使项目风险可以有效转移，降低项目自身风险。因为建设期和运营期均需要购买保险，所以该专项档案有两种处理方式，一是将建设期和运营期合并处理，下述清单即按此方式进行；二是分开处理，即按照项目公司保险管理专项档案（建设期）和项目公司保险管理档案（运营期）分列。该两种方式均可，各项目公司可以根据自身情况灵活选择。

本专项档案的责任部门通常为综合管理部。

专项档案

序号	项目保险管理专项档案（按专项）
一	**封面**
二	**目录**
三	**首页说明：关于项目保险管理情况的说明，每月 25 日更新，使人对当前保险管理情况一目了然**
四	**管理依据**
1	投融资项目合同中关于保险购买要求约定的条款
2	项目公司的保险相关管理制度、程序与办法，附批准通过管理制度的董事会决议文件及正式发布的红头文件
3	股东方书面通知、要求
4	政府方发文及实施机构书面通知、要求
5	相关法律法规及政策文件等
五	**项目保险管理工作目标与任务分解，附完成情况及奖惩记录**

续表

序号	项目保险管理专项档案（按专项）
六	**项目保险管理专项档案动态管理记录**
1	**保险管理台账**
2	**建设期保险管理记录**
2.1	首页说明
2.2	目录
2.3	保险方案确定文件
2.3.1	项目公司确定的项目危险源识别记录
2.3.2	项目公司拟采购的保险方案（可以征求保险公司意见）
2.3.3	项目公司向实施机构提交的申报文件及实施机构的批复文件
2.4	保险采购文件
2.4.1	招标文件
2.4.2	投标文件
2.4.3	评标文件
2.4.4	中标通知书
2.5	保险合同
2.5.1	项目公司合同评审流程，附评审记录
2.5.2	正式签订的保险合同
2.5.3	实施机构合同备案的签收记录
2.6	保险定期管理记录（定期对保险的有效期、兑取条件进行检查，并保存管理记录，每月 25 日更新）
2.7	保险兑取专项记录（或有）

续表

序号	项目保险管理专项档案（按专项）
2.7.1	保险兑取专项记录台账
2.7.2	历次保险兑取记录：情况说明，提取记录，附提取资金流水，资金使用情况等
2.8	其他相关成果
3	**运营期保险管理记录**
3.1	首页说明
3.2	目录
3.3	保险方案确定文件
3.3.1	项目公司确定的项目危险源识别记录
3.3.2	项目公司拟采购的保险方案（可以征求保险公司意见）
3.3.3	项目公司向实施机构提交的申报文件及实施机构的批复文件
3.4	保险采购文件
3.4.1	招标文件
3.4.2	投标文件
3.4.3	评标文件
3.4.4	中标通知书
3.5	保险合同
3.5.1	项目公司合同评审流程，附评审记录
3.5.2	正式签订的保险合同
3.5.3	实施机构合同备案的签收记录
3.6	保险定期管理记录（定期对保险的有效期、兑取条件进行检查，并保存管理记录，每月 25 日更新）

续表

序号	项目保险管理专项档案（按专项）
3.7	保险兑取专项记录（或有）
3.7.1	保险兑取专项记录台账
3.7.2	历次保险兑取记录：情况说明，提取记录，附提取资金流水，资金使用情况等
3.8	其他相关成果
七	**特殊情况的处理（或有）**
八	**当年度工作总结与下年度工作安排**
1	当年度工作总结：相关工作经验、教训总结与建议等（含对合同条款、管理制度的建议）
2	下年度工作安排
九	**其他相关文件**
1	相关会议纪要、往来函件、通知、审批文件、专家论证等
2	相关法律法规及政策文件等
十	**封尾**

实务风险提示：

购买保险是转移项目风险的有效手段，实务中可能出现不及时购买、不足额购买保险，购买后疏于管理，出现理赔事件后无法达成理赔条件等情况，因此，项目公司有必要对项目保险进行系统管理，建议项目单位严格执行本专项档案，不要存有侥幸心理。

1.13 项目履约保函管理专项档案

整理项目履约保函管理专项档案的目的是，使履约保函始终处于受控状态，避免发生不按约提交、不当提取、提取后未及时补充、处于失效状态等不当情形，避免产生违约责任。

本专项档案的责任部门通常为财务部。

专项档案

序号	项目履约保函管理专项档案（按专项）
一	**封面**
二	**目录**
三	**首页说明：关于项目履约保函管理情况的说明，每月 25 日更新，使人对当前项目履约保函管理情况一目了然**
四	**管理依据**
1	投融资项目合同中关于履约保函约定的条款
2	项目公司与履约保函相关的管理制度、程序与办法，附批准通过管理制度的董事会决议文件及正式发布的红头文件
3	股东方书面通知、要求
4	政府发文及实施机构书面通知、要求
5	相关法律法规及政策文件等
五	**项目履约保函管理工作目标与任务分解，附完成情况及奖惩记录**
六	**项目履约保函管理专项档案动态管理记录**
1	项目履约保函动态管理台账

续表

序号	项目履约保函管理专项档案（按专项）
2	建设期履约保函管理记录：履约保函提交记录，定期对履约保函的有效期、被提取情况进行检查、管理的记录
3	运营期履约保函管理记录：履约保函提交记录，定期对履约保函的有效期、被提取情况进行检查、管理的记录
4	移交履约保函管理记录：履约保函提交记录，定期对履约保函的有效期、被提取情况进行检查、管理的记录
5	其他相关成果：违约责任豁免文件等
七	**特殊情况的处理（或有）**
1	**项目履约保函被提取专项记录（或有）**
1.1	项目履约保函被提取专项台账
1.2	历次履约保函被提取记录
1.2.1	首页说明
1.2.2	目录
1.2.3	实施机构拟提取履约保函的书面通知
1.2.4	项目公司的整改记录与回复
1.2.5	实施机构正式提取履约保函的书面通知
1.2.6	提取履约保函记录，附提取资金流水
1.2.7	项目公司补足履约保函的记录，附资金流水
1.2.8	项目公司的事件复盘与整改要求，附落实情况
1.2.9	其他相关成果
2	**对下游单位的奖惩记录（或有）**

续表

序号	项目履约保函管理专项档案（按专项）
八	**当年度工作总结与下年度工作安排**
1	当年度工作总结：相关工作经验、教训总结与建议等（含对合同条款、管理制度的建议）
2	下年度工作安排
九	**其他相关文件**
1	相关会议纪要、往来函件、通知、审批文件、专家论证等
2	相关法律法规及政策文件等
十	**封尾**

实务风险提示：

从审计实践来看，部分项目单位疏于管理履约保函，未按照合同约定及时、足额提交履约保函，并寄希望于“和政府方达成了默契，我们不提交，他们也不要”，最终导致违约责任的实际发生。因此，建议项目单位按照专项档案的要求对履约保函进行有序管理，规避由此引致的不当后果。

1.14 项目建设期绩效考核管理专项档案

整理项目建设期绩效考核管理专项档案的目的是，以终为始，聚焦考核时需要的各项证据，提前在实施中明确相关要求，并将实施结果证据化，确保提前锁定得分。

本专项档案的责任部门通常为工程管理部。

详见第四章第一节。

第二节　运营期管理专项档案

2.1　委托运营合同全生命周期履约管理专项档案

整理委托运营合同全生命周期履约管理专项档案的目的是，聚焦委托运营合同完全履约，对下游委托运营单位进行有效管理，使下游委托运营单位完全受控，避免合同履约的较大偏离，促使运营服务产出目标达成。

本专项档案的责任部门通常为运营管理部。

专项档案

序号	委托运营合同全生命周期履约管理专项档案（按年度）
一	封面
二	目录
三	首页说明：关于委托运营服务单位管理情况的说明，每月 25 日更新，使人对当前运营服务单位履约现状一目了然
四	管理依据
1	投融资项目合同中关于委托运营合同签订、管理约定的条款
2	项目公司合同管理制度、程序与办法，附批准通过管理制度的董事会决议文件及正式发布的红头文件
3	股东方书面通知、要求
4	政府发文及实施机构书面通知、要求
5	相关法律法规及政策文件等

续表

序号	委托运营合同全生命周期履约管理专项档案（按年度）
五	**项目运营合同管理工作目标与任务分解，附完成情况及奖惩记录**
六	**委托运营动态管理记录**
1	**委托运营合同采购文件**
1.1	项目公司自行运营的（直接与股东方签订运营协议）
1.1.1	首页说明，当期关联交易简要说明，使人对相关情况一目了然
1.1.2	股东会或董事会决议通过文件（根据公司章程约定执行）
1.1.3	实施机构批准文件（非必须，根据投融资项目合同约定执行，或有）
1.1.4	关联交易签订的合同，附合同评审记录、批准签订审批程序文件
1.1.5	其他本期关联交易相关文件，如会议纪要、往来函件等
1.2	项目公司委托第三方运营的
1.2.1	首页说明，本项合同采购的具体情况摘要
1.2.2	目录
1.2.3	经项目公司正式发布，实施机构批准或备案的采购方案、采购计划
1.2.4	招标文件、公示记录
1.2.5	投标文件、签收记录
1.2.6	开标记录
1.2.7	评标记录
1.2.8	谈判备忘录（或有）

续表

序号	委托运营合同全生命周期履约管理专项档案（按年度）
1.2.9	定标记录
1.2.10	中标通知书
2	**委托运营合同签订文件**
2.1	正式签订的委托运营合同
2.2	项目公司对拟签订合同的审批文件，附合同评审记录、法务意见或法律意见书，同时拟签订合同应有责任人页签
2.3	实施机构签收、备案记录
3	**委托运营合同交底与学习文件**
3.1	商务人员对后端运营管理团队人员的正式书面交底记录，附签到表、交底记录、现场照片等
3.2	后端运营管理人员对合同进行 WBS 深度任务分解学习的正式记录，附签到表、工作任务分解清单、现场照片等
4	**委托运营合同履约文件**
4.1	目录
4.2	委托运营合同动态管理成果
4.2.1	合同履约情况简报（每月 25 日或每双月 25 日）
4.2.1.1	项目公司经营管理月报—1 月（包括运营管理部分）
4.2.1.2	项目公司经营管理月报—2 月（包括运营管理部分）
4.2.1.3	项目公司经营管理月报—3 月（包括运营管理部分）
4.2.1.4	项目公司经营管理月报—4 月（包括运营管理部分）
4.2.1.5	项目公司经营管理月报—5 月（包括运营管理部分）

续表

序号	委托运营合同全生命周期履约管理专项档案（按年度）
4.2.1.6	项目公司经营管理月报—6 月（包括运营管理部分）
4.2.1.7	项目公司经营管理月报—7 月（包括运营管理部分）
4.2.1.8	项目公司经营管理月报—8 月（包括运营管理部分）
4.2.1.9	项目公司经营管理月报—9 月（包括运营管理部分）
4.2.1.10	项目公司经营管理月报—10 月（包括运营管理部分）
4.2.1.11	项目公司经营管理月报—11 月（包括运营管理部分）
4.2.1.12	项目公司经营管理月报—12 月（包括运营管理部分）
4.2.2	项目公司对运营工作的监督检查记录
4.2.2.1	对被委托运营单位工作偏差发出的工作联系函
4.2.2.2	处罚通知单（或有），附后续整改情况的回复与确认文件
4.3	合同发生主要偏差的处理文件（或有）
4.4	请款与付款记录（政府付费）
4.4.1	付款记录台账
4.4.2	历次付款申请、审批、付款、发票等完整文件
4.5	历次运营绩效评价结果
4.6	历次中期评估报告
4.7	其他相关履约成果
5	**委托运营合同关闭文件：**当委托运营工作全部结束后，作出的总结性报告
七	**特殊情况的处理（或有）**
1	**补充协议文件**

续表

序号	委托运营合同全生命周期履约管理专项档案（按年度）
1.1	首页说明：关于当前补充协议发起原因及签订情况的说明，及时更新，使人对当前现状一目了然
1.2	正式签署完成的《补充协议》
1.3	项目公司内部批准文件，附法务意见或法律意见书
1.4	项目公司合同评审记录
1.5	其他相关文件：往来工作联系函、会议纪要、谈判记录、备忘录等
2	**合同争议的处理文件（或有）**
3	**合同提前终止文件（或有）**
4	**行政处罚记录（或有）**
4.1	行政处罚通知单
4.2	行政处罚事件的协调、处理记录（请示、汇报、协调等材料）
4.3	行政处罚事件的关闭记录
4.4	经验教训总结与建议（建议附落实情况记录）
八	**当年度工作总结与下年度工作安排**
1	当年度工作总结：相关工作经验、教训总结与建议等（含对合同条款、管理制度的建议）
2	下年度工作安排
九	**其他相关文件**
1	相关会议纪要、往来函件、通知、审批文件、专家论证等
2	相关法律法规及政策文件等
十	**封尾**

实务风险提示：

运营管理的高频风险点：一是正式运营起始点的确认，建议与实施机构通过正式书面文件确认；二是运营范围、内容和标准的调整，如果发生变化，应当通过补充协议确认；三是运营成本的确认，建议通过跟踪审计实时确认；四是运营绩效考核和中期评估；五是政府付费。项目单位在进行专项管理时，应当重点关注高频风险点。

2.2 项目试运营管理专项档案

整理项目试运营管理专项档案的目的是，充分、有效管理试运营工作，以明确达成试运营的标准和要求，为进入正式运营打好基础，避免造成不当风险或后果。

本专项档案的责任部门通常为运营管理部。

专项档案

序号	项目试运营管理专项档案（按专项）
一	**封面**
二	**目录**
三	**首页说明：关于试运营管理情况的说明，每月 25 日更新，使人对当前试运营现状一目了然**
四	**管理依据**
1	投融资项目合同中关于试运营约定的条款
2	项目公司试运营相关管理制度、程序与办法，附批准通过管理制度的董事会决议文件及正式发布的红头文件
3	项目公司运营管理大纲，附更新修订的记录文件

续表

序号	项目试运营管理专项档案（按专项）
4	股东方书面通知、要求
5	政府方发文及实施机构书面通知、要求
6	相关法律法规及政策文件等
五	**项目试运营管理工作目标与任务分解，附完成情况及奖惩记录**
六	**项目试运营动态管理记录**
1	**实施机构正式进入试运营的确认文件（具体时点），附竣工验收合格文件**
2	**试运营方案，附项目公司评审通过文件**
2.1	实施机构签收、备案记录
2.2	实施机构批准文件（或有）
3	**试运营管理记录**
3.1	项目公司经营管理月报（试运营专章体现）
3.2	项目公司试运营管理专报（或有）
3.3	试运营验收条件自检与整改记录
3.4	检验、检测记录
3.5	实施机构或第三方检查记录、整改记录
3.6	其他合同约定的试运营管理成果文件
4	**试运营验收文件**
4.1	试运营验收申请
4.2	试运营验收记录
4.3	整改情况回复与确认文件

续表

序号	项目试运营管理专项档案（按专项）
4.4	试运营验收通过文件（明确具体时点）
4.5	实施机构同意进入正式运营的文件（运营证书，明确正式进入运营期的具体时点）
5	**其他试运营相关成果**
七	**特殊情况的处理（或有）**
1	试运营处罚记录
2	对下游单位的奖惩记录
八	**当年度工作总结与下年度工作安排**
1	当年度工作总结：相关工作经验、教训总结与建议等（含对合同条款、管理制度的建议）
2	下年度工作安排
九	**其他相关文件**
1	相关会议纪要、往来函件、通知、审批文件、专家论证等
2	相关法律法规及政策文件等
十	**封尾**

实务风险提示：

试运营管理的高频风险点：一是试运营起始点的确认，建议与实施机构通过正式书面文件确认；二是试运营范围、内容和标准是否实现，建议通过专项验收进行确认；三是试运营结束，正式进入运营期的时点，建议与实施机构通过正式书面文件确认。项目单位在进行专项管理时，应当重点关注。

2.3 项目保修管理专项档案

整理项目保修管理专项档案的目的是，妥善记录日常巡检、保修情况，敦促服务团队及时处理报修问题，保证持续提供符合标准的公共服务，实现运营服务产出目标。

本专项档案的责任部门通常为工程部。

专项档案

序号	项目保修管理专项档案（按年度）
一	**封面**
二	**目录**
三	**首页说明：关于保修工作执行情况的说明，每月 25 日更新，使人对当前保修工作现状一目了然**
四	**管理依据**
1	投融资项目合同中关于保修管理约定的条款
2	项目公司保修相关管理制度、程序与办法，附批准通过管理制度的董事会决议文件及正式发布的红头文件
3	股东方书面通知、要求
4	政府方发文及实施机构书面通知、要求
5	相关法律法规及政策文件等
五	**项目保修管理工作目标与任务分解，附完成情况及奖惩记录**
六	**保修动态管理记录**
1	**保修记录**
1.1	保修台账

续表

序号	项目保修管理专项档案（按年度）
1.2	报修记录—1 月，附维修记录、验收关闭记录
1.3	报修记录—2 月，附维修记录、验收关闭记录
1.4	报修记录—3 月，附维修记录、验收关闭记录
1.5	报修记录—4 月，附维修记录、验收关闭记录
1.6	报修记录—5 月，附维修记录、验收关闭记录
1.7	报修记录—6 月，附维修记录、验收关闭记录
1.8	报修记录—7 月，附维修记录、验收关闭记录
1.9	报修记录—8 月，附维修记录、验收关闭记录
1.10	报修记录—9 月，附维修记录、验收关闭记录
1.11	报修记录—10 月，附维修记录、验收关闭记录
1.12	报修记录—11 月，附维修记录、验收关闭记录
1.13	报修记录—12 月，附维修记录、验收关闭记录
2	**日常巡检记录**
2.1	日常巡检台账
2.2	日常巡检记录—1 月，附维修记录、验收关闭记录（或有）
2.3	日常巡检记录—2 月，附维修记录、验收关闭记录（或有）
2.4	日常巡检记录—3 月，附维修记录、验收关闭记录（或有）
2.5	日常巡检记录—4 月，附维修记录、验收关闭记录（或有）
2.6	日常巡检记录—5 月，附维修记录、验收关闭记录（或有）
2.7	日常巡检记录—6 月，附维修记录、验收关闭记录（或有）
2.8	日常巡检记录—7 月，附维修记录、验收关闭记录（或有）

续表

序号	项目保修管理专项档案（按年度）
2.9	日常巡检记录—8月，附维修记录、验收关闭记录（或有）
2.10	日常巡检记录—9月，附维修记录、验收关闭记录（或有）
2.11	日常巡检记录—10月，附维修记录、验收关闭记录（或有）
2.12	日常巡检记录—11月，附维修记录、验收关闭记录（或有）
2.13	日常巡检记录—12月，附维修记录、验收关闭记录（或有）
3	**备品备件记录**
3.1	备品备件库存记录
3.2	备品备件使用台账
3.2.1	采购记录，附相关采购文件、入库记录
3.2.2	使用记录，附相关审批文件、出库记录
4	**其他保修相关记录**
七	**特殊情况的处理（或有）**
1	**维修不及时的处罚记录**
2	**计划外设备更新、大修的处理**
2.1	项目公司出具的处理方案，明确费用处理，附项目公司批准文件、被委托运营单位确认文件、实施机构确认文件
2.2	设备更新、大修处理记录
2.3	费用结算处理记录
2.4	其他相关文件
八	**当年度工作总结与下年度工作安排**
1	当年度工作总结：相关工作经验、教训总结与建议等（含对合同条款、管理制度的建议）

续表

序号	项目保修管理专项档案（按年度）
2	下年度工作安排
九	**其他相关文件**
1	相关会议纪要、往来函件、通知、审批文件、专家论证等
2	相关法律法规及政策文件等
十	**封尾**

实务风险提示：

根据以往的索赔诉讼案例经验，项目单位一定要做好保修登记，保修工作完成后应做好详细反馈记录，确保闭环，避免被索赔或违约责任。

2.4 项目建筑物维护管理专项档案

整理项目建筑物维护管理专项档案的目的是，妥善记录建筑物日常巡检、维护维修情况，敦促服务团队及时处理问题，保证可以持续提供符合标准的公共服务，满足绩效考核要求，实现运营服务产出目标。

本专项档案的责任部门通常为工程部。

详见第四章第二节，根据项目合同约定及考核要求确定。

2.5 项目设备设施维护管理专项档案

整理项目设备设施维护管理专项档案的目的是，妥善记录设备设施日常巡检、维护保养情况，敦促服务团队及时处理问题，保证可以持续提供符合标准的公共服务，满足绩效考核要求，实现运营服务产出目标。

本专项档案的责任部门通常为工程部。

详见第四章第二节，根据项目合同约定及考核要求确定。

2.6 项目公用设施维护管理专项档案

整理项目公用设施维护管理专项档案的目的是，妥善记录公用设施日常巡检、维护保养情况，敦促服务团队及时处理问题，保证可以持续提供符合标准的公共服务，满足绩效考核要求，实现运营服务产出目标。

本专项档案的责任部门通常为工程部。

详见第四章第二节，根据项目合同约定及考核要求确定。

2.7 项目道路系统养护管理专项档案

整理项目道路系统养护管理专项档案的目的是，妥善记录道路系统日常巡检、日常养护维修情况，敦促服务团队及时处理问题，保证可以持续提供符合标准的公共服务，满足绩效考核要求，实现运营服务产出目标。

本专项档案的责任部门通常为工程部。

详见第四章第二节，根据项目合同约定及考核要求确定。

2.8 项目园林绿化养护管理专项档案

整理项目园林绿化养护管理专项档案的目的是，妥善记录园林绿化日常巡检、养护维护情况，敦促服务团队及时处理问题，保证可以持续提供符合标准的公共服务，满足绩效考核要求，实现运营服务产出目标。

本专项档案的责任部门通常为运营管理部。

详见第四章第二节，根据项目合同约定及考核要求确定。

2.9 项目设备更新、中大修管理专项档案

整理项目设备更新、中大修管理专项档案的目的是，规范项目公司设备更新、中大修管理工作，妥善处理相关费用的预算和支出，及时完成相关工作及费用结算，确保项目持续稳定提供公共服务的同时，保证自身正当权益。

本专项档案的责任部门通常为运营管理部、工程部。

专项档案

序号	项目设备更新、中大修管理专项档案（按专项）
一	**封面**
二	**目录**
三	**首页说明：关于设备更新、中大修管理情况的说明，每月 25 日更新，使人对当前设备更新和中大修的现状一目了然**
四	**管理依据**
1	投融资项目合同中关于设备更新、中大修约定的条款
2	项目公司设备更新、中大修相关管理制度、程序与办法，附批准通过管理制度的董事会决议文件及正式发布的红头文件
3	项目公司运营管理大纲关于设备更新、中大修的章节，附更新修订的记录文件
4	股东方书面通知、要求
5	政府发文及实施机构书面通知、要求
6	相关法律法规及政策文件等
五	**项目设备更新、中大修管理工作目标与任务分解，附完成情况及奖惩记录**

续表

序号	项目设备更新、中大修管理专项档案（按专项）
六	**项目设备更新、中大修动态管理记录**
1	**设备更新、中大修管理档案—第 1 期**
1.1	目录
1.2	项目公司向实施机构提交的请示汇报文件（含实施机构签收记录），附本期设备更新、中大修方案和预算文件（含项目公司内部审批、批准文件）
1.3	实施机构关于本期设备更新、中大修方案和预算的批准或备案文件
1.4	项目公司实施记录
1.4.1	设备更新验收记录
1.4.2	隐蔽工程验收记录
1.4.3	过程监督检查、验收记录
1.4.4	本期设备更新、中大修总体验收记录
1.5	本期设备更新、中大修费用结算文件
1.5.1	过程费用确认记录
1.5.2	正式费用确认的审计报告
1.6	其他相关文件：费用预算与支出、会议纪要、往来文件、专家评审等
2	**设备更新、中大修管理档案—第 2 期：目录清单同第 1 期**
3	**设备更新、中大修管理档案—第 3 期：目录清单同第 1 期**
4	**设备更新、中大修管理档案—第 *N* 期：目录清单同第 1 期**
七	**特殊情况的处理（或有）**

续表

序号	项目设备更新、中大修管理专项档案（按专项）
八	**当年度工作总结与下年度工作安排**
1	当年度工作总结：相关工作经验、教训总结与建议等（含对合同条款、管理制度的建议）
2	下年度工作安排
九	**其他相关文件**
1	相关会议纪要、往来函件、通知、审批文件、专家论证等
2	相关法律法规及政策文件等
十	**封尾**

实务风险提示：

项目设备更新、中大修的实务风险在于方案确认以及费用归属确认，项目公司应当在正式实施之前，根据《投融资项目合同》的约定，编制好设备更新、中大修方案，附相应预算，并报实施机构确认后实施，完成后，应当通过验收，并及时进行费用结算确认。在此过程中，实施机构若有不同意见，应当注意履行有经验的投资人或承包商应当履行的善意提醒义务，充分提示风险，并最终根据实施机构确认的意见实施。

在实务中还有一种情形，即设备更新、中大修费用每年计提，然后在某一年度集中使用，但是当年度实际并未发生设备更新、中大修，则当年度不应计取该部分费用，应当在实际发生年度计取，该种情形应通过设备更新、中大修方案及预算进行确认。

2.10 项目中期评估管理专项档案

整理项目中期评估管理专项档案的目的是，提示项目公司善加利用中期评估窗口，积极按照合同约定和政策规定，与实施机构开展中期评估谈判，及时修正影响项目健康推进的“堵点”，包括实施方案、合同约定等，使项目可以顺利、高效推进，在实现公共利益最大化的同时，保障各方合法权益。

本专项档案的责任部门通常为运营管理部。

专项档案

序号	项目中期评估管理专项档案（按专项）
一	**封面**
二	**目录**
三	**首页说明：关于中期评估情况的说明，每月 25 日更新，使人对当前中期评估的现状一目了然**
四	**管理依据**
1	投融资项目合同中关于中期评估约定的条款
2	项目公司中期评估相关管理制度、程序与办法，附批准通过管理制度的董事会决议文件及正式发布的红头文件
3	项目公司运营管理大纲关于中期评估的章节，附更新修订的记录文件
4	股东方书面通知、要求
5	政府发文及实施机构书面通知、要求
6	相关法律法规及政策文件等

续表

序号	项目中期评估管理专项档案（按专项）
五	**项目中期评估管理工作目标与任务分解，附完成情况及奖惩记录**
六	**项目中期评估动态管理记录**
1	**中期评估管理档案—第 1 期**
1.1	目录
1.2	经双方确认的中期评估方案文件，附双方论证、确认的文件
1.3	项目公司向实施机构提交的中期评估启动申请文件（含实施机构签收记录）
1.4	实施机构关于本期中期评估工作的批准文件
1.5	中期评估实施文件
1.5.1	中期评估工作正式书面通知，附评估单位授权及评估方案
1.5.2	中期评估启动会会议纪要，附会议签到表、现场照片等
1.5.3	中期评估报告初稿
1.5.4	项目公司纠偏、整改与回复记录
1.5.5	经各方签字确认的正式中期评估报告
1.5.6	报行业主管部门、财政部门（或国家发展改革委部门）的备案记录
1.6	《投融资项目实施方案（更新版）》，附本级人民政府批准文件（或有）
1.7	《投融资项目合同补充协议》，附本级人民政府批准文件（或有）
1.8	其他相关文件：行政审批或备案（或有）、会议纪要、往来文件、专家评审等

续表

序号	项目中期评估管理专项档案（按专项）
2	**中期评估管理档案—第 2 期：目录清单同第 1 期**
3	**中期评估管理档案—第 3 期：目录清单同第 1 期**
4	**中期评估管理档案—第 *N* 期：目录清单同第 1 期**
七	**特殊情况的处理（或有）**
八	**当年度工作总结与下年度工作安排**
1	当年度工作总结：相关工作经验、教训总结与建议等（含对合同条款、管理制度的建议）
2	下年度工作安排
九	**其他相关文件**
1	相关会议纪要、往来函件、通知、审批文件、专家论证等
2	相关法律法规及政策文件等
十	**封尾**

实务风险提示：

项目中期评估在相关政策中仅有原则性约定，在投融资项目合同中大概率也仅有概括性约定，但是根据原则而言，这是社会资本或项目公司与实施机构进行补充协议商谈的一个窗口，在政策变更、环境变化等导致项目不能健康推进的情况下，实施机构和项目公司都可以启动，尤其是在合法权益受到损害的时候，受损方都可以主张启动中期评估，该项工作开展时，建议邀请律师参加。

第三节　项目公司管理专项档案

3.1　项目公司制度管理专项档案

整理项目公司制度管理专项档案的目的是，使项目公司的各项管理均有章可循、有据可依，始终处于规范管理的状态；核心是管理制度的建立、交底、执行、成果，与动态更新、优化、完善。

本专项档案的责任部门通常为综合管理部。

专项档案

序号	项目公司制度管理专项档案（按年度）
一	**封面**
二	**目录**
三	**首页说明：关于制度管理情况的说明，每月 25 日更新，使人对当前制度管理现状一目了然**
四	**管理依据**
1	公司章程中关于制度管理约定的要求
2	投融资项目合同中关于制度管理约定的条款（或有）
3	项目公司相关管理制度、程序与办法，附批准通过管理制度的董事会决议文件及正式发布的红头文件
4	股东方书面通知、要求
5	政府方发文及实施机构书面通知、要求

续表

序号	项目公司制度管理专项档案（按年度）
6	相关法律法规及政策文件等
五	**项目公司制度管理工作目标与任务分解，附完成情况及奖惩记录**
六	**制度管理动态管理记录**
1	**制度正式发布情况**
1.1	项目公司正式发布的管理制度（第 1 版）
1.1.1	项目公司正式发布的红头文件
1.1.2	董事会决议文件（根据公司章程的约定执行）
1.1.3	管理制度文本
1.2	项目公司正式发布的管理制度（第 2 版），目录清单同第 1 版，附升版情况说明
1.3	项目公司正式发布的管理制度（第 *N* 版），目录清单同第 1 版，附升版情况说明
2	**制度执行情况**
2.1	各主题对应专项档案的情况说明及管理成果索引
2.2	其他主要执行过程文件
3	**其他制度管理相关成果**
七	**特殊情况的处理（或有）**
1	历次检查记录与整改要求
2	整改落实情况与回复
八	**当年度工作总结与下年度工作安排**
1	当年度工作总结：相关工作经验、教训总结与建议等（含对合同条款、管理制度的建议）

续表

序号	项目公司制度管理专项档案（按年度）
2	下年度工作安排
九	**其他相关文件**
1	相关会议纪要、往来函件、通知、审批文件、专家论证等
2	相关法律法规及政策文件等
十	**封尾**

实务风险提示：

项目公司制度管理问题也属于高频问题之一，在审计实践和监督检查中通常会出现，主要有：一是项目公司没有建立相应完备的管理制度；二是建立不规范，未经正式发布；三是直接照搬股东公司管理制度，与项目公司实际管理不适配；四是未严格遵照执行；五是未定期更新，以满足管理所需。以上属于高发问题，可能导致不当后果，建议项目单位审慎处理，避免不当情形。

3.2 项目公司工商管理专项档案

整理项目公司工商管理专项档案的目的是，确保公司经营管理工作规范开展，使项目公司始终处于合法经营的状态。

本专项档案的责任部门通常为综合管理部。

专项档案

序号	项目公司工商管理专项档案（按专项）
一	**封面**
二	**目录**

续表

序号	项目公司工商管理专项档案（按专项）
三	**首页说明：关于工商管理情况的说明，每月 25 日更新，使人对当前工商管理现状一目了然**
四	**管理依据**
1	公司章程（市场监督管理部门备案版本）
2	投融资项目合同中关于工商管理约定的条款（或有）
3	项目公司工商管理制度、程序与办法，附批准通过管理制度的董事会决议文件及正式发布的红头文件
4	股东方书面通知、要求
5	政府方发文及实施机构书面通知、要求
6	相关法律法规及政策文件等
五	**项目公司工商管理工作目标与任务分解，附完成情况及奖惩记录**
六	**工商管理动态管理记录**
1	**项目公司成立的核心文件**
1.1	项目公司营业执照
1.2	项目公司经营行政许可（或有）
1.3	银行开户证明
1.4	首次“三会”文件
1.5	股东协议、公司章程文件
1.6	高级管理人员授权文件
1.7	办公场所证明文件
1.8	股东注资证明文件

续表

序号	项目公司工商管理专项档案（按专项）
1.9	股东单位内部决议审批文件
1.10	其他相关文件等
2	**法人变更文件（或有）**
3	**公司章程变更文件（或有）**
4	**历年工商年报**
5	**历年财务年报**
6	**其他相关成果**
七	**特殊情况的处理**
1	**股权变更记录**
1.1	项目公司关于股权变更的请示文件，附相关附件
1.2	股东方书面批准文件
1.3	实施机构书面批准文件
1.4	本级人民政府书面批准文件
1.5	项目公司股东会决议通过文件
1.6	股东协议、公司章程文件，附市场监督管理部门备案记录
1.7	其他相关文件等
2	**高管变动记录**
2.1	关于高管变动的请示文件，附相关附件
2.2	股东方书面批准文件
2.3	实施机构书面批准文件
2.4	本级人民政府书面批准文件（或有）

续表

序号	项目公司工商管理专项档案（按专项）
2.5	项目公司股东会或董事会决议通过文件
2.6	公司章程变更文件，附市场监督管理部门备案记录
2.7	项目公司正式红头发布文件
2.8	其他相关文件等
3	**行政处罚记录（或有）**
3.1	行政处罚通知单
3.2	行政处罚事件的协调、处理记录（请示、汇报、协调等材料）
3.3	行政处罚事件的关闭记录
3.4	经验教训总结与建议（建议附落实情况记录）
八	**当年度工作总结与下年度工作安排**
1	当年度工作总结：相关工作经验、教训总结与建议等（含对合同条款、管理制度的建议）
2	下年度工作安排
九	**其他相关文件**
1	相关会议纪要、往来函件、通知、审批文件、专家论证等
2	相关法律法规及政策文件等
十	**封尾**

3.3 项目公司人事组织管理专项档案

整理项目公司人事组织管理专项档案的目的是，在有效管理项目公司人员的同时，做实管理成本，使项目公司人力资源部分良性运行。

由于项目公司管理人员的薪酬福利等，在建设期与建设单位管理费强相关，在运营期与运营管理成本强相关，因此，建议将人事组织进行专项管理，在结算、审计存在争议纠纷时可以进行有效举证。具体档案清单，一般单位均有完善的管理范式，因此不再赘述，不做示范。

本专项档案的责任部门通常为综合管理部。

3.4 项目公司党建管理专项档案

整理项目公司党建管理专项档案的目的是，发挥党建引领作用，规范有序开展党建工作，避免违法、违规、违纪行为的产生，促使项目公司规范高效运行。

由于一般单位均有完善的党建管理工作范式，因此不再赘述，不做示范。

本专项档案的责任部门通常为综合管理部。

3.5 项目公司股东会管理专项档案

整理项目公司股东会管理专项档案的目的是，督促项目公司严格按照公司章程的约定执行相关工作，规范项目公司治理工作，使公司满足合规治理要求。项目公司应当关注的重点包括：公司章程明确约定的需通过股东会决议的事项，应当通过股东会决议；股东会的发起、通知、召开、决议等程序，应当满足规定要求；股东会决议应当妥善执行；全过程档案应当妥善保存等。

本专项档案的责任部门通常为综合管理部。

专项档案

序号	项目公司股东会管理专项档案（按专项）
一	**封面**
二	**目录**
三	**首页说明：关于股东会召开情况的说明，每月 25 日更新，使人对当前股东会管理现状一目了然**
四	**管理依据**
1	公司章程（市场监督管理部门备案版本）
2	投融资项目合同中关于股东会召开约定的条款（或有）
3	项目公司“三会”管理制度、程序与办法，附批准通过管理制度的董事会决议文件及正式发布的红头文件
4	股东方书面通知、要求
5	政府方发文及实施机构书面通知、要求
6	相关法律法规及政策文件等
五	**项目公司“三会”管理工作目标与任务分解，附完成情况及奖惩记录**
六	**股东会动态管理记录**
1	**股东会台账**
2	**20×× 年股东会第 1 次会议**
2.1	封面
2.2	目录
2.3	会议通知，附议案、签收记录
2.4	议案表决票
2.5	股东会决议

续表

序号	项目公司股东会管理专项档案（按专项）
2.6	股东会决议执行文件（直至决议执行闭环）
2.7	附件
2.7.1	议案内部审批表单
2.7.2	会议议程（或有）
2.7.3	会议签到表
2.7.4	会议纪要，附照片
2.7.5	授权委托书
2.7.6	签收记录
2.8	封尾
3	**20××年股东会第2次会议，目录清单同第1次会议**
4	**20××年股东会第3次会议，目录清单同第1次会议**
5	**20××年股东会第*N*次会议，目录清单同第1次会议**
七	**特殊情况的处理（或有）**
八	**当年度工作总结与下年度工作安排**
1	当年度工作总结：相关工作经验、教训总结与建议等（含对合同条款、管理制度的建议）
2	下年度工作安排
九	**其他相关文件**
1	相关会议纪要、往来函件、通知、审批文件、专家论证等
2	相关法律法规及政策文件等
十	**封尾**

实务风险提示：

项目公司治理是合规检查的必要内容之一，从实践来看，“三会一层”的落实普遍不够规范，具体包括：一是未严格按照公司章程的约定组织召开“三会”；二是应当上会决策事项未予上会；三是普遍不重视监事会；四是未妥善保存完整“三会”材料等。项目单位应予以重视，避免以上高风险情形发生。

3.6 项目公司董事会管理专项档案

整理项目公司董事会管理专项档案的目的是，督促项目公司严格按照公司章程的约定执行相关工作，规范项目公司治理工作，使公司满足合规治理要求。项目公司应当关注的重点包括：公司章程明确约定的需通过董事会决议的事项，应当通过董事会决议；董事会的发起、通知、召开、决议等程序，应当满足规定要求；董事会决议应当妥善执行；全过程档案应当妥善保存等。

本专项档案的责任部门通常为综合管理部。

专项档案

序号	项目公司董事会管理专项档案（按专项）
一	**封面**
二	**目录**
三	**首页说明：关于董事会召开情况的说明，每月 25 日更新，使人对当前董事会管理现状一目了然**
四	**管理依据**
1	公司章程（市场监督管理部门备案版本）

续表

序号	项目公司董事会管理专项档案（按专项）
2	投融资项目合同中关于董事会召开约定的条款（或有）
3	项目公司“三会”管理制度、程序与办法，附批准通过管理制度的董事会决议文件及正式发布的红头文件
4	股东方书面通知、要求
5	政府方发文及实施机构书面通知、要求
6	相关法律法规及政策文件等
五	**项目公司“三会”管理工作目标与任务分解，附完成情况及奖惩记录**
六	**董事会动态管理记录**
1	**董事会台账**
2	**第一届董事会第 1 次会议**
2.1	封面
2.2	目录
2.3	会议通知，附议案、签收记录
2.4	议案表决票
2.5	董事会决议
2.6	董事会决议执行文件（直至决议执行闭环）
2.7	附件
2.7.1	议案内部审批表单
2.7.2	会议议程（或有）
2.7.3	会议签到表
2.7.4	会议纪要，附照片

续表

序号	项目公司董事会管理专项档案（按专项）
2.7.5	授权委托书
2.7.6	签收记录
2.8	封尾
3	**第一届董事会第 2 次会议，目录清单同第 1 次会议**
4	**第一届董事会第 3 次会议，目录清单同第 1 次会议**
5	**第一届董事会第 *N* 次会议，目录清单同第 1 次会议**
6	**第二届董事会第 1 次会议，目录清单同第一届董事会第 1 次会议**
7	**第二届董事会第 2 次会议，目录清单同第一届董事会第 1 次会议**
8	**第二届董事会第 3 次会议，目录清单同第一届董事会第 1 次会议**
9	**第二届董事会第 *N* 次会议，目录清单同第一届董事会第 1 次会议**
七	**特殊情况的处理（或有）**
八	**当年度工作总结与下年度工作安排**
1	当年度工作总结：相关工作经验、教训总结与建议等（含对合同条款、管理制度的建议）
2	下年度工作安排
九	**其他相关文件**
1	相关会议纪要、往来函件、通知、审批文件、专家论证等
2	相关法律法规及政策文件等
十	**封尾**

实务风险提示：

项目公司治理是合规检查的必要内容之一，从实践来看，“三会一层”的落实普遍不够规范，具体包括：一是未严格按照公司章程的约定组织召开“三会”；二是应当上会决策事项未予上会；三是普遍不重视监事会；四是未妥善保存完整“三会”材料等。项目单位应予以重视，避免以上高风险情形发生。

3.7 项目公司监事会管理专项档案

整理项目公司监事会管理专项档案的目的是，督促项目公司严格按照公司章程的约定执行相关工作，规范项目公司治理工作，使公司满足合规治理要求。项目公司应当关注的重点包括：公司章程明确约定的需通过监事会决议的事项，应当通过监事会决议；监事会的发起、通知、召开、决议等程序，应当满足规定要求；监事会决议应当妥善执行；全过程档案应当妥善保存等。

本专项档案的责任部门通常为综合管理部。

专项档案

序号	项目公司监事会管理专项档案（按专项）
一	**封面**
二	**目录**
三	**首页说明：关于监事会召开情况的说明，每月 25 日更新，使人对当前监事会管理现状一目了然**
四	**管理依据**
1	公司章程（市场监督管理部门备案版本）
2	投融资项目合同中关于监事会召开约定的条款（或有）
3	项目公司“三会”管理制度、程序与办法，附批准通过管理制度的董事会决议文件及正式发布的红头文件

续表

序号	项目公司监事会管理专项档案（按专项）
4	股东方书面通知、要求
5	政府方发文及实施机构书面通知、要求
6	相关法律法规及政策文件等
五	**项目公司“三会”管理工作目标与任务分解，附完成情况及奖惩记录**
六	**监事会动态管理记录**
1	**监事会台账**
2	**20×× 年度监事会第 1 次会议**
2.1	封面
2.2	目录
2.3	会议通知，附议案、签收记录
2.4	议案表决票
2.5	监事会决议
2.6	监事会决议执行文件（直至决议执行闭环）
2.7	附件
2.7.1	议案内部审批表单
2.7.2	会议议程（或有）
2.7.3	会议签到表
2.7.4	会议纪要，附照片
2.7.5	授权委托书
2.7.6	签收记录
2.8	封尾

续表

序号	项目公司监事会管理专项档案（按专项）
3	**20×× 年度监事会第 2 次会议，目录清单同第 1 次会议**
4	**20×× 年度监事会第 3 次会议，目录清单同第 1 次会议**
5	**20×× 年度监事会第 *N* 次会议，目录清单同第 1 次会议**
七	**特殊情况的处理（或有）**
八	**当年度工作总结与下年度工作安排**
1	当年度工作总结：相关工作经验、教训总结与建议等（含对合同条款、管理制度的建议）
2	下年度工作安排
九	**其他相关文件**
1	相关会议纪要、往来函件、通知、审批文件、专家论证等
2	相关法律法规及政策文件等
十	**封尾**

实务风险提示：

项目公司治理是合规检查的必要内容之一，从实践来看，“三会一层”的落实普遍不够规范，具体包括：一是未严格按照公司章程的约定组织召开“三会”；二是应当上会决策事项未予上会；三是普遍不重视监事会；四是未妥善保存完整“三会”材料等。项目单位应予以重视，避免以上高风险情形发生。

3.8 项目公司总经理办公会管理专项档案

整理项目公司总经理办公会管理专项档案的目的是，督促项目公司严格按照公司章程的约定及制度要求执行相关工作，规范项目公司治理工作，使公司满足合规治理要求。项目公司应当关注的重点包括：公司章程或项目公司管理制度明确的需通过总经理办公会决议的事项，应当通过总经理办公会决议；总经理办公会的发起、通知、召开、决定等程序，应当满足规定要求；总经理办公会决定应当妥善执行；全过程档案应当妥善保存等。

本专项档案的责任部门通常为综合管理部。

专项档案

序号	项目公司总经理办公会管理专项档案（按专项）
一	**封面**
二	**目录**
三	**首页说明：关于总经理办公会召开情况的说明，每月 25 日更新，使人对总经理办公会当前管理现状一目了然**
四	**管理依据**
1	公司章程（市场监督管理部门备案版本）
2	投融资项目合同中关于总经理办公会召开约定的条款（或有）
3	项目公司“三会”管理制度、程序与办法，附批准通过管理制度的董事会决议文件及正式发布的红头文件
4	股东方书面通知、要求
5	政府方发文及实施机构书面通知、要求
6	相关法律法规及政策文件等
五	**项目公司“三会”管理工作目标与任务分解，附完成情况及奖惩记录**
六	**总经理办公会动态管理记录**

续表

序号	项目公司总经理办公会管理专项档案（按专项）
1	**总经理办公会台账**
2	**总经理办公会文件—第 1 期**
2.1	封面
2.2	目录
2.3	会议签到表
2.4	会议纪要，附照片
2.5	总经理办公会决议执行文件（直至决议执行闭环）
2.6	签收记录
2.7	封尾
3	**总经理办公会文件—第 2 期，目录清单同第 1 期**
4	**总经理办公会文件—第 3 期，目录清单同第 1 期**
5	**总经理办公会文件—第 *N* 期，目录清单同第 1 期**
七	**特殊情况的处理（或有）**
八	**当年度工作总结与下年度工作安排**
1	当年度工作总结：相关工作经验、教训总结与建议等（含对合同条款、管理制度的建议）
2	下年度工作安排
九	**其他相关文件**
1	相关会议纪要、往来函件、通知、审批文件、专家论证等
2	相关法律法规及政策文件等
十	**封尾**

实务风险提示：

项目公司治理是合规检查的必要内容之一，从实践来看，“三会一层”的落实普遍不够规范，具体包括：一是未严格按照公司章程的约定组织召开“三会”；二是应当上会决策事项未予上会；三是普遍不重视监事会；四是未妥善保存完整“三会”材料等。项目单位应予以重视，避免以上高风险情形发生。

3.9 项目公司财务管理专项档案

整理项目公司财务管理专项档案的目的是，规范项目公司财务管理工作，从全面预算管理、合理开支、资金安全使用、降低资金成本、提高资金效率、拓展再融资渠道等方面有序开展财务管理工作，避免财务风险、审计风险等。

由于财务管理在一般单位均有完善的管理范式，因此不再赘述，不做示范。

本专项档案的责任部门通常为财务部。

3.10 项目公司资金管理专项档案

整理项目公司资金管理专项档案的目的是，督促项目公司及时足额筹集资金，安全高效使用资金，避免产生不当后果，如资金来源不合规、资金管理不当造成资金闲置或使用低效、违规使用资金造成流失等。根据《政府和社会资本合作项目审计指南》的内容，说明项目财务审计包括资金筹集情况审计、资金管理情况审计以及资金使用情况审计。因此，资金专项管理不仅是项目公司规范管理的必要环节，更是后期应对审计的关键所在。

本专项档案的责任部门通常为财务部。

专项档案

序号	项目公司资金管理专项档案（按年度）
一	**封面**
二	**目录**
三	**首页说明：关于项目公司资金管理收支情况的说明，每月 25 日更新，使人对当前资金管理现状一目了然**
四	**管理依据**
1	投融资项目合同中关于资金管理约定的条款
2	项目公司资金管理制度、程序与办法，附批准通过管理制度的董事会决议文件及正式发布的红头文件
3	公司章程中关于资金管理约定的条款
4	股东方书面通知、要求
5	政府发文及实施机构书面通知、要求
6	相关法律法规及政策文件等
五	**项目公司资金管理工作目标与任务分解，附完成情况及奖惩记录**
六	**资金管理专项档案动态管理记录**
1	**资金计划与使用文件**
1.1	项目公司当前资金收支情况简要说明，使人对当期资金情况一目了然
1.2	投融资项目资金计划（建设期），附股东会决议文件
1.3	当年度资金计划，附股东会决议文件
1.4	当年度资金使用台账
2	**资金流入情况**

续表

序号	项目公司资金管理专项档案（按年度）
2.1	当前资金流入情况简要说明，使人对当期资金流入情况一目了然
2.2	项目资本金记录
2.2.1	公司章程、投融资项目合同中关于项目资本金到账的约定
2.2.2	股东注资到账证明，附流水
2.2.3	项目公司向未注资股东发出的催缴函、律师函
2.2.4	相关会议纪要、股东会决议
2.2.5	其他相关文件，如处罚文件、政府发文等
2.2.6	附件：资本金相关国家政策、地方政策
2.3	融资贷款记录
2.3.1	融资方案，附股东会决议文件
2.3.2	融资协议，附项目公司内部评审记录
2.3.3	提款记录，附对应资金使用台账
2.3.4	其他相关文件
2.4	股东借款记录（或有）
2.4.1	股东会决议文件
2.4.2	股东借款协议，附合同评审意见、法律意见书
2.4.3	到账记录，附银行流水
2.4.4	其他相关文件
2.5	专项资金记录（或有）
2.5.1	专项资金相关政策文件
2.5.2	项目公司请款相关文件：专项报告、会议纪要等

续表

序号	项目公司资金管理专项档案（按年度）
2.5.3	到账记录，附银行流水
2.6	奖补资金记录（或有）
2.6.1	奖补资金相关政策文件
2.6.2	项目公司请款相关文件：专项报告、会议纪要等
2.6.3	到账记录，附银行流水
2.7	使用者付费记录
2.7.1	原实施方案、投融资项目合同中约定的使用者付费金额
2.7.2	实际使用者付费收入情况
2.7.3	重大偏差的情况说明与处理文件
2.8	政府方付费记录
2.8.1	投融资项目合同中约定的政府方付费金额
2.8.2	历次付费记录：绩效评价结果报告、项目公司请款报告与发票、政府付费记录
3	**资金流出情况**
3.1	当前资金流出情况简要说明，使人对当期资金流出情况一目了然
3.2	政府方前期费用（含征地拆迁、土地费用）支付记录
3.2.1	投融资项目合同中关于前期费用支付的约定
3.2.2	实施机构书面确认文件，包括具体转移的合同、费用金额台账以及承诺采购风险、审计风险、超付风险、税费风险由原合同方承担
3.2.3	项目公司支付记录，附审批流程及银行流水，满足三流一致要求
3.3	工程款支付记录

续表

序号	项目公司资金管理专项档案（按年度）
3.3.1	工程款支付台账清单
3.3.2	预付款支付记录，附完整附件，包括施工总承包单位申报、监理审批、跟踪审计审批、项目公司审批等
3.3.3	工程进度款支付记录，附完整附件，包括施工总承包单位申报、监理审批、跟踪审计审批、项目公司审批等
3.4	二类费支出记录，附完整附件，包括合同、发票、现金流、固定资产或服务成果以及项目公司审批等
3.5	建设单位管理费支出记录（单列）
3.5.1	根据投融资项目合同及财政部《关于印发〈基本建设项目建设成本管理规定〉的通知》（财建〔2016〕504 号）的规定，确定建设单位管理费总额
3.5.2	项目公司建设单位管理费全面预算文件（确认当年度使用预算），附股东会决议文件
3.5.3	当年度的支出文件（附完整附件）
3.5.4	超支部分的处理文件（或有）
3.6	建设期利息计取记录
3.7	银行还本付息记录
3.8	股东借款还本付息记录（或有）
3.9	专项资金使用记录（或有）
3.9.1	资金使用管理办法，附相关政策等
3.9.2	资金使用记录：台账及附件
3.9.3	专项资金审计报告
3.10	奖补资金使用记录（或有）

续表

序号	项目公司资金管理专项档案（按年度）
3.10.1	资金使用管理办法，附相关政策等
3.10.2	资金使用记录：台账及附件
3.10.3	奖补资金审计报告（或有）
3.11	其他费用支出记录（或有）
4	**其他相关管理成果**
七	**特殊情况的处理（或有）**
1	**再融资专项档案（资产证券化ABS、不动产投资信托基金REITs）**
1.1	项目公司拟再融资的方案与内部决议
1.2	实施机构的书面批准文件
1.3	相关发行记录文件
1.4	资金到账记录，附银行流水
1.5	资金使用计划，附股东会决议文件
1.6	还本付息记录，附银行流水
1.7	其他相关文件等
2	**使用者付费大额变化的处理**
2.1	大额增加的
2.1.1	《投融资项目合同》关于超额收益处理的约定
2.1.2	项目公司作出的处理方案，附股东会决议
2.1.3	实施机构批准或备案文件
2.1.4	其他审议、批准手续

续表

序号	项目公司资金管理专项档案（按年度）
2.1.5	利益分配处理记录，附银行流水
2.2	大额减少的
2.2.1	《投融资项目合同》关于大幅收益减少处理的约定
2.2.2	项目公司作出的处理方案，附股东会决议
2.2.3	与实施机构协商、处理的文件
2.2.4	其他相关文件
3	**政府方付费不能及时、足额回款的处理**
3.1	工作联系函
3.2	专项会议会议纪要
3.3	专项报告，附法律意见书
3.4	联席会议会议纪要
3.5	律师函
3.6	其他相关文件
八	**当年度工作总结与下年度工作安排**
1	当年度工作总结：相关工作经验、教训总结与建议等（含对合同条款、管理制度的建议）
2	下年度工作安排
九	**其他相关文件**
1	相关会议纪要、往来函件、通知、审批文件、专家论证等
2	相关法律法规及政策文件等
十	**封尾**

实务风险提示：

资金管理属于审计必审内容，通常由财务负责，但是在实践中，其他部门也需要协同配合，除了财务的账目，还可以通过该简要的资金管理专项档案，为其他部门的管理提供简明的支持，使监督检查或审计配合效率更高。

3.11 项目公司采购管理专项档案

整理项目公司采购管理专项档案的目的是，规范项目公司的采购行为，排除违规采购行为的产生，也排除后续的采购审计风险，确保采购行为安全、有序、高效。

本专项档案的责任部门通常为采购部。

专项档案

序号	项目公司采购管理专项档案（按年度）
一	**封面**
二	**目录**
三	**首页说明：关于采购管理情况的说明，每月 25 日更新，使人对当前项目公司采购管理情况一目了然**
四	**管理依据**
1	投融资项目合同中关于采购管理要求约定的条款
2	项目公司采购管理制度、程序与办法，附批准通过管理制度的董事会决议文件及正式发布的红头文件
3	股东方书面通知、要求
4	政府方发文及实施机构书面通知、要求

续表

序号	项目公司采购管理专项档案（按年度）
5	相关法律法规及政策文件等
五	**项目公司采购管理工作目标与任务分解，附完成情况及奖惩记录**
六	**采购管理专项档案动态管理记录**
1	项目公司采购管理月报—1月（包括具体开展的工作，发现的问题，整改的要求与进展等）
2	项目公司采购管理月报—2月（包括具体开展的工作，发现的问题，整改的要求与进展等）
3	项目公司采购管理月报—3月（包括具体开展的工作，发现的问题，整改的要求与进展等）
4	项目公司采购管理月报—4月（包括具体开展的工作，发现的问题，整改的要求与进展等）
5	项目公司采购管理月报—5月（包括具体开展的工作，发现的问题，整改的要求与进展等）
6	项目公司采购管理月报—6月（包括具体开展的工作，发现的问题，整改的要求与进展等）
7	项目公司采购管理半年报
8	项目公司采购管理月报—7月（包括具体开展的工作，发现的问题，整改的要求与进展等）
9	项目公司采购管理月报—8月（包括具体开展的工作，发现的问题，整改的要求与进展等）
10	项目公司采购管理月报—9月（包括具体开展的工作，发现的问题，整改的要求与进展等）

续表

序号	项目公司采购管理专项档案（按年度）
11	项目公司采购管理月报—10 月（包括具体开展的工作，发现的问题，整改的要求与进展等）
12	项目公司采购管理月报—11 月（包括具体开展的工作，发现的问题，整改的要求与进展等）
13	项目公司采购管理月报—12 月（包括具体开展的工作，发现的问题，整改的要求与进展等）
14	项目公司采购管理年报
15	项目公司采购管理专项报告—第 1 期（或有）
16	项目公司采购管理专项报告—第 2 期（或有）
17	项目公司采购管理专项报告—第 3 期（或有）
18	项目公司采购管理专项报告—第 *N* 期（或有）
19	**当年度项目公司采购记录**
19.1	**项目公司采购记录台账**
19.2	**采购方案申报**（项目公司于年初向实施机构申报，实施机构签收和 / 或批复）
19.3	**采购方式确定文件**（总经理办公会 / 董事会决议，方式为自行采购，或委托招标代理机构代为采购）
19.4	**常规采购记录**
19.4.1	常规采购台账
19.4.2	经批准的采购计划与采购方案
19.4.3	经批准的招采文件与发布记录
19.4.4	报名记录

续表

序号	项目公司采购管理专项档案（按年度）
19.4.5	答疑记录
19.4.6	投标记录
19.4.7	开标记录，附签到表、投标文件密封检查记录等
19.4.8	评标记录，附详细评标过程文件、专家评分记录等
19.4.9	定标记录，附谈判备忘录（或有）
19.4.10	中标公示记录
19.4.11	中标通知书
19.4.12	正式签订的合同，附合同审批通过程序文件、合同审批记录等
19.4.13	当期合同提交实施机构备案的签收记录
19.4.14	其他当期采购相关文件
19.5	**暂估价采购记录**
19.5.1	暂估价采购记录台账
19.5.2	经批准的采购限价、采购计划与采购方案（一般为财评中心确认）
19.5.3	经批准的招采文件与发布记录
19.5.4	报名记录
19.5.5	答疑记录
19.5.6	投标记录
19.5.7	开标记录，附签到表、投标文件密封检查记录等
19.5.8	评标记录，附详细评标过程文件、专家评分记录等
19.5.9	定标记录，附谈判备忘录（或有）

续表

序号	项目公司采购管理专项档案（按年度）
19.5.10	中标公示记录
19.5.11	中标通知书
19.5.12	正式签订的合同，附合同审批通过程序文件、合同审批记录等
19.5.13	当期合同提交实施机构备案的签收记录
19.5.14	其他当期采购相关文件
19.6	**询价认质认价采购记录**
19.6.1	询价认质认价采购记录台账
19.6.2	经批准的采购限价、询价认质认价方案（一般为实施机构、财评中心确认）
19.6.3	询价认质认价过程记录（会议纪要、访谈记录、报价文件、评比记录文件、谈判备忘录等）
19.6.4	定标记录
19.6.5	中标通知书
19.6.6	正式签订的合同，附合同审批通过程序文件、合同审批记录等
19.6.7	当期合同提交实施机构备案的签收记录
19.6.8	其他当期采购相关文件
19.7	**关联交易采购记录台账**（完整信息详见关联交易专项档案）
20	**其他相关采购记录**
七	**特殊情况的处理（或有）**
1	历次采购监督检查、审计报告

续表

序号	项目公司采购管理专项档案（按年度）
2	整改记录
3	其他相关文件等
八	**当年度工作总结与下年度工作安排**
1	当年度工作总结：相关工作经验、教训总结与建议等（含对合同条款、管理制度的建议）
2	下年度工作安排
九	**其他相关文件**
1	相关会议纪要、往来函件、通知、审批文件、专家论证等
2	相关法律法规及政策文件等
十	**封尾**

实务风险提示：

采购属于风险高发点之一，也是审计必审内容之一，因此，项目单位应当足够重视，严格按照规定规范实施。

3.12 项目公司采购管理—关联交易专项档案

整理项目公司采购管理—关联交易专项档案的目的是，对所有关联交易的采购进行统一管理，确保关联交易的合规性。

由于在审计实践中发现，部分单位不关注关联交易的合规程序，导致部分合同签订无效，因此，建议将关联交易进行专项处理，确保规范、有效。

本专项档案的责任部门通常为采购部。

专项档案

序号	项目公司采购管理—关联交易专项档案（按专项）
一	**封面**
二	**目录**
三	**首页说明：关于关联交易情况的说明，每月 25 日更新，使人对当前项目公司关联交易管理情况一目了然**
四	**管理依据**
1	投融资项目合同中关于关联交易采购管理要求约定的条款
2	公司章程中关于关联交易管理要求约定的条款
3	项目公司采购管理制度、程序与办法，附批准通过管理制度的董事会决议文件及正式发布的红头文件
4	股东方书面通知、要求
5	政府发文及实施机构书面通知、要求
6	相关法律法规及政策文件等
五	**项目公司采购管理工作目标与任务分解，附完成情况及奖惩记录**
六	**关联交易专项档案动态管理记录**
1	**项目公司关联交易台账**
2	**关联交易 1**
2.1	首页说明，当期关联交易简要说明，使人对相关情况一目了然
2.2	股东会或董事会决议通过文件（根据公司章程的约定执行）
2.3	实施机构批准文件（非必需，根据投融资项目合同的约定执行，或有）
2.4	关联交易签订的合同，附合同评审记录、批准签订审批程序文件

续表

序号	项目公司采购管理—关联交易专项档案（按专项）
2.5	其他本期关联交易相关文件，如会议纪要、往来函件等
3	**关联交易 2**
3.1	首页说明，当期关联交易简要说明，使人对相关情况一目了然
3.2	股东会或董事会决议通过文件（根据公司章程的约定执行）
3.3	实施机构批准文件（非必需，根据投融资项目合同的约定执行，或有）
3.4	关联交易签订的合同，附合同评审记录、批准签订审批程序文件
3.5	其他本期关联交易相关文件，如会议纪要、往来函件等
4	**关联交易 3**
4.1	首页说明，当期关联交易简要说明，使人对相关情况一目了然
4.2	股东会或董事会决议通过文件（根据公司章程的约定执行）
4.3	实施机构批准文件（非必需，根据投融资项目合同的约定执行，或有）
4.4	关联交易签订的合同，附合同评审记录、批准签订审批程序文件
4.5	其他本期关联交易相关文件，如会议纪要、往来函件等
5	**其他相关成果**
七	**特殊情况的处理（或有）**
八	**当年度工作总结与下年度工作安排**
1	当年度工作总结：相关工作经验、教训总结与建议等（含对合同条款、管理制度的建议）
2	下年度工作安排

续表

序号	项目公司采购管理—关联交易专项档案（按专项）
九	**其他相关文件**
1	相关会议纪要、往来函件、通知、审批文件、专家论证等
2	相关法律法规及政策文件等
十	**封尾**

实务风险提示：

关联交易在实践中属于高概率风险事件：一是对象必须为股东方，股东方的子公司、分公司、参股公司等，均不属于合法交易对象；二是关联交易应当通过股东会决议，确保其他股东知情并且同意，这是保护各位股东合法权益的行为；三是实施机构应当知晓；四是前期必须满足以公开招标方式选定社会资本，以非公开招标方式，不能直接关联交易。[1]以上 4 项落实清晰，则该项风险即可大概率规避。

3.13 项目公司一般合同管理专项档案

整理项目公司一般合同管理专项档案的目的是，聚焦合同的完全履约，使各项合同完全受控，避免合同履约产生较大偏离，避免由此产生的不当违约风险、审计风险。

---

〔1〕《招标投标法实施条例》第 9 条规定，“除招标投标法第六十六条规定的可以不进行招标的特殊情况外，有下列情形之一的，可以不进行招标：（一）需要采用不可替代的专利或者专有技术；（二）采购人依法能够自行建设、生产或者提供；（三）已通过招标方式选定的特许经营项目投资人依法能够自行建设、生产或者提供；（四）需要向原中标人采购工程、货物或者服务，否则将影响施工或者功能配套要求；（五）国家规定的其他特殊情形。招标人为适用前款规定弄虚作假的，属于招标投标法第四条规定的规避招标”。

本专项档案的责任部门通常为合同法务部。

专项档案

序号	项目公司一般合同管理专项档案（按合同）
一	**封面**
二	**目录**
三	**首页说明：关于合同管理情况的说明，每月 25 日更新，使人对一般合同管理现状一目了然**
四	**管理依据**
1	投融资项目合同中关于合同管理约定的条款
2	项目公司合同管理制度、程序与办法，附批准通过管理制度的董事会决议文件及正式发布的红头文件
3	股东方书面通知、要求
4	政府发文及实施机构书面通知、要求
5	相关法律法规及政策文件等
五	**项目公司合同管理工作目标与任务分解，附完成情况及奖惩记录**
六	**合同动态管理记录**
1	**合同采购文件**
1.1	首页说明，本项合同采购的具体情况摘要
1.2	目录
1.3	经项目公司正式发布、实施机构批准或备案的采购方案、采购计划
1.4	招标文件、公示记录

续表

序号	项目公司一般合同管理专项档案（按合同）
1.5	投标文件、签收记录
1.6	开标记录
1.7	评标记录
1.8	谈判备忘录（或有）
1.9	定标记录
1.10	中标通知书
2	**合同签订文件**
2.1	正式签订的合同（附实施机构签收、备案记录）
2.2	项目公司对拟签订合同的审批文件，附合同评审记录、法务意见或法律意见书，同时拟签订合同应有责任人页签
3	**合同交底与学习文件**
3.1	商务人员对后端执行人员的正式书面交底记录，附签到表、交底记录、现场照片等
3.2	后端执行人员对合同进行 WBS 深度任务分解学习的正式记录，附签到表、工作任务分解清单、现场照片等
4	**合同履约文件**
4.1	首页说明，本项合同履约的具体情况摘要，每月 25 日，或每双月 25 日更新
4.2	目录
4.3	合同动态管理成果
4.3.1	根据工作任务分解清单完成的成果
4.3.2	服务方完成的主要核心成果

续表

序号	项目公司一般合同管理专项档案（按合同）
4.3.3	合同发生主要偏差的处理文件（或有）
4.3.4	索赔或被索赔的处理文件（或有）：索赔或被索赔申请报告，附签收记录；相关谈判记录、会议纪要；相关决议文件，附各方正式书面批准；相关处理记录文件等
4.3.5	补充协议文件（或有）：首页说明（关于当前补充协议发起原因及签订情况的说明，及时更新，使人对当前现状一目了然）；项目公司合同评审记录；正式签署完成的《补充协议》；其他相关文件，往来工作联系函、会议纪要、谈判记录、备忘录等
4.4	请款与付款记录
4.4.1	付款记录台账
4.4.2	历次付款申请、审批、付款、发票等完整文件
4.5	其他相关履约成果
5	**合同关闭文件**
七	**特殊情况的处理（或有）**
7.1	合同争议的处理文件（或有）
7.2	合同提前终止文件（或有）
7.3	其他相关文件
八	**当年度工作总结与下年度工作安排**
1	当年度工作总结：相关工作经验、教训总结与建议等（含对合同条款、管理制度的建议）
2	下年度工作安排
九	**其他相关文件**

续表

序号	项目公司一般合同管理专项档案（按合同）
1	相关会议纪要、往来函件、通知、审批文件、专家论证等
2	相关法律法规及政策文件等
十	**封尾**

实务风险提示：

项目公司的合同管理在实践中相对较弱，不能按照合同完全履约是大概率事件，由此产生的违约违规风险案例较多，因此，建议各项目公司将各项合同按照本专项档案的逻辑进行统一管理，避免不当违约后果。

3.14 项目公司法务管理专项档案

整理项目公司法务管理专项档案的目的是，对项目公司内部的重要事项发表法务意见，识别潜在风险，提出法律建议，使各项工作合法、合规、受控，避免产生不当后果。

一般项目公司的法务工作分为三种类型：一是项目公司设置法务部门，配备法务人员；二是股东单位法务部门直接管理；三是委托第三方律师事务所或咨询机构。由于一般服务单位均有完善的法务管理工作范式，因此不再赘述，不做示范。

本专项档案的责任部门通常为合同法务部。

3.15 项目公司印章管理专项档案

整理项目公司印章管理专项档案的目的是，规范项目公司的用印工作，使各项重要印鉴的刻制、保存、使用、销毁等，均有完整记录，避免违规用印，避免产生不当后果。

由于一般单位均有完善的印章管理工作范式，因此不再赘述，不做示范。

本专项档案的责任部门通常为综合管理部。

3.16 项目公司会议纪要管理专项档案

整理项目公司会议纪要管理专项档案的目的是，有序合并管理相关会议纪要，使项目实施过程可以完整溯源，该专项档案更大的意义在于，在后期审计、结算、争议处理时，根据该专项档案，可以实现源头信息的识别，使各项工作有相应的依据和来源。

本专项档案的责任部门通常为综合管理部。

专项档案

序号	项目公司会议纪要管理专项档案（按年度）
一	封面
二	目录
三	首页说明：关于会议纪要工作情况的说明，每月 25 日更新，使人对当前会议纪要管理现状一目了然
四	管理依据
1	投融资项目合同中关于会议纪要管理约定的条款（或有）
2	项目公司会议相关管理制度、程序与办法，附批准通过管理制度的董事会决议文件及正式发布的红头文件
3	股东方书面通知、要求
4	政府方发文及实施机构书面通知、要求
5	相关法律法规及政策文件等

续表

序号	项目公司会议纪要管理专项档案（按年度）
五	**项目公司会议纪要管理工作目标与任务分解，附完成情况及奖惩记录**
六	**会议纪要动态管理记录**
1	**历次项目公司内部会议纪要**
1.1	项目公司内部会议纪要台账
1.2	项目公司首次会会议纪要，附会议签到表、照片，会议决议文件等（可以关联后期的执行结果文件）
1.3	历次项目公司内部例会会议纪要，附会议签到表、照片，会议决议及执行文件等
1.4	历次项目公司内部专题会会议纪要，附会议签到表、照片，会议决议及执行文件等
1.5	历次项目公司内部其他主题会会议纪要，附会议签到表、照片，会议决议及执行文件等
2	**历次项目公司与实施机构月度例会会议纪要**
2.1	项目公司与实施机构月度例会会议纪要台账
2.2	项目公司月度例会会议纪要—1 月，附会议签到表、照片，会议决议及执行文件等
2.3	项目公司月度例会会议纪要—2 月，附会议签到表、照片，会议决议及执行文件等
2.4	项目公司月度例会会议纪要—3 月，附会议签到表、照片，会议决议及执行文件等
2.5	项目公司月度例会会议纪要—4 月，附会议签到表、照片，会议决议及执行文件等

续表

序号	项目公司会议纪要管理专项档案（按年度）
2.6	项目公司月度例会会议纪要—5 月，附会议签到表、照片，会议决议及执行文件等
2.7	项目公司月度例会会议纪要—6 月，附会议签到表、照片，会议决议及执行文件等
2.8	项目公司月度例会会议纪要—7 月，附会议签到表、照片，会议决议及执行文件等
2.9	项目公司月度例会会议纪要—8 月，附会议签到表、照片，会议决议及执行文件等
2.10	项目公司月度例会会议纪要—9 月，附会议签到表、照片，会议决议及执行文件等
2.11	项目公司月度例会会议纪要—10 月，附会议签到表、照片，会议决议及执行文件等
2.12	项目公司月度例会会议纪要—11 月，附会议签到表、照片，会议决议及执行文件等
2.13	项目公司月度例会会议纪要—12 月，附会议签到表、照片，会议决议及执行文件等
3	**历次项目公司与实施机构专项会议纪要**
3.1	项目公司与实施机构专项会议纪要台账
3.2	历次会议纪要文件，附会议签到表、照片，会议决议及执行文件等
4	**历次项目公司与股东方会议纪要**
4.1	项目公司与股东方会议纪要台账
4.2	历次会议纪要文件，附会议签到表、照片，会议决议及执行文件等

续表

序号	项目公司会议纪要管理专项档案（按年度）
5	**历次项目公司与政府方出资代表会议纪要**
5.1	项目公司与政府方出资代表会议纪要台账
5.2	历次会议纪要文件，附会议签到表、照片，会议决议及执行文件等
6	**历次项目公司与监理单位会议纪要**
6.1	项目公司与监理单位会议纪要台账
6.2	历次会议纪要文件，附会议签到表、照片，会议决议及执行文件等
7	**历次项目公司与设计单位会议纪要**
7.1	项目公司与设计单位会议纪要台账
7.2	历次会议纪要文件，附会议签到表、照片，会议决议及执行文件等
8	**历次项目公司与跟踪审计单位会议纪要**
8.1	项目公司与跟踪审计单位会议纪要台账
8.2	历次会议纪要文件，附会议签到表、照片，会议决议及执行文件等
9	**历次联席会议会议纪要**
9.1	联席会议会议纪要台账
9.2	历次会议纪要文件，附会议签到表、照片，会议决议及执行文件等
10	**历次项目公司与政府方（本级人民政府和 / 或其他行政职能部门）会议纪要**

续表

序号	项目公司会议纪要管理专项档案（按年度）
10.1	项目公司与政府方（本级人民政府和/或其他行政职能部门）会议纪要台账
10.2	历次会议纪要文件，附会议签到表、照片，会议决议及执行文件等
11	**其他类别会议纪要文件**
11.1	台账
11.2	历次会议纪要文件，附会议签到表、照片，会议决议及执行文件等
七	**特殊情况的处理（或有）**
八	**当年度工作总结与下年度工作安排**
1	当年度工作总结：相关工作经验、教训总结与建议等（含对合同条款、管理制度的建议）
2	下年度工作安排
九	**其他相关文件**
1	相关会议纪要、往来函件、通知、审批文件、专家论证等
2	相关法律法规及政策文件等
十	**封尾**

实务风险提示：

关于项目公司的会议纪要管理工作，从实践来看，鲜有单位科学管理，导致当项目发生任何争议矛盾时，难以及时梳理查询原始记录。因此，建议项目公司按照单位或主题进行分类管理，集中保存，这有助于在后期发生风险时及时提供直接或间接证据，避免不当风险和后果。

3.17 项目公司经营管理报告管理专项档案

整理项目公司经营管理报告管理专项档案的目的是，定期梳理项目公司经营管理情况，并向本级人民政府、实施机构、相关行政主管部门、各股东方等核心利益主体及时通报，使各方信息流一致，有助于争取各方支持，助力项目高效推动。

本专项档案的责任部门通常为综合管理部。

专项档案

序号	项目公司经营管理报告管理专项档案（按年度）
一	**封面**
二	**目录**
三	**首页说明：关于经营管理报告情况的说明，每月 25 日更新，使人对当前各种经营管理报告现状一目了然**
四	**管理依据**
1	投融资项目合同中关于经营管理报告约定的条款（或有）
2	项目公司相关管理制度、程序与办法，附批准通过管理制度的董事会决议文件及正式发布的红头文件
3	股东方书面通知、要求
4	政府方发文及实施机构书面通知、要求
5	相关法律法规及政策文件等
五	**项目公司经营管理报告工作目标与任务分解，附完成情况及奖惩记录**

续表

序号	项目公司经营管理报告管理专项档案（按年度）
六	**经营管理报告动态管理记录**
1	**项目公司经营管理月报**
1.1	项目公司经营管理月报台账
1.2	项目公司经营管理月报—1月，附各相关方签收记录
1.3	项目公司经营管理月报—2月，附各相关方签收记录
1.4	项目公司经营管理月报—3月，附各相关方签收记录
1.5	项目公司经营管理月报—4月，附各相关方签收记录
1.6	项目公司经营管理月报—5月，附各相关方签收记录
1.7	项目公司经营管理月报—6月，附各相关方签收记录
1.8	项目公司经营管理半年报，附各相关方签收记录
1.9	项目公司经营管理月报—7月，附各相关方签收记录
1.10	项目公司经营管理月报—8月，附各相关方签收记录
1.11	项目公司经营管理月报—9月，附各相关方签收记录
1.12	项目公司经营管理月报—10月，附各相关方签收记录
1.13	项目公司经营管理月报—11月，附各相关方签收记录
1.14	项目公司经营管理月报—12月，附各相关方签收记录
1.15	项目公司经营管理年报，附各相关方签收记录
2	**项目公司经营管理专项报告**
2.1	项目公司经营管理专项报告台账
2.2	项目公司专项报告—第1期，附各相关方签收记录、回复文件、执行文件等

续表

序号	项目公司经营管理报告管理专项档案（按年度）
2.3	项目公司专项报告—第 2 期，附各相关方签收记录、回复文件、执行文件等
2.4	项目公司专项报告—第 3 期，附各相关方签收记录、回复文件、执行文件等
2.5	项目公司专项报告—第 *N* 期，附各相关方签收记录、回复文件、执行文件等
3	**项目公司财务年报**
3.1	项目公司财务年报台账
3.2	项目公司历年度财务年报
4	**项目公司审计报告**
4.1	项目公司审计报告台账
4.2	历次内部审计报告，附整改文件
4.3	历次跟踪审计报告（过程结算审计报告）
4.4	竣工结算审计报告
4.5	财务决算审计报告
4.6	其他审计、监督检查报告，附整改文件
5	**项目公司其他相关报告**
5.1	台账
5.2	其他相关报告，附相关附件
七	**特殊情况的处理（或有）**
八	**当年度工作总结与下年度工作安排**

续表

序号	项目公司经营管理报告管理专项档案（按年度）
1	当年度工作总结：相关工作经验、教训总结与建议等（含对合同条款、管理制度的建议）
2	下年度工作安排
九	**其他相关文件**
1	相关会议纪要、往来函件、通知、审批文件、专家论证等
2	相关法律法规及政策文件等
十	**封尾**

实务风险提示：

关于项目公司经营管理报告工作，从实践来看，一般单位都不够重视，但是从一些争议纠纷案例反推，不少问题的源头是各方信息不一致，导致问题逐渐积累，形成不当后果。因此，建议项目单位定期梳理项目公司经营管理情况，并形成不同主题的专项报告，定期向各核心利益相关体及时通报，使各方信息流保持一致，这样有助于高效推动项目，获得各方正向支持，对于项目目标的实现有重大裨益。

3.18　项目公司往来文件管理专项档案

整理项目公司往来文件管理专项档案的目的和会议纪要管理专项档案的目的基本一致，即有序合并管理各项往来文件，使项目实施过程可以完整溯源，该专项档案更大的意义在于，在后期审计、结算、争议处理时，根据该专项档案，可以实现源头信息的识别，使各项工作有相应的依据和来源。

本专项档案的责任部门通常为综合管理部。

专项档案

序号	项目公司往来文件管理专项档案（按年度）
一	**封面**
二	**目录**
三	**首页说明：关于当前往来文件管理情况的说明，每月 25 日更新，使人对当前往来文件管理现状一目了然**
四	**管理依据**
1	投融资项目合同中关于往来文件管理约定的条款（或有）
2	项目公司相关管理制度、程序与办法，附批准通过管理制度的董事会决议文件及正式发布的红头文件
3	股东方书面通知、要求
4	政府方发文及实施机构书面通知、要求
5	相关法律法规及政策文件等
五	**项目公司往来文件管理工作目标与任务分解，附完成情况及奖惩记录**
六	**往来文件动态管理记录**
1	**项目公司与实施机构往来文件**
1.1	项目公司与实施机构往来文件台账
1.2	历次项目公司发文记录与当前办理情况，附签收记录、实施机构对应回复文件
1.3	历次实施机构发文记录与当前办理情况，项目公司对应回复文件，附签收记录
1.4	其他相关文件，直至本事件关闭

续表

序号	项目公司往来文件管理专项档案（按年度）
2	**项目公司与股东方往来文件**
2.1	项目公司与股东方往来文件台账
2.2	历次项目公司发文记录与当前办理情况，附签收记录、各股东方对应回复文件
2.3	历次各股东方发文记录与当前办理情况，项目公司对应回复文件，附签收记录
2.4	其他相关文件，直至本事件关闭
3	**项目公司与政府方出资代表往来文件**
3.1	项目公司与政府方出资代表往来文件台账
3.2	历次项目公司发文记录与当前办理情况，附签收记录、政府方出资代表对应回复文件
3.3	历次政府方出资代表发文记录与当前办理情况，项目公司对应回复文件，附签收记录
3.4	其他相关文件，直至本事件关闭
4	**项目公司与政府、行政部门往来文件**
4.1	项目公司与本级人民政府、其他行政职能部门往来文件台账
4.2	历次项目公司发文记录与当前办理情况，附签收记录、本级政府或行政职能部门对应回复文件
4.3	历次本级政府、行政职能部门发文记录与当前办理情况，项目公司对应回复文件，附签收记录
4.4	其他相关文件，直至本事件关闭
5	**项目公司与设计单位往来文件**

续表

序号	项目公司往来文件管理专项档案（按年度）
5.1	项目公司与设计单位往来文件台账
5.2	历次项目公司发文记录与当前办理情况，附签收记录、设计单位对应回复文件
5.3	历次设计单位发文记录与当前办理情况，项目公司对应回复文件，附签收记录
5.4	其他相关文件，直至本事件关闭
6	**项目公司与监理单位往来文件**
6.1	项目公司与监理单位往来文件台账
6.2	历次项目公司发文记录与当前办理情况，附签收记录、监理单位对应回复文件
6.3	历次监理单位发文记录与当前办理情况，项目公司对应回复文件，附签收记录
6.4	其他相关文件，直至本事件关闭
7	**项目公司与其他单位往来文件**
7.1	项目公司与其他单位往来文件台账
7.2	历次项目公司发文记录与当前办理情况，附签收记录、其他单位对应回复文件
7.3	历次其他单位发文记录与当前办理情况，项目公司对应回复文件，附签收记录
7.4	其他相关文件，直至本事件关闭
8	**其他相关往来文件**
七	**特殊情况的处理（或有）**

续表

序号	项目公司往来文件管理专项档案（按年度）
八	**当年度工作总结与下年度工作安排**
1	当年度工作总结：相关工作经验、教训总结与建议等（含对合同条款、管理制度的建议）
2	下年度工作安排
九	**其他相关文件**
1	相关会议纪要、往来函件、通知、审批文件、专家论证等
2	相关法律法规及政策文件等
十	**封尾**

3.19 项目公司不可抗力管理专项档案

整理项目公司不可抗力管理专项档案的目的是，当出现不可抗力情形时，将不可抗力索赔当作专项工作落实，直至事件关闭，以确保合法权益客观落实，避免后续可能产生的反索赔等不当风险与后果。

本专项档案的责任部门通常为工程管理部。

专项档案

序号	项目公司不可抗力管理专项档案（按专项）
一	**封面**
二	**目录**
三	**首页说明：关于当前不可抗力索赔情况的说明，每月 25 日更新，使人对当前索赔现状一目了然**

续表

序号	项目公司不可抗力管理专项档案（按专项）
四	**管理依据**
1	投融资项目合同中关于不可抗力索赔约定的条款
2	项目公司相关管理制度、程序与办法，附批准通过管理制度的董事会决议文件及正式发布的红头文件
3	股东方书面通知、要求
4	政府方发文及实施机构书面通知、要求
5	相关法律法规及政策文件等
五	**项目公司不可抗力管理工作目标与任务分解，附完成情况及奖惩记录**
六	**项目公司不可抗力动态管理记录**
1	**不可抗力索赔文件—第 1 期**
1.1	首页说明：关于本期不可抗力事件索赔情况与结果情况的简述
1.2	目录
1.3	第 1 次索赔意向通知书，附相关文件、签收记录
1.4	第 2 次索赔意向通知书，附相关文件、签收记录
1.5	第 3 次索赔意向通知书，附相关文件、签收记录
1.6	实施机构正式批复文件：实施机构书面确认文件、授权文件等
1.7	其他相关文件：会议纪要、专家论证报告、法律意见书等
2	**不可抗力索赔文件—第 2 期，目录清单同第 1 期**
3	**不可抗力索赔文件—第 3 期，目录清单同第 1 期**
4	**不可抗力索赔文件—第 *N* 期，目录清单同第 1 期**

续表

序号	项目公司不可抗力管理专项档案（按专项）
5	**其他相关成果**
七	**特殊情况的处理（或有）**
八	**当年度工作总结与下年度工作安排**
1	当年度工作总结：相关工作经验、教训总结与建议等（含对合同条款、管理制度的建议）
2	下年度工作安排
九	**其他相关文件**
1	相关会议纪要、往来函件、通知、审批文件、专家论证等
2	相关法律法规及政策文件等
十	**封尾**

实务风险提示：

关于不可抗力索赔事件，从实践来看，一般单位都不够重视，但是从一些争议纠纷案例来看，不少问题的源头是项目公司不及时主张自身合法权益，未进行适当的书面确认，导致在最终审计或其他检查时，反被政府方追究延期或其他违约责任。因此，建议项目单位在发生不可抗力事件时，务必及时推动该项工作，并通过完成以上专项档案，避免发生不当后果。

3.20 项目公司培训管理专项档案

整理项目公司培训管理专项档案的目的是，规范项目公司的培训管理工作，在建设单位管理费的预算范围之内妥善使用相关费用，满足项目公司管理人员培训学习需要，为项目公司的规范管理提供技术支持。

由于一般单位对该项工作不予重视，故通过专项档案进行提示，但具体培训管理工作范式较为通用，因此不再赘述，不做示范。

本专项档案的责任部门通常为综合管理部。

3.21 项目公司经验管理专项档案

整理项目公司经验管理专项档案的目的是，敦促项目公司管理人员将实务中的经验教训进行系统总结并形成正式成果输出，为后续的规范管理，以及未来的同类型新项目提供经验支持，使同样的问题不再发生，在此基础上，还可以逐步形成企业的核心竞争力，这是提质增效的高效路径。

本专项档案的责任部门通常为综合管理部。

专项档案

序号	项目公司经验管理专项档案（按专项）
一	**封面**
二	**目录**
三	**首页说明：关于当前经验教训总结情况的说明，每月 25 日更新，使人对当前项目公司经验管理现状一目了然**
四	**管理依据**
1	投融资项目合同中关于经验教训总结约定的条款（或有）
2	项目公司相关管理制度、程序与办法，附批准通过管理制度的董事会决议文件及正式发布的红头文件
3	股东方书面通知、要求

续表

序号	项目公司经验管理专项档案（按专项）
4	相关法律法规及政策文件等
五	**项目公司经验教训总结工作目标与任务分解，附完成情况及奖惩记录**
六	**经验教训总结动态管理记录**
1	项目公司经验教训总结成果台账
2	关于某主题问题的专项报告（第 1 期、第 2 期……第 *N* 期）
3	论文（第 1 篇、第 2 篇……第 *N* 篇）
4	著作（第 1 部、第 2 部……第 *N* 部）
5	案例分析报告（第 1 份、第 2 份……第 *N* 份）
6	专项研讨纪要文件（第 1 份、第 2 份……第 *N* 份）
7	合同主题相关教训总结或建议（第 1 份、第 2 份……第 *N* 份）
8	其他管理经验或建议（第 1 份、第 2 份……第 *N* 份）
9	内部培训课件（第 1 项、第 2 项……第 *N* 项）
10	工法（第 1 项、第 2 项……第 *N* 项）
11	内部工作指导手册（第 1 份、第 2 份……第 *N* 份）
12	新闻宣传（内部、外部，自媒体，网媒，电视台等）
13	研究课题（第 1 篇、第 2 篇……第 *N* 篇）
14	其他相关成果
七	**特殊情况的处理（或有）**
八	**当年度工作总结与下年度工作安排**

续表

序号	项目公司经验管理专项档案（按专项）
1	当年度工作总结：相关工作经验、教训总结与建议等（含对合同条款、管理制度的建议）
2	下年度工作安排
九	**其他相关文件**
1	相关会议纪要、往来函件、通知、审批文件、专家论证等
2	相关法律法规及政策文件等
十	**封尾**

实务风险提示：

在实务中，鲜有项目单位能够认真总结经验教训，并在实践中进行运用，这就导致同样的问题会在同一家单位的不同项目中持续出现，甚至在新项目上反复发生，使不当的沉没成本居高不下。因此，建议项目单位将经验教训的管理当作专项工作来抓，通过总结和输出，至少可以使同样的问题不再发生。如果可以持续开展，则可能会产生更高层级的效能。

第四章

绩效考核档案

绩效考核档案有其特殊性，基本上每个项目的考核方案都是有针对性地编制的，因此，不能简单复制。

本章绩效考核档案，以广西某投融资项目为例，项目公司和实施机构根据财政部《关于印发〈政府和社会资本合作（PPP）项目绩效管理操作指引〉的通知》（财金〔2020〕13号）[1]的要求，重新编写了绩效考核方案并通过补充协议的形式确认了新的绩效考核方案。站在项目公司角度，分析并梳理了相关考核细则的证据清单的合集即为绩效考核档案。

虽然各项目考核方案并不完全一致，但是原理相同，因此，本档案的核心在于其中的逻辑关系，各项目公司均可以参考借鉴。

需要说明的是，由于财金〔2020〕13号文已经失效，本绩效考核档案适用于存量投融资项目，新增项目可以参考借鉴其中的逻辑关系和内涵，但不能完全照搬，应当按照适用的法律法规和政策执行。

〔1〕 该通知已失效。

第一节 建设期绩效考核档案

1.1 考核分类：项目管理

考核要点 1（合同约定）：建设管理制度。根据《建筑法》《建设工程质量管理条例》《建设工程安全生产管理条例》等有关法律、法规，结合本项目实际，建立建设管理制度，包括但不限于质量管理、组织管理、成本管理、进度管理、合同管理等。

扣分要点（合同约定）：项目公司建设管理制度体系未建立扣 2 分；项目公司制度不健全，没有针对性，不符合项目实际的，每项扣 0.2 分。应在整改通知书要求的时限内完成整改，项目公司超过整改期未能完成整改或整改不合格的加扣 1 分。

指标分析：本项考核主要关注：一是项目公司有没有经过适当程序批准的建设管理制度，是否存在被通知要求修订完善的情形；二是建设管理制度，是否完全包括所列的 5 项制度。可能延伸的考核要点是，项目公司有没有严格按照管理制度执行，有没有定期更新修订完善，以适配管理所需？通常情况下，考核或管理都是从以上 3 个方面去考量。

同时，站在考核人的角度，应让对方对项目公司是如何管理本项考核内容，以及关于当前情况一目了然，能够迅速识别关键信息；然后将举证文件目录放在第 2 页，明确相关的证据文件，以及其中的逻辑关系，便于考核专家迅速检索，迅速锁定得分，下同。

综上，本项考核要点应按照表 4–1 档案清单，由责任部门、

责任人在责任时限内完成，并妥善保存：

表 4–1 建设管理制度考核档案清单

文件序号	举证文件	责任部门 / 责任人	责任时间
1	项目公司关于建设管理制度情况的说明，包括制度建立情况、发布情况、遵照执行情况，以及定期更新情况等（落款为项目公司，加盖公章）	工程管理部 / 根据岗位明确人员	根据要求明确时限
2	文件目录	工程管理部 / 根据岗位明确人员	根据要求明确时限
3	经批准的建设管理制度（至少包含质量管理、组织管理、成本管理[①]、进度管理、合同管理制度），附董事会决议文件、项目公司正式发布的通知（红头文件）	工程管理部 / 根据岗位明确人员	根据要求明确时限
4	项目公司无建设管理制度，或实施机构要求修订完善的，提供：	工程管理部 / 根据岗位明确人员	根据要求明确时限
4.1	实施机构发出的书面整改通知书	工程管理部 / 根据岗位明确人员	根据要求明确时限
4.2	项目公司整改完成后的申报文件，附实施机构确认验收记录，确认该整改事项关闭	工程管理部 / 根据岗位明确人员	根据要求明确时限

续表

文件序号	举证文件	责任部门/责任人	责任时间
5	项目公司严格按照管理制度执行的管理档案，包括项目质量管理专项档案、项目公司人事组织管理专项档案、项目投资控制/商务管理专项档案、项目进度管理专项档案、项目公司合同管理专项档案、项目公司制度管理专项档案等（本档案不提交，备查）	工程管理部/根据岗位明确人员	根据要求明确时限
6	建设管理制度更新、优化、完善记录，附正式发布的红头文件，每年更新、修订一次	工程管理部/根据岗位明确人员	根据要求明确时限

①在投融资项目中应为投资控制，非成本管理，但由于合同就这么约定，因此，此处严格按照原合同复写（该错误，可以在项目后期的补充协议中修订）。

备注：此处的责任部门仅供参考，由各项目公司根据工作安排情况，指定最为合适的责任部门、责任人，责任时间由项目公司根据具体情况作出明确限定。下同，不再赘述。

考核要点2（合同约定）：项目公司应建立档案管理制度并落实到位。确保工程资料签章齐全，资料收集整理齐全。

扣分要点（合同约定）：项目公司档案管理制度体系未建立的扣2分；不健全的扣0.2分。应在整改通知书要求的时限内完成整改，项目公司超过整改期未能完成整改或整改不合格的加扣1分。①查出有工程资料签章不齐全，资料收集不齐全情况的每次扣0.2分。应在整改通知书要求的时限内完成整改，超过整改期未能完成整改的加扣 1 分。②工程资料缺失导致监管部门、监理单位对项目质量有异议的，应重新检测或验收，若该项检测结果不合格，每次扣 5 分。

指标分析：本项考核主要关注：一是项目公司有没有经过适当程序批准的档案管理制度，是否存在被要求修订完善的情况；二是有没有遵照执行，是否存在工程资料签章不全，影响检验验收的情形。可能延伸的考核要点为，项目公司有没有定期更新修订完善，以适配管理所需？通常情况下，考核或管理都是从以上 3 个方面去考量。

综上，本项考核要点应按照表 4–2 档案清单，由责任部门、责任人在责任时限内完成，并妥善保存：

表 4–2 档案管理制度及落实考核档案清单

文件序号	举证文件	责任部门 / 责任人	责任时间
1	项目公司关于档案管理制度情况的说明，包括制度建立情况、发布情况、遵照执行情况，以及定期更新情况等（落款为项目公司，加盖公章）	综合管理部 / 根据岗位明确人员	根据要求明确时限
2	文件目录	综合管理部 / 根据岗位明确人员	根据要求明确时限
3	经批准的档案管理制度，附董事会决议文件、项目公司正式发布的通知（红头文件）	综合管理部 / 根据岗位明确人员	根据要求明确时限
4	项目公司无档案管理制度，或实施机构要求修订完善的，提供：	综合管理部 / 根据岗位明确人员	根据要求明确时限

续表

文件序号	举证文件	责任部门 / 责任人	责任时间
4.1	实施机构发出的书面整改通知书	综合管理部 / 根据岗位明确人员	根据要求明确时限
4.2	项目公司整改完成后的申报文件，附实施机构确认验收记录，确认该整改事项关闭	综合管理部 / 根据岗位明确人员	根据要求明确时限
5	项目公司严格按照档案管理制度执行的管理档案，即项目公司档案管理专项档案	综合管理部 / 根据岗位明确人员	根据要求明确时限
6	监理单位出具的证明，明确无工程资料签章不全，无资料收集不全，无影响质量或重新检验验收的情形；实施机构出具的相关证明（能协调出具最佳）	综合管理部 / 根据岗位明确人员	根据要求明确时限
7	档案管理制度更新、优化、完善记录，附正式发布的红头文件，每年更新、修订一次	综合管理部 / 根据岗位明确人员	根据要求明确时限

1.2 考核分类：组织管理

考核要点 3（合同约定）：项目公司组织机构及人员配备。项目公司应组建项目管理机构，组织机构合理，项目公司驻场人员配备齐全，符合投标文件承诺。

扣分要点（合同约定）：项目公司没有按投标文件承诺组建项目管理机构的，扣 1 分。应在整改通知书要求的时限内完成整改，项目公司超过整改期未能完成整改的加扣 2 分。项目公司驻场人员被要求常驻施工现场项目部，在检查或抽查时发现无正当理由不在岗的每人次扣 1 分；因项目建设需要，实施机构提出驻场人员变更要求，未按要求及时进行变更的，每次扣 2 分。

指标分析：本项考核主要关注：一是项目公司是否建立了完整的组织机构；二是项目公司是否满足投标文件承诺；三是项目公司是否按照要求正当履职；四是项目公司是否存在人员变动情况，如果变动，项目公司应当履行适当批准手续。通常情况下，考核或管理都是从以上 4 个方面去考量。

综上，本项考核要点应按照表 4–3 档案清单，由责任部门、责任人在责任时限内完成，并妥善保存：

表 4–3　项目公司组织机构及人员配备考核档案清单

文件序号	举证文件	责任部门 / 责任人	责任时间
1	项目公司关于组织管理情况的说明，包括投标文件承诺情况、实际组建情况、部门设置和人员配备情况、人员履职情况，以及人员变动调整情况等（落款为项目公司，加盖公章）	工程管理部 / 根据岗位明确人员	根据要求明确时限
2	文件目录	工程管理部 / 根据岗位明确人员	根据要求明确时限
3	投标文件承诺情况和 / 或《投融资项目合同》约定情况，原文件复印即可	工程管理部 / 根据岗位明确人员	根据要求明确时限

续表

文件序号	举证文件	责任部门 / 责任人	责任时间
4	项目公司组织架构和人员配备情况，附董事会决议、项目公司正式发布的文件（红头文件）	工程管理部 / 根据岗位明确人员	根据要求明确时限
5	人员履职情况，如考勤记录、请假与批准记录、人员绩效考核记录等	工程管理部 / 根据岗位明确人员	根据要求明确时限
6	管理人员变动调整的，应提供：	工程管理部 / 根据岗位明确人员	根据要求明确时限
6.1	实施机构要求调整的：实施机构书面通知、项目公司调整记录（人员任职红头文件）	工程管理部 / 根据岗位明确人员	根据要求明确时限
6.2	项目公司主动调整的：向实施机构提交的书面申请文件、实施机构书面批准文件、项目公司调整记录（如果是关于高管的调整记录，还应根据公司章程的要求履行董事会决议，并向市场监督管理部门备案）	工程管理部 / 根据岗位明确人员	根据要求明确时限
7	项目公司人力资源管理文件，包括董事会批准通过的人事管理制度，项目公司正式发布的文件（红头文件），以及项目公司人事组织管理专项档案等（本档案不提交，备查）	工程管理部 / 根据岗位明确人员	根据要求明确时限

1.3 考核分类：质量管理

考核要点 4（合同约定）：工程质量管理制度和体系。项目公司在开始建设工程之前，须建立一套完整的质量保证和质量控制方案交实施机构审查确认后执行，并作为验收依据之一。实施机构在收到该质量保证与质量控制方案后的 5 个工作日内，应提出审查意见；实施机构在收到项目公司的方案后的 5 个工作日内没有提出审查意见的则视为认可该方案。实施机构的审查意见要求项目公司进行修改的，项目公司应当在收到实施机构通知后的 3 个工作日内修正该方案并将该方案重新提交给实施机构审查确认，之后方可执行该方案。

扣分要点（合同约定）：项目公司未按要求提交的扣 0.5 分；提交方案未通过实施机构审查的，应在整改通知书要求的时限内完成整改，项目公司超过整改期未能完成整的加扣 1 分。

指标分析：本项考核主要关注：一是项目公司有没有建立"完整的质量保证和质量控制方案"；二是在审查过程中项目公司有没有按照要求及时修正；三是项目公司有没有获得批准。以上条件均满足后，项目公司应当可以获得相应的分值，但是在实务中，部分考核专家可能还会延伸审查项目公司是否遵照执行（在本案例中表现为下一项考核要点，"质量管理制度执行：落实质量管理制度和措施"）。如果延伸，项目公司提供项目质量管理专项档案即可，其管理依据中即包含"经批准的质量保证与质量控制方案"。通常情况下，考核或管理都是从以上 4 个方面去考量。

综上，本项考核要点应按照表 4-4 档案清单，由责任部门、责任人在责任时限内完成，并妥善保存：

表 4–4 工程质量管理制度和体系考核档案清单

文件序号	举证文件	责任部门/责任人	责任时间
1	项目公司关于质量管理制度情况的说明，包括质量保证和质量控制方案编写情况、提交情况，以及批准情况等（落款为项目公司，加盖公章）	工程管理部/根据岗位明确人员	根据要求明确时限
2	文件目录	工程管理部/根据岗位明确人员	根据要求明确时限
3	经批准的“质量保证和质量控制方案”	工程管理部/根据岗位明确人员	根据要求明确时限
4	项目公司提交的申报记录，以及实施机构签发批准的记录，或实施机构签收记录	工程管理部/根据岗位明确人员	根据要求明确时限
5	实施机构签发意见要求整改的，项目公司还应在 3 日内整改完成，并提供二次申报记录，以及实施机构签发批准的记录或签收记录	工程管理部/根据岗位明确人员	根据要求明确时限
6	项目公司遵照执行的记录文件，可以通过项目质量管理专项档案的形式确认（本档案不提交，备查）	工程管理部/根据岗位明确人员	根据要求明确时限

考核要点 5（合同约定）：质量管理制度执行。项目公司应落实质量管理制度和措施。

扣分要点（合同约定）：常规工程：检验批（主控项目、一般项目）、分项、分部工程各项检查均应符合相关规范及验收标准，检验批验收不合格的一项扣 1 分，分项工程验收不合格的扣 3 分、分部工程验收不合格的一项扣 5 分。①在半年定期考评中发现的检验批（一般项目）、检验批（主控项目）验收问题，先行按照以上所列的 50% 分值扣分，在整改通知书要求的时限内进行整改的将不再扣除剩余的 50% 分值，未在规定的时限内完成整改的扣除剩余的 50% 分值。②在半年定期考评中发现的分项工程、分部工程验收问题，按照以上所列的 80% 分值扣分，在整改通知书要求的时限内进行整改的将不再扣除剩余的 20% 分值，未在规定的时限内完成整改的扣除剩余的 20% 分值。③在不定期考评抽查中发现上述问题的，在规定时限内按要求完成整改的，不计入当期定期考评扣分；未在规定时限内按要求完成整改的，或已经无法挽回或整改的，按照以上所列的分值计入当期定期考评扣分。**绿化工程**：乔木、孤植灌木不合格的每株扣 0.1 分，地被植物不合格的每平方米扣 0.1 分，原则上要求在 7 日内完成整改，具体时间以整改通知书要求的时限为准，在整改期内完成整改的不扣分，超过整改期未能完成整改的按以上所列扣分。

指标分析：本项考核要点主要关注：一是工程验收考核通过情况，是否一次验收通过；二是绿化工程验收通过情况，是否一次验收通过。以上情况可以通过验收报告进行确认，也可以通过监理单位的证明文件确认。通常情况下，考核或管理都是从以上 2 个方面去考量。

综上，本项考核要点应按照表 4-5 档案清单，由责任部门、责任人在责任时限内完成，并妥善保存：

表 4–5　质量管理制度执行考核档案清单

文件序号	举证文件	责任部门 / 责任人	责任时间
1	项目公司关于落实质量管理制度和措施的结果情况，以及是否涉及未能一次验收通过而进行整改情况的说明（落款为项目公司，加盖公章）	工程管理部 / 根据岗位明确人员	根据要求明确时限
2	文件目录	工程管理部 / 根据岗位明确人员	根据要求明确时限
3	监理单位出具的“常规工程和绿化工程一次验收通过情况”的证明文件	工程管理部 / 根据岗位明确人员	根据要求明确时限
4	常规工程检验批验收记录、分部分项验收记录文件	工程管理部 / 根据岗位明确人员	根据要求明确时限
5	绿化工程验收记录文件	工程管理部 / 根据岗位明确人员	根据要求明确时限
6	存在书面要求整改情况的，提供：	工程管理部 / 根据岗位明确人员	根据要求明确时限
6.1	书面整改通知书	工程管理部 / 根据岗位明确人员	根据要求明确时限
6.2	项目公司整改处理报告，附考核单位签收或批准的记录	工程管理部 / 根据岗位明确人员	根据要求明确时限

考核要点 6（合同约定）：工程质量及工程竣工验收。工程质量达到设计标准，符合有关法律、法规和工程规范；工程竣工验收应合格。

扣分要点（合同约定）：工程竣工验收不合格的，则建设期绩效考核不合格，应按实施机构下发的整改通知书规定的时限、要求进行整改，经整改后验收仍未合格的，视为社会资本方严重违约，政府方有权解除投融资项目合同，启动退出机制。

指标分析：本项考核要点主要关注：本项目竣工验收结果情况。如果竣工验收合格，则得分；如果竣工验收不合格，且非项目公司导致，还应进行充分举证，否则项目公司需要承担不利后果。通常情况下，考核或管理都是从该方面去考量。

综上，本项考核要点应按照表 4–6 档案清单，由责任部门、责任人在责任时限内完成，并妥善保存：

表 4–6　工程质量及工程竣工验收考核档案清单

文件序号	举证文件	责任部门 / 责任人	责任时间
1	项目公司关于竣工验收的结果情况，是否涉及验收不正常情况的说明，如果涉及，应当简单说明相关情况，并充分举证等（落款为项目公司，加盖公章）	工程管理部 / 根据岗位明确人员	根据要求明确时限
2	文件目录	工程管理部 / 根据岗位明确人员	根据要求明确时限
3	竣工验收合格文件	工程管理部 / 根据岗位明确人员	根据要求明确时限

续表

文件序号	举证文件	责任部门 / 责任人	责任时间
4	专项验收合格文件	工程管理部 / 根据岗位明确人员	根据要求明确时限
5	存在一次验收不合格情况，要求整改并二次验收的，应提供：	工程管理部 / 根据岗位明确人员	根据要求明确时限
5.1	书面整改通知书	工程管理部 / 根据岗位明确人员	根据要求明确时限
5.2	项目公司整改处理报告，附考核单位签收或批准的记录	工程管理部 / 根据岗位明确人员	根据要求明确时限
5.3	二次验收合格文件	工程管理部 / 根据岗位明确人员	根据要求明确时限
6	非项目公司原因导致不能验收，或验收不合格的，应提供：	工程管理部 / 根据岗位明确人员	根据要求明确时限
6.1	实施机构的证明文件，说明非项目公司责任原因，同意豁免违约责任	工程管理部 / 根据岗位明确人员	根据要求明确时限
6.2	其他相关举证文件	工程管理部 / 根据岗位明确人员	根据要求明确时限

考核要点 7（合同约定）：竣工验收备案。项目公司应按照适用法律及 PPP 合同的要求，在本项目工程竣工验收合格后完成竣工验收备案，并在竣工验收完成之日起 6 个月内向实施机构提交下列项目备案资料：（1）项目设施的全套施工和竣工图纸、竣工验收记录；（2）所有设备技术资料和图纸的复印件（包括设备平面图、说明书、使用和维护手册、质量保证书、安装记录、测试记录、质量监督和验收记录）；（3）实施机构合理要求的与项目有关的其他技术文件或资料。

扣分要点（合同约定）：项目公司没有完成备案的，扣 1 分，非项目公司原因延误不扣分。应在整改通知书要求的时限内完成整改，项目公司超过整改期未能完成整改或整改不合格的加扣 1 分。

指标分析：本项考核要点主要关注：一是项目公司是否已经完成竣工验收备案；二是项目公司是否在限定时间内向实施机构提交了约定的资料。只要举证已经落实完成，项目公司即可获得相应分值。如果尚没有完成，则项目公司应当举证是否属于非项目公司原因，如果实施机构确认非项目公司原因，则项目公司可能会避免扣分。通常情况下，考核或管理都是从以上 2 个方面去考量。

综上，本项考核要点应按照表 4–7 档案清单，由责任部门、责任人在责任时限内完成，并妥善保存：

表 4–7　竣工验收备案考核档案清单

文件序号	举证文件	责任部门 / 责任人	责任时间
1	项目公司关于竣工验收备案情况，以及向实施机构提交约定材料情况的说明（落款为项目公司，加盖公章）	工程管理部 / 根据岗位明确人员	根据要求明确时限

续表

文件序号	举证文件	责任部门 / 责任人	责任时间
2	文件目录	工程管理部 / 根据岗位明确人员	根据要求明确时限
3	竣工验收备案文件	工程管理部 / 根据岗位明确人员	根据要求明确时限
4	没有按照合同约定时间完成竣工验收备案的，需请监理单位、实施机构出具“非项目公司原因延误”的证明文件（落款为监理单位、实施机构，加盖公章）	工程管理部 / 根据岗位明确人员	根据要求明确时限
5	项目公司向实施机构提交约定材料的签收记录，或实施机构出具的“项目公司已经按照合同约定提交相关备案材料”的证明文件（落款为实施机构，加盖公章）	工程管理部 / 根据岗位明确人员	根据要求明确时限
6	实施机构书面要求整改完善的，应提供：	工程管理部 / 根据岗位明确人员	根据要求明确时限
6.1	实施机构整改通知书	工程管理部 / 根据岗位明确人员	根据要求明确时限
6.2	项目公司整改处理报告，附实施机构签收或批准的记录	工程管理部 / 根据岗位明确人员	根据要求明确时限

1.4 考核分类：进度管理

考核要点 8（合同约定）：建设、技术管理方案。项目公司应向实施机构提交一份关于本项目的详细建设、技术管理方案供实施机构审核。项目公司应严格按照建设、技术管理方案所确定的标准和时间进行建设。

扣分要点（合同约定）：项目公司未提供建设、技术管理方案供实施机构审核备案的扣 1 分。应在整改通知书要求的时限内完成整改，项目公司超过整改期未能完成整改或整改不合格的加扣 1 分。

指标分析：本项考核要点主要关注：一是项目公司编写并提交了建设、技术管理方案；二是实施机构签收，或审查批准；三是实施机构有修订意见的，项目公司应在限时内完成修订。可能延伸的考核要点在于，项目公司应当按照批准的建设、技术管理方案执行。通常情况下，考核或管理都是从以上 4 个方面去考量。

综上，本项考核要点应按照表 4–8 档案清单，由责任部门、责任人在责任时限内完成，并妥善保存：

表 4–8　建设、技术管理方案考核档案清单

文件序号	举证文件	责任部门 / 责任人	责任时间
1	项目公司关于建设、技术管理情况的说明，包括方案编写情况、提交审查情况，以及或有的整改完成情况、后期执行情况等（落款为项目公司，加盖公章）	工程管理部 / 根据岗位明确人员	根据要求明确时限

续表

文件序号	举证文件	责任部门/责任人	责任时间
2	文件目录	工程管理部/根据岗位明确人员	根据要求明确时限
3	经正式批准的建设、技术管理方案，附实施机构签收、备案记录，或批准文件	工程管理部/根据岗位明确人员	根据要求明确时限
4	实施机构书面要求整改完善的，应提供：	工程管理部/根据岗位明确人员	根据要求明确时限
4.1	实施机构整改通知书	工程管理部/根据岗位明确人员	根据要求明确时限
4.2	项目公司整改处理报告，附实施机构签收或批准的记录	工程管理部/根据岗位明确人员	根据要求明确时限
5	项目公司遵照执行的记录文件，可以通过专项档案的形式确认（本档案不提交，备查）	工程管理部/根据岗位明确人员	根据要求明确时限

考核要点 9（合同约定）：施工进度计划。本项目开工之前，项目公司应向实施机构提交施工进度计划，其中关键性节点和工期目标应满足项目工期要求。

扣分要点（合同约定）：项目公司未提供施工进度计划供实施机构审核备案的扣 1 分。应在整改通知书要求的时限内完成整改，项目公司超过整改期未能完成整改或整改不合格的加扣 1 分。

指标分析：本项考核要点主要关注：一是项目公司编写并提交了施工进度计划；二是实施机构签收备案，或审查批准；三是实施机构有修订意见的，项目公司应在限时内完成修订。可能延伸的考核要点在于，项目公司应当按照批准的施工进度计划执行。通常情况下，考核或管理都是从以上 4 个方面去考量。

综上，本项考核要点应按照表 4–9 档案清单，由责任部门、责任人在责任时限内完成，并妥善保存：

表 4–9　施工进度计划考核档案清单

文件序号	举证文件	责任部门 / 责任人	责任时间
1	项目公司关于施工进度计划管理情况的说明，包括进度计划编写情况、各关键节点和目标工期情况、提交审查情况，以及或有的整改完成情况、后期执行情况等（落款为项目公司，加盖公章）	工程管理部 / 根据岗位明确人员	根据要求明确时限
2	文件目录	工程管理部 / 根据岗位明确人员	根据要求明确时限
3	经正式批准的施工进度计划，附实施机构签收、备案记录，或批准文件	工程管理部 / 根据岗位明确人员	根据要求明确时限
4	实施机构书面要求整改完善的，提供：	工程管理部 / 根据岗位明确人员	根据要求明确时限
4.1	实施机构整改通知书	工程管理部 / 根据岗位明确人员	根据要求明确时限

续表

文件序号	举证文件	责任部门 / 责任人	责任时间
4.2	项目公司整改处理报告，附实施机构签收或批准报告	工程管理部 / 根据岗位明确人员	根据要求明确时限
5	项目公司遵照执行的记录文件，可以通过进度管理专项档案的形式确认（本档案不提交，备查）	工程管理部 / 根据岗位明确人员	根据要求明确时限

考核要点 10（合同约定）：施工进度控制。项目公司应按时向实施机构提交建设进度月报。

扣分要点（合同约定）：项目公司未按时提供的每次扣 1 分。

指标分析：本项考核要点主要关注：项目公司进度动态管理的情况，要求项目公司每月定期提交进度管理月报，只要定期提交即可。

综上，本项考核要点应按照表 4–10 档案清单，由责任部门、责任人在责任时限内完成，并妥善保存：

表 4–10 施工进度控制考核档案清单

文件序号	举证文件	责任部门 / 责任人	责任时间
1	项目公司关于进度管理制度情况的说明，包括进度动态管理情况、进度月报提交情况等（落款为项目公司，加盖公章）	工程管理部 / 根据岗位明确人员	根据要求明确时限
2	文件目录	工程管理部 / 根据岗位明确人员	根据要求明确时限

续表

文件序号	举证文件	责任部门/责任人	责任时间
3	项目公司历次进度管理月报文件	工程管理部/根据岗位明确人员	根据要求明确时限
4	实施机构签收记录，或实施机构出具的“项目公司已按照约定定期提交建设进度月报”的证明文件	工程管理部/根据岗位明确人员	根据要求明确时限

考核要点 11（合同约定）：资金拨付和财务管理制度。项目公司应健全资金拨付和财务管理制度，并报实施机构备案。在确保工程进度的前提下，项目公司应坚持按计划、按程序、按工程进度支付资金。

扣分要点（合同约定）：项目公司资金拨付和财务管理制度未报实施机构备案的扣 1 分。应在整改通知书要求的时限内完成整改，项目公司超过整改期未完成整改或整改不合格的扣 1 分。建设资金支付应符合工程进度计划，程序合规，查出项目公司违规情况的每次扣 1 分。

指标分析：本项考核要点主要关注：一是项目公司是否建立了资金拨付和财务管理制度，并正式发布；二是项目公司是否报实施机构备案；三是实施机构是否提出了整改意见，如果有，项目公司是否在时限内整改完成；四是项目公司有没有严格遵照管理制度执行，并符合进度要求。通常情况下，考核或管理都是从以上 4 个方面去考量。

综上，本项考核要点应按照表 4–11 档案清单，由责任部门、责任人在责任时限内完成，并妥善保存：

表 4–11　资金拨付和财务管理制度考核档案清单

文件序号	举证文件	责任部门 / 责任人	责任时间
1	项目公司关于资金拨付和财务管理情况的说明，包括制度建立情况、批准与发布情况、备案情况，以及遵照执行情况等（落款为项目公司，加盖公章）	财务部 / 根据岗位明确人员	根据要求明确时限
2	文件目录	财务部 / 根据岗位明确人员	根据要求明确时限
3	资金拨付和财务管理制度，附董事会决议文件、项目公司正式发布的通知（红头文件）	财务部 / 根据岗位明确人员	根据要求明确时限
4	实施机构签收备案文件	财务部 / 根据岗位明确人员	根据要求明确时限
5	实施机构书面要求整改完善的，应提供：	财务部 / 根据岗位明确人员	根据要求明确时限
5.1	实施机构整改通知书	财务部 / 根据岗位明确人员	根据要求明确时限
5.2	项目公司整改处理报告，附实施机构签收或批准报告	财务部 / 根据岗位明确人员	根据要求明确时限
6	项目公司资金支付记录，附完整附件及审批记录（项目公司资金管理专项档案）	财务部 / 根据岗位明确人员	根据要求明确时限

续表

文件序号	举证文件	责任部门/责任人	责任时间
7	项目公司进度计划执行情况，匹配资金支付情况，建议附监理单位的证明文件（证明项目公司已按照进度要求支付相关费用，不存在影响工程进度的情况）	财务部/根据岗位明确人员	根据要求明确时限

1.5 考核分类：安全管理

考核要点 12（合同约定）：安全生产。项目公司应执行有关安全管理制度，确保安全建设。

扣分要点（合同约定）：项目公司发生安全事故的，以安监部门调查报告认定的事故监管责任为准，如属社会资本方负主要责任：一般事故扣 20 分，较大事故扣 40 分，重大事故及以上，视为社会资本方严重违约，政府方有权解除投融资项目合同，启动退出机制。

指标分析：本项考核要点主要关注：一是项目公司有没有安全事故发生；二是如果有，该事故的责任归属划定是什么；三是项目公司是否已经处理完成；四是项目公司是否采取了相应的措施、办法，使安全管理工作进一步完善，避免同类问题再次发生。通常情况下，考核或管理都是从以上 4 个方面去考量。

综上，本项考核要点应按照表 4–12 档案清单，由责任部门、责任人在责任时限内完成，并妥善保存：

表 4–12 安全生产考核档案清单

文件序号	举证文件	责任部门 / 责任人	责任时间
1	项目公司关于是否发生过安全事故情况的说明，包括安全事故是否存在，如果不存在，请监理单位或实施机构出具相关证明；如果存在，则要说明责任主体是谁。事故属于社会资本或项目公司主要责任的，项目公司还应明确安全事故责任等级，以及项目公司如何整改，及整改完成情况等（落款为项目公司，加盖公章）	安全管理部 / 根据岗位明确人员	根据要求明确时限
2	文件目录	安全管理部 / 根据岗位明确人员	根据要求明确时限
3	没有发生安全事故的，协调监理单位、实施机构分别出具“本项目未发生安全事故”的证明文件（落款为监理单位、实施机构，加盖公章）	安全管理部 / 根据岗位明确人员	根据要求明确时限
4	发生安全事故的，应提供：	安全管理部 / 根据岗位明确人员	根据要求明确时限
4.1	安监部门调查报告	安全管理部 / 根据岗位明确人员	根据要求明确时限
4.2	项目公司处理报告，明确已经处理完成	安全管理部 / 根据岗位明确人员	根据要求明确时限

续表

文件序号	举证文件	责任部门 / 责任人	责任时间
5	安全事故处理经验教训，以及项目公司采取的进一步措施办法与避免同类问题再次发生的具体工作方案等	安全管理部 / 根据岗位明确人员	根据要求明确时限
6	项目公司安全管理制度，附董事会决议和正式发布文件，以及过程管理记录文件，可以通过项目公司 HSE 管理专项档案（建设期）的形式确认（本档案不提交，备查）	安全管理部 / 根据岗位明确人员	根据要求明确时限

1.6　考核分类：项目公司义务

考核要点 13（合同约定）：配合现场检查。在合作期内，在不影响正常建设进度，不损害利益等前提下，项目公司对于实施机构及其他政府部门对本项目设施的参观、考察事宜应给予必要的便利和配合。

扣分要点（合同约定）：项目公司不配合检查行为的，每次扣 3 分。

指标分析：本项考核要点主要关注：项目公司配合检查的情况，该考核要点一般没有特殊情况，只要实施机构出具证明即可。

综上，本项考核要点应按照表 4–13 档案清单，由责任部门、责任人在责任时限内完成，并妥善保存：

表 4-13 配合现场检查考核档案清单

文件序号	举证文件	责任部门 / 责任人	责任时间
1	项目公司关于配合检查的情况说明（落款为项目公司，加盖公章）	综合管理部 / 根据岗位明确人员	根据要求明确时限
2	文件目录	综合管理部 / 根据岗位明确人员	根据要求明确时限
3	协调实施机构出具的“项目公司配合检查，无不配合行为”的证明文件（落款为实施机构，加盖公章）	综合管理部 / 根据岗位明确人员	根据要求明确时限

考核要点 14（合同约定）：配合政府工作。在不可预见的自然灾害等极端环境下，项目公司应积极配合政府方做好项目范围内及相关范围的防灾减灾等相关工作，不得以本项目对抗涉及公共安全及公共利益的事项。

扣分要点（合同约定）：项目公司不配合政府工作行为的，扣10分。

指标分析：本项考核要点主要关注：项目公司配合政府工作的情况，该考核要点一般没有特殊情况，只要实施机构出具证明即可。

综上，本项考核要点应按照表 4-14 档案清单，由责任部门、责任人在责任时限内完成，并妥善保存：

表 4–14　配合政府工作考核档案清单

文件序号	举证文件	责任部门 / 责任人	责任时间
1	项目公司关于配合政府工作的情况说明（落款为项目公司，加盖公章）	综合管理部 / 根据岗位明确人员	根据要求明确时限
2	文件目录	综合管理部 / 根据岗位明确人员	根据要求明确时限
3	协调实施机构出具的“项目公司配合政府工作，无不配合行为”的证明文件（落款为实施机构，加盖公章）	综合管理部 / 根据岗位明确人员	根据要求明确时限

考核要点 15（合同约定）：项目公司和社会资本在本项目建设期内不得抽回、侵占和挪用项目资本金及其他建设资金。

扣分要点（合同约定）：项目公司发生前述行为的，视为社会资本方严重违约，政府方有权解除投融资项目合同，启动退出机制。

指标分析：本项考核要点主要关注：项目公司是否存在抽回、侵占和挪用项目资金等不当行为。项目公司可以通过资金管理情况、资金使用情况进行说明，也可以通过财务年报进行举证，还可以通过实施机构或其他政府部门的监督检查记录进行佐证。

综上，本项考核要点应按照表 4–15 档案清单，由责任部门、责任人在责任时限内完成，并妥善保存：

表 4–15　资本金及其他建设资金管理情况考核档案清单

文件序号	举证文件	责任部门 / 责任人	责任时间
1	项目公司关于项目资本金，以及其他建设资金的使用情况，是否存在抽回、侵占和挪用的情况，以及此前是否存在审计、监督检查情况的说明（落款为项目公司，加盖公章）	财务部 / 根据岗位明确人员	根据要求明确时限
2	文件目录	财务部 / 根据岗位明确人员	根据要求明确时限
3	项目公司资金流入、资金流出台账，及相关附件	财务部 / 根据岗位明确人员	根据要求明确时限
4	第三方会计师事务所出具的财务年报	财务部 / 根据岗位明确人员	根据要求明确时限
5	历次审计、监督检查报告	财务部 / 根据岗位明确人员	根据要求明确时限
6	存在“抽回、侵占和挪用的情况”，被要求整改的，提供：	财务部 / 根据岗位明确人员	根据要求明确时限
6.1	书面整改通知书	财务部 / 根据岗位明确人员	根据要求明确时限
6.2	项目公司整改处理报告，附考核单位签收或批准的记录	财务部 / 根据岗位明确人员	根据要求明确时限

考核要点 16（合同约定）：项目资本金应按合同约定到位，其余建设资金应按计划分期足额到位，项目公司应采取有效措施防止资金筹措不力，避免造成项目建设资金链中断。

扣分要点（合同约定）：项目公司项目资本金没有按合同约定到位的，每延误 1 天扣 2 分；在建设过程中项目建设资金链中断导致项目无法继续完成的，视为社会资本方严重违约，政府方有权解除投融资项目合同，启动退出机制。

指标分析：本项考核要点主要关注：一是项目资本金按照合同约定到账的情况；二是是否发生建设资金不到位导致的项目进度滞后情况。可能延伸的考核要点在于融资交割、融资到账是否按照合同约定实现等。通常情况下，考核或管理都是从以上 3 个方面去考量。

综上，本项考核要点应按照表 4–16 档案清单，由责任部门、责任人在责任时限内完成，并妥善保存：

表 4–16　项目资本金及其余建设资金到位情况考核档案清单

文件序号	举证文件	责任部门 / 责任人	责任时间
1	项目公司关于项目资本金到位情况、融资交割情况、融资到位情况，以及是否存在资金不到位导致进度滞后情况的说明（落款为项目公司，加盖公章）	财务部 / 根据岗位明确人员	根据要求明确时限
2	文件目录	财务部 / 根据岗位明确人员	根据要求明确时限
3	投融资项目合同中关于资本金注资的约定，股东注资证明书，附资金流水清单	财务部 / 根据岗位明确人员	根据要求明确时限

续表

文件序号	举证文件	责任部门 / 责任人	责任时间
4	投融资项目合同中关于融资交割、融资到位的约定，资金流入台账，附资金流水清单	财务部 / 根据岗位明确人员	根据要求明确时限
5	协调监理单位、实施机构出具的“未发生资金不到位导致进度滞后的情况”的证明文件（落款为监理单位、实施机构，加盖公章）	项目公司总经理 / 副总经理	根据要求明确时限
6	存在“因资金不到位导致进度滞后的情况”，被要求整改的，应提供：	项目公司总经理 / 副总经理	根据要求明确时限
6.1	书面整改通知书	项目公司总经理 / 副总经理	根据要求明确时限
6.2	项目公司整改处理报告，附考核单位签收或批准的记录	项目公司总经理 / 副总经理	根据要求明确时限
6.3	实施机构发出的处罚通知单，及其处理完成记录（或有）	项目公司总经理 / 副总经理	根据要求明确时限

考核要点 17（合同约定）：项目公司应编制资金使用计划，报实施机构审核。

扣分要点（合同约定）：项目公司资金使用计划未报实施机构审核备案的扣 1 分；审核不通过的应在整改通知书要求的时限内完成整改，项目公司超过整改期未能完成整改的加扣 1 分。

指标分析：本项考核要点主要关注：一是项目公司资金使用计划有没有备案；二是存在修订意见的，项目公司有没有在限期内完成修订，并重新备案。通常情况下，考核或管理都是从以上2个方面去考量。

综上，本项考核要点应按照表4–17档案清单，由责任部门、责任人在责任时限内完成，并妥善保存：

表4–17　项目公司资金使用计划与备案考核档案清单

文件序号	举证文件	责任部门 / 责任人	责任时间
1	项目公司关于资金使用计划的编制情况、内部评审确认情况，以及向实施机构报批报备情况的说明，实施机构要求整改修订的，还应将相关情况简要描述（落款为项目公司，加盖公章）	财务部 / 根据岗位明确人员	根据要求明确时限
2	文件目录	财务部 / 根据岗位明确人员	根据要求明确时限
3	项目公司历年资金使用计划，附董事会决议文件	财务部 / 根据岗位明确人员	根据要求明确时限
4	实施机构签收记录，或备案文件，或审核记录文件	财务部 / 根据岗位明确人员	根据要求明确时限
5	存在被要求整改情况的，应提供：	财务部 / 根据岗位明确人员	根据要求明确时限

续表

文件序号	举证文件	责任部门 / 责任人	责任时间
5.1	书面整改通知书（实施机构书面审核记录）	财务部 / 根据岗位明确人员	根据要求明确时限
5.2	项目公司整改处理报告，附实施机构签收或批准报告	财务部 / 根据岗位明确人员	根据要求明确时限

考核要点 18（合同约定）：融资文件。融资文件应合规，项目公司应确保贷款协议、担保协议等融资文件包含有本项目 PPP 合同要求贷款人承诺的条款。

扣分要点（合同约定）：融资交割必须在合同签订 90 天内完成，项目公司同时应向实施机构提交相关的融资文件进行备案，每延误 1 天扣 1 分，延误超过 30 日，视为社会资本方严重违约，政府方有权解除投融资项目合同，启动退出机制。项目公司提交的融资文件不合规的扣 1 分，应在整改通知书要求的时限内完成整改，超过整改期未能完成整改或整改不合格的加扣 1 分。

指标分析：本项考核要点主要关注：一是融资交割的及时性，项目公司是否按照合同约定时限完成备案；二是融资文件的合规性，项目公司是否约定了承诺条件；三是项目公司是否存在整改情形，如果存在，是否按照要求时限整改完成。通常情况下，考核或管理都是从以上 3 个方面去考量。

综上，本项考核要点应按照表 4–18 档案清单，由责任部门、责任人在责任时限内完成，并妥善保存：

表 4–18　融资文件合规性考核档案清单

文件序号	举证文件	责任部门 / 责任人	责任时间
1	项目公司关于融资文件中包含承诺条款的情况，以及融资交割到位情况的说明，存在实施机构要求整改情形的，项目公司还应将整改完成相关情况简要描述（落款为项目公司，加盖公章）	财务部 / 根据岗位明确人员	根据要求明确时限
2	文件目录	财务部 / 根据岗位明确人员	根据要求明确时限
3	投融资项目合同中的融资约定条款，详细标识	财务部 / 根据岗位明确人员	根据要求明确时限
4	融资协议中的承诺条款，详细标识	财务部 / 根据岗位明确人员	根据要求明确时限
5	投融资项目合同中关于融资交割、融资到位的约定，资金流入台账，附资金流水清单	财务部 / 根据岗位明确人员	根据要求明确时限
6	存在被要求整改情况的，应提供：	财务部 / 根据岗位明确人员	根据要求明确时限
6.1	书面整改通知书	财务部 / 根据岗位明确人员	根据要求明确时限

续表

文件序号	举证文件	责任部门/责任人	责任时间
6.2	项目公司整改处理报告，附考核单位签收或批准的记录	财务部/根据岗位明确人员	根据要求明确时限
6.3	实施机构发出的处罚通知单，及处罚完成记录（或有）	财务部/根据岗位明确人员	根据要求明确时限

考核要点19（合同约定）：融资文件。融资文件应按时完成备案，社会资本方和项目公司签署、取得或完成各种贷款协议、贷款承诺函、授信文件、担保协议等融资文件后，应在5日内将相应的融资文件之原件交实施机构验明，并留加盖社会资本方和项目公司公章的复印件由实施机构备案，同时还应交付关于贷款人已知悉本合同全部条款和附件的证明材料。

扣分要点（合同约定）：项目公司未按时完成备案的，每次扣1分。应在整改通知书要求的时限内完成整改，项目公司超过整改期未能完成整改或整改不合格的加扣1分。

指标分析：本项考核要点主要关注：一是融资文件备案完成情况，二是贷款人已知悉投融资项目合同条款和附件的证明材料情况。项目公司只要完成以上两项内容即可获得相应分值。

综上，本项考核要点应按照表4–19档案清单，由责任部门、责任人在责任时限内完成，并妥善保存：

表 4-19　融资文件备案考核档案清单

文件序号	举证文件	责任部门 / 责任人	责任时间
1	项目公司关于融资文件备案完成情况，以及贷款人已知悉投融资项目合同全部条款和附件的证明情况的说明（落款为项目公司，加盖公章）	财务部 / 根据岗位明确人员	根据要求明确时限
2	文件目录	财务部 / 根据岗位明确人员	根据要求明确时限
3	实施机构出具的融资文件备案证明，或项目公司提交融资文件的实施机构签收记录（该时点应在融资文件签订后 5 日内）	财务部 / 根据岗位明确人员	根据要求明确时限
4	贷款人已知悉投融资项目合同全部条款和附件的证明文件，如备忘录、工作联系函等	财务部 / 根据岗位明确人员	根据要求明确时限

考核要点 20（合同约定）：工程承包商选择。根据适用法律和基本建设程序，批准的初步设计和施工图设计，所有适用的施工标准、规范及本合同的其他要求，项目公司依法自行承担或选择有相应资质的承包商进行本项目施工建设，并确保在施工过程中不出现转包或违法分包的情况。

扣分要点（合同约定）：项目公司出现转包或违法分包情况的，扣 10 分。

指标分析：本项考核要点主要关注：项目公司应根据法定要求选择劳务分包或专业分包，不得违法转包、分包。该项要点可能延伸的考核内容在于，采购分包单位的合规性，以及选定后的备案情况。通常情况下，考核或管理都是从以上 3 个方面去考量。

综上，本项考核要点应按照表 4–20 档案清单，由责任部门、责任人在责任时限内完成，并妥善保存：

表 4–20 工程承包商选择考核档案清单

文件序号	举证文件	责任部门 / 责任人	责任时间
1	项目公司关于分包单位引入情况（结果），以及分包单位选择方案、申报审批情况、采购情况、合同签订以及备案情况的说明（落款为项目公司，加盖公章）	采购部 / 根据岗位明确人员	根据要求明确时限
2	文件目录	采购部 / 根据岗位明确人员	根据要求明确时限
3	协调监理单位、实施机构出具的“未发现项目公司存在违法转包、分包情形”的证明文件（落款为监理单位、实施机构，加盖公章）	采购部 / 根据岗位明确人员	根据要求明确时限
4	项目公司拟分包的方案，附实施机构签收、批准文件（本档案不提交，备查）	采购部 / 根据岗位明确人员	根据要求明确时限
5	项目公司选定分包的采购记录，如招标文件、投标文件、评标文件、中标通知书、签订的合同等（本档案不提交，备查）	采购部 / 根据岗位明确人员	根据要求明确时限
6	项目公司向实施机构提交分包合同备案的记录，如签收记录、备案证明等（本档案不提交，备查）	采购部 / 根据岗位明确人员	根据要求明确时限

考核要点 21（合同约定）：工程建设保险。项目公司应结合本项目的实际情况，购买项目建设期间的保险险种。购买保险后，项目公司应将保险合同原件交实施机构查验，并留加盖项目公司公章的复印件由实施机构备案。同时项目公司督促项目工程的施工单位投保下列险种：（1）建筑安装工程一切险；（2）建筑施工人员团体意外伤害险。

扣分要点（合同约定）：项目公司未购买保险的扣 1 分。应在整改通知书要求的时限内完成整改，项目公司超过整改期未能完成整改或整改不合格的加扣 1 分。

指标分析：本项考核要点主要关注：一是项目公司有没有购买建设期保险；二是项目公司有没有向实施机构备案；三是施工单位是否购买了建筑安装工程一切险和建筑施工人员团体意外伤害险；四是项目公司是否存在被要求整改的情况，如果存在，是否在时限内完成整改。该项要点可能延伸的考核内容在于，如果建设期延期，是否同步将工程建设保险延期。通常情况下，考核或管理都是从以上 5 个方面去考量。

综上，本项考核要点应按照表 4–21 档案清单，由责任部门、责任人在责任时限内完成，并妥善保存：

表 4–21　工程建设保险考核档案清单

文件序号	举证文件	责任部门 / 责任人	责任时间
1	项目公司关于建设期保险的购买情况，施工单位保险的购买情况，以及是否存在被要求整改的情况的说明（落款为项目公司，加盖公章）	综合管理部 / 根据岗位明确人员	根据要求明确时限

续表

文件序号	举证文件	责任部门 / 责任人	责任时间
2	文件目录	综合管理部 / 根据岗位明确人员	根据要求明确时限
3	项目公司建设期保险保单，附保险购买方案、购买记录，实施机构签收、备案记录	综合管理部 / 根据岗位明确人员	根据要求明确时限
4	施工单位建筑安装工程一切险和建筑施工人员团体意外伤害险保单	综合管理部 / 根据岗位明确人员	根据要求明确时限
5	存在被要求整改情况的，应提供：	综合管理部 / 根据岗位明确人员	根据要求明确时限
5.1	书面整改通知书	综合管理部 / 根据岗位明确人员	根据要求明确时限
5.2	项目公司整改处理报告，附实施机构签收或批准报告	综合管理部 / 根据岗位明确人员	根据要求明确时限
5.3	实施机构发出的处罚通知单，及其处罚完成记录（或有）	综合管理部 / 根据岗位明确人员	根据要求明确时限
6	项目公司关于保险工作动态管理的文件，可以通过保险管理专项档案（建设期）的形式确认（本档案不提交，备查）	综合管理部 / 根据岗位明确人员	根据要求明确时限

1.7 考核分类：其他

考核要点 22（合同约定）：行政处罚、通报批评。相关职能部门发出行政处罚决定书或通报批评的，按要求完成整改及缴纳罚款。

扣分要点（合同约定）：行政处罚或通报批评按照以下层级视情节严重程度进行扣分/每单行政处罚决定书或通报批评：①国务院部门、直属机构、直属事业单位及以上：10—20 分；②广西壮族自治区政府办公厅：5—15 分；③广西壮族自治区政府工作部门直属机构、直属事业单位：1—5 分；④梧州市政府办公厅：1—5 分；⑤梧州市级及以下部门、单位：0.1—1 分。

指标分析：本项考核要点主要关注：一是在项目公司有没有发生过行政处罚、通报批评；二是如果发生，是哪一级发出的；三是在实务中，由于各行政职能部门垂直管理的特性，也有可能出现政府方导致的行政处罚或通报批评，出现该种情形的，项目公司若获得实施机构的书面说明，可以豁免扣分。通常情况下，考核或管理都是从以上 3 个方面去考量。

综上，本项考核要点应按照表 4–22 档案清单，由责任部门、责任人在责任时限内完成，并妥善保存：

表 4–22　行政处罚、通报批评考核档案清单

文件序号	举证文件	责任部门/责任人	责任时间
1	项目公司关于是否存在行政处罚、通报批评情况的说明，包括是否存在，如果存在，属于哪一级行政主体发出，以及是否属于项目公司原因等（落款为项目公司，加盖公章）	综合管理部/根据岗位明确人员	根据要求明确时限

续表

文件序号	举证文件	责任部门 / 责任人	责任时间
2	文件目录	综合管理部 / 根据岗位明确人员	根据要求明确时限
3	项目公司未发生该情形的，协调实施机构出具“项目未出现行政处罚、通报批评”的证明文件（落款为实施机构，加盖公章）	综合管理部 / 根据岗位明确人员	根据要求明确时限
4	项目公司发生该情形的，附行政处罚、通报批评书面文件。建议附项目公司整改记录，确认整改已闭环	综合管理部 / 根据岗位明确人员	根据要求明确时限
5	项目公司发生该情形，但非项目公司责任的，建议协调实施机构出具“该行政处罚、通报批评非项目公司责任，可以豁免扣分”的证明文件（落款为实施机构，加盖公章），附行政处罚、通报批评书面文件，同时附项目公司整改记录，确认整改已闭环	综合管理部 / 根据岗位明确人员	根据要求明确时限

1.8 考核分类：整改

考核要点 23（合同约定）：实施机构整改通知书。当项目在建设过程中，发生合同中约定的扣分情形时，由实施机构出具整改通知书，列明不合格内容、所扣分数以及整改要求和时限。

扣分要点（合同约定）：按照本合同中约定的各项要求扣分。项目公司未按整改要求和时限完成整改，实施机构再次就同一事项下发整改通知书的，加扣 5 分，直至完成整改。

指标分析：本项考核要点主要关注：一是实施机构有没有发出整改通知书；二是项目公司有没有根据要求整改完成，并回复闭环。通常情况下，考核或管理都是从以上 2 个方面去考量。

综上，本项考核要点应按照表 4–23 档案清单，由责任部门、责任人在责任时限内完成，并妥善保存：

表 4–23　实施机构整改通知书考核档案清单

文件序号	举证文件	责任部门 / 责任人	责任时间
1	项目公司关于实施机构是否签发过整改通知书情况的说明，包括是否签发，如果签发，项目公司是否按照要求的时限完成整改，并已经办结闭环等（落款为项目公司，加盖公章）	综合管理部 / 根据岗位明确人员	根据要求明确时限
2	文件目录	综合管理部 / 根据岗位明确人员	根据要求明确时限
3	项目公司未发生该情形的，协调实施机构出具“未签发过整改通知书”的证明文件（落款为实施机构，加盖公章）	综合管理部 / 根据岗位明确人员	根据要求明确时限
4	项目公司发生该情形的，附实施机构整改通知书，项目公司整改记录以及整改完成后向实施机构提交的书面记录，实施机构签收确认记录，确认整改已闭环；或协调实施机构出具“签发整改通知书 × 份，项目公司已经按照时限要求整改完成，不予扣分”的证明文件（落款为实施机构，加盖公章），该方法更佳	综合管理部 / 根据岗位明确人员	根据要求明确时限

1.9 考核分类：加分项

考核要点 24（合同约定）：评为广西壮族自治区建设工程施工安全文明标准化工地的，加 1 分；评为全国 AAA 级安全文明施工标准化工地的，加 3 分；获得广西壮族自治区级工程优质奖的，加 1 分；获得国家级工程优质奖的，加 3 分。

扣分要点（合同约定）：无。

指标分析：本项考核要点主要关注：项目公司是否存在加分事项。如果不存在，则不涉及；如果存在，提供相应的奖项证书、证明文件即可。

综上，本项考核要点应按照表 4–24 档案清单，由责任部门、责任人在责任时限内完成，并妥善保存：

表 4–24　加分项考核档案清单

文件序号	举证文件	责任部门 / 责任人	责任时间
1	项目公司关于是否获得相关奖项情况的说明，包括是否存在，如果存在，提供相应证明材料等（落款为项目公司，加盖公章）	综合管理部 / 根据岗位明确人员	根据要求明确时限
2	文件目录	综合管理部 / 根据岗位明确人员	根据要求明确时限
3	相应奖项证明、证书文件	综合管理部 / 根据岗位明确人员	根据要求明确时限

第二节　运营期绩效考核档案

2.1　考核分类：物流园运营维护绩效考核

考核要点 25（合同约定）：建筑物—建筑方面。在对建筑方面进行评定时，应主要评定外围护系统、室内装饰装修的安全性和使用性以及建筑消防安全等项目。

扣分要点（合同约定）：项目公司原因导致外围护系统、室内装饰装修的安全性和使用性等出现明显缺陷而未及时维护的，每次扣 1 分。

指标分析：本项考核要点主要关注：一是关于外围护系统、室内装饰装修的安全性和使用性，以及建筑消防安全的验收情况，是否合格。二是如果出现明显缺陷，项目公司是否及时维护。该项要点可能延伸的考核要点在于，项目公司对建筑物的日常检查、维护记录。通常情况下，考核或管理都是从以上 3 个方面去考量。

综上，本项考核要点应按照表 4–25 档案清单，由责任部门、责任人在责任时限内完成，并妥善保存：

表 4–25　建筑物—建筑方面考核档案清单

文件序号	举证文件	责任部门 / 责任人	责任时间
1	项目公司关于建设物的质量安全评定情况的说明，包括评定单位、评定过程、评定结果（明确外围护系统、室内装饰装修的安全性和使用性以及建	工程管理部 / 根据岗位明确人员	根据要求明确时限

续表

文件序号	举证文件	责任部门/责任人	责任时间
	筑消防安全）等，存在整改情况的，还应对整改情况以及验收确认情况简要说明（落款为项目公司，加盖公章）		
2	文件目录	工程管理部/根据岗位明确人员	根据要求明确时限
3	建筑物质量安全评定报告，包含外围护系统、室内装饰装修的安全性和使用性，以及建筑消防安全。	工程管理部/根据岗位明确人员	根据要求明确时限
4	存在被要求整改情况的，应提供：	工程管理部/根据岗位明确人员	根据要求明确时限
4.1	书面整改通知书	工程管理部/根据岗位明确人员	根据要求明确时限
4.2	项目公司整改处理报告，附评定单位和/或实施机构签收或批准报告	工程管理部/根据岗位明确人员	根据要求明确时限
5	项目公司关于建筑物日常检查、维护动态管理的文件，可以通过建筑物维护管理专项档案的形式确认（本档案不提交，备查）	工程管理部/根据岗位明确人员	根据要求明确时限

考核要点 26（合同约定）：建筑物—结构方面。在对结构方面进行评定时，应主要评定既有建筑结构的安全性、适用性、耐久性等。

扣分要点（合同约定）：因项目公司原因导致房屋倾斜，地基明显沉降、移位，墙体严重裂缝的每处扣 5 分；梁、柱、板主体倾斜、变形、弓凸的每处扣 3 分；梁、柱、板主体剥落、开裂和非收缩性裂缝的每处扣 2 分。

指标分析：本项考核要点主要关注：一是竣工验收是否合格；二是运营期持续跟踪检查结构的安全性、适用性和耐久性，出现任何缺陷瑕疵的，项目公司应当及时维护修缮。该项要点可能延伸的考核要点在于，项目公司对建筑结构的日常检查、维护记录。通常情况下，考核或管理都是从以上 3 个方面去考量。

综上，本项考核要点应按照表 4-26 档案清单，由责任部门、责任人在责任时限内完成，并妥善保存：

表 4-26　建筑物—结构方面考核档案清单

文件序号	举证文件	责任部门 / 责任人	责任时间
1	项目公司关于建筑物结构的验收评定情况，以及日常检查、维护、修缮情况（明确房屋倾斜，地基明显沉降、移位，墙体严重裂缝，梁、柱、板主体倾斜、变形、弓凸，梁、柱、板主体剥落、开裂和非收缩性裂缝等发生的情况）的说明，存在整改情况的，还应对整改情况以及验收确认情况简要说明（落款为项目公司，加盖公章）	工程管理部 / 根据岗位明确人员	根据要求明确时限

续表

文件序号	举证文件	责任部门/责任人	责任时间
2	文件目录	工程管理部/根据岗位明确人员	根据要求明确时限
3	建筑物结构验收评定报告（有优质结构工程奖的，提供证书更佳），竣工验收合格证书、备案证书	工程管理部/根据岗位明确人员	根据要求明确时限
4	存在被要求整改情况的，应提供：	工程管理部/根据岗位明确人员	根据要求明确时限
4.1	书面整改通知书	工程管理部/根据岗位明确人员	根据要求明确时限
4.2	项目公司整改处理报告，附评定单位和/或实施机构签收或批准报告	工程管理部/根据岗位明确人员	根据要求明确时限
5	项目公司关于建筑物日常检查、维护动态管理的文件，可以通过建筑物维护管理专项档案的形式确认（本档案不提交，备查）	工程管理部/根据岗位明确人员	根据要求明确时限

考核要点 27（合同约定）：建筑物—设备设施。在对设备设施方面进行评定时，应主要评定各系统设备、附属管线、管道及其连接的耐久性，保温、防冻、防电击、防高温、防辐射、防火、防雷、防电击、防污染、消毒等防护措施的有效性。

扣分要点（合同约定）：设备设施因项目公司原因而出现损

坏影响运营且未及时处理的，每次扣 1 分；导致出现重大事故的，每次扣 5 分。

指标分析：本项考核要点主要关注：一是设备设施情况评定是否合格；二是设备设施存在损坏情况的，是否及时维修处理；三是设备设施存在损坏情况的，是否影响运营导致重大事故。该项要点可能延伸的考核要点在于，项目公司对设备设施的日常检查、维修记录。通常情况下，考核或管理都是从以上 4 个方面去考量。

综上，本项考核要点应按照表 4–27 档案清单，由责任部门、责任人在责任时限内完成，并妥善保存：

表 4–27　建筑物—设备设施考核档案清单

文件序号	举证文件	责任部门 / 责任人	责任时间
1	项目公司关于设备设施的验收评定情况，以及日常检查、维修情况的说明，存在整改情况的，还应对整改情况以及验收确认情况简要说明（落款为项目公司，加盖公章）	工程管理部 / 根据岗位明确人员	根据要求明确时限
2	文件目录	工程管理部 / 根据岗位明确人员	根据要求明确时限
3	设备设施验收评定报告	工程管理部 / 根据岗位明确人员	根据要求明确时限
4	存在被要求整改情况的，应提供：	工程管理部 / 根据岗位明确人员	根据要求明确时限

续表

文件序号	举证文件	责任部门 / 责任人	责任时间
4.1	书面整改通知书、报修记录	工程管理部 / 根据岗位明确人员	根据要求明确时限
4.2	项目公司整改处理报告、维修记录，附评定单位和 / 或实施机构签收或批准报告	工程管理部 / 根据岗位明确人员	根据要求明确时限
5	项目公司关于设备设施日常检查、维修动态管理的文件，可以通过设备设施维护管理专项档案的形式确认（本档案不提交，备查）	工程管理部 / 根据岗位明确人员	根据要求明确时限

考核要点 28：道路系统—车行道。按《城镇道路养护技术规范》（CJJ 36—2016）关于车行道养护的相关要求执行。

扣分要点（合同约定）：根据《城镇道路养护技术规范》（CJJ 36—2016），车行道养护状况评定结果为不及格的，每次扣 1 分。

指标分析（合同约定）：本项考核要点主要关注：车行道养护状况评定结果。该项要点可能延伸的考核要点在于，项目公司对车行道的日常养护记录。通常情况下，考核或管理都是从以上 2 个方面去考量。

综上，本项考核要点应按照表 4-28 档案清单，由责任部门、责任人在责任时限内完成，并妥善保存：

表 4–28　道路系统—车行道考核档案清单

文件序号	举证文件	责任部门 / 责任人	责任时间
1	项目公司关于车行道养护情况，以及是否存在评定不及格情况的说明（落款为项目公司，加盖公章）	工程管理部 / 根据岗位明确人员	根据要求明确时限
2	文件目录	工程管理部 / 根据岗位明确人员	根据要求明确时限
3	车行道养护状况评定报告	工程管理部 / 根据岗位明确人员	根据要求明确时限
4	存在被要求整改情况的，应提供：	工程管理部 / 根据岗位明确人员	根据要求明确时限
4.1	书面整改通知书、报修记录	工程管理部 / 根据岗位明确人员	根据要求明确时限
4.2	项目公司整改处理报告、维修记录，附评定单位和 / 或实施机构签收或批准报告	工程管理部 / 根据岗位明确人员	根据要求明确时限
5	项目公司关于车行道日常检查、养护动态管理的文件，可以通过道路系统养护管理专项档案的形式确认（本档案不提交，备查）	工程管理部 / 根据岗位明确人员	根据要求明确时限

考核要点 29（合同约定）：道路系统—人行道。按《城镇道路养护技术规范》（CJJ 36—2016）关于人行道养护的相关要求执行。

扣分要点（合同约定）：根据《城镇道路养护技术规范》（CJJ 36—2016），人行道养护状况评定结果为不及格的，每次扣1分。

指标分析：本项考核要点主要关注：人行道养护状况评定结果。该项要点可能延伸的考核要点在于，项目公司对人行道的日常养护记录。通常情况下，考核或管理都是从以上2个方面去考量。

综上，本项考核要点应按照表4–29档案清单，由责任部门、责任人在责任时限内完成，并妥善保存：

表4–29　道路系统—人行道考核档案清单

文件序号	举证文件	责任部门/责任人	责任时间
1	项目公司关于人行道养护情况，以及是否存在评定不及格情况的说明（落款为项目公司，加盖公章）	工程管理部/根据岗位明确人员	根据要求明确时限
2	文件目录	工程管理部/根据岗位明确人员	根据要求明确时限
3	人行道养护状况评定报告	工程管理部/根据岗位明确人员	根据要求明确时限
4	存在被要求整改情况的，应提供：	工程管理部/根据岗位明确人员	根据要求明确时限

续表

文件序号	举证文件	责任部门/责任人	责任时间
4.1	书面整改通知书、报修记录	工程管理部/根据岗位明确人员	根据要求明确时限
4.2	项目公司整改处理报告、维修记录，附评定单位和/或实施机构签收或批准报告	工程管理部/根据岗位明确人员	根据要求明确时限
5	项目公司关于人行道日常检查、养护动态管理的文件，可以通过道路系统养护管理专项档案的形式确认（本档案不提交，备查）	工程管理部/根据岗位明确人员	根据要求明确时限

考核要点30：道路系统—路基与排水设施。按《城镇道路养护技术规范》（CJJ 36—2016）关于路基与排水设施养护的相关要求执行。

扣分要点（合同约定）：根据《城镇道路养护技术规范》（CJJ 36—2016），路基与排水设施养护状况评定结果为不及格的，每次扣1分。

指标分析（合同约定）：本项考核要点主要关注：路基与排水设施养护状况评定结果。该项要点可能延伸的考核要点在于，项目公司对路基与排水设施的日常养护记录。通常情况下，考核或管理都是从以上2个方面去考量。

综上，本项考核要点应按照表4–30档案清单，由责任部门、责任人在责任时限内完成，并妥善保存：

表 4–30　道路系统—路基与排水设施考核档案清单

文件序号	举证文件	责任部门/责任人	责任时间
1	项目公司关于路基与排水设施养护情况，以及是否存在评定不及格情况的说明（落款为项目公司，加盖公章）	工程管理部/根据岗位明确人员	根据要求明确时限
2	文件目录	工程管理部/根据岗位明确人员	根据要求明确时限
3	路基与排水设施养护状况评定报告	工程管理部/根据岗位明确人员	根据要求明确时限
4	存在被要求整改情况的，应提供：	工程管理部/根据岗位明确人员	根据要求明确时限
4.1	书面整改通知书、报修记录	工程管理部/根据岗位明确人员	根据要求明确时限
4.2	项目公司整改处理报告、维修记录，附评定单位和/或实施机构签收或批准报告	工程管理部/根据岗位明确人员	根据要求明确时限
5	项目公司关于路基与排水设施日常检查、养护动态管理的文件，可以通过道路系统养护管理专项档案的形式确认（本档案不提交，备查）	工程管理部/根据岗位明确人员	根据要求明确时限

考核要点 31（合同约定）：道路系统—其他设施。按《城镇道路养护技术规范》（CJJ 36—2016）关于其他设施养护的相关要求执行。

扣分要点（合同约定）：根据《城镇道路养护技术规范》（CJJ 36—2016），其他设施养护状况评定结果为不及格的，每次扣 1 分。

指标分析：本项考核要点主要关注：其他设施养护状况评定结果。该项要点可能延伸的考核要点在于，项目公司对其他设施的日常养护记录。通常情况下，考核或管理都是从以上 2 个方面去考量。

综上，本项考核要点应按照表 4–31 档案清单，由责任部门、责任人在责任时限内完成，并妥善保存：

表 4–31　道路系统—其他设施考核档案清单

文件序号	举证文件	责任部门 / 责任人	责任时间
1	项目公司关于其他设施养护情况，以及是否存在评定不及格情况的说明（落款为项目公司，加盖公章）	工程管理部 / 根据岗位明确人员	根据要求明确时限
2	文件目录	工程管理部 / 根据岗位明确人员	根据要求明确时限
3	其他设施养护状况评定报告	工程管理部 / 根据岗位明确人员	根据要求明确时限

续表

文件序号	举证文件	责任部门 / 责任人	责任时间
4	存在被要求整改情况的，应提供：	工程管理部 / 根据岗位明确人员	根据要求明确时限
4.1	书面整改通知书、报修记录	工程管理部 / 根据岗位明确人员	根据要求明确时限
4.2	项目公司整改处理报告、维修记录，附评定单位和 / 或实施机构签收或批准报告	工程管理部 / 根据岗位明确人员	根据要求明确时限
5	项目公司关于其他设施日常检查、养护动态管理的文件，可以通过道路系统养护管理专项档案的形式确认（本档案不提交，备查）	工程管理部 / 根据岗位明确人员	根据要求明确时限

考核要点 32（合同约定）：园林绿化一树木。按《园林绿化养护标准》（CJJ/T 287—2018）附录 A 树木养护质量三级标准。

扣分要点（合同约定）：按《园林绿化养护标准》（CJJ/T 287—2018）附录 A 树木养护质量三级标准，项目公司每违反 1 条，扣 0.1 分。

指标分析：本项考核要点主要关注：树木养护状况评定结果。该项要点可能延伸的考核要点在于，项目公司对树木的日常养护记录。通常情况下，考核或管理都是从以上 2 个方面去考量。

综上，本项考核要点应按照表 4–32 档案清单，由责任部门、责任人在责任时限内完成，并妥善保存：

表 4–32　园林绿化—树木考核档案清单

文件序号	举证文件	责任部门 / 责任人	责任时间
1	项目公司关于树木养护情况，以及是否存在评定不及格情况的说明（落款为项目公司，加盖公章）	运营管理部 / 根据岗位明确人员	根据要求明确时限
2	文件目录	运营管理部 / 根据岗位明确人员	根据要求明确时限
3	树木养护状况评定报告	运营管理部 / 根据岗位明确人员	根据要求明确时限
4	存在被要求整改情况的，应提供：	运营管理部 / 根据岗位明确人员	根据要求明确时限
4.1	书面整改通知书、报修记录	运营管理部 / 根据岗位明确人员	根据要求明确时限
4.2	项目公司整改处理报告、养护记录，附评定单位和 / 或实施机构签收或批准报告	运营管理部 / 根据岗位明确人员	根据要求明确时限
5	项目公司关于树木日常检查、养护动态管理的文件，可以通过园林绿化养护管理专项档案的形式确认（本档案不提交，备查）	运营管理部 / 根据岗位明确人员	根据要求明确时限

考核要点 33（合同约定）：园林绿化—花卉。按《园林绿化养护标准》（CJJ/T 287—2018）附录 B 花卉养护质量三级标准。

扣分要点（合同约定）：按《园林绿化养护标准》（CJJ/T 287—2018）附录B花卉养护质量三级标准，项目公司每违反1条，扣0.1分。

指标分析：本项考核要点主要关注：花卉养护状况评定结果。该项要点可能延伸的考核要点在于，项目公司对花卉的日常养护记录。通常情况下，考核或管理都是从以上2个方面去考量。

综上，本项考核要点应按照表4–33档案清单，由责任部门、责任人在责任时限内完成，并妥善保存：

表 4–33 园林绿化—花卉考核档案清单

文件序号	举证文件	责任部门 / 责任人	责任时间
1	项目公司关于花卉养护情况，以及是否存在评定不及格情况的说明（落款为项目公司，加盖公章）	运营管理部 / 根据岗位明确人员	根据要求明确时限
2	文件目录	运营管理部 / 根据岗位明确人员	根据要求明确时限
3	花卉养护状况评定报告	运营管理部 / 根据岗位明确人员	根据要求明确时限
4	存在被要求整改情况的，应提供：	运营管理部 / 根据岗位明确人员	根据要求明确时限

续表

文件序号	举证文件	责任部门/责任人	责任时间
4.1	书面整改通知书、报修记录	运营管理部/根据岗位明确人员	根据要求明确时限
4.2	项目公司整改处理报告、养护记录，附评定单位和/或实施机构签收或批准报告	运营管理部/根据岗位明确人员	根据要求明确时限
5	项目公司关于花卉日常检查、养护动态管理的文件，可以通过园林绿化养护管理专项档案的形式确认（本档案不提交，备查）	运营管理部/根据岗位明确人员	根据要求明确时限

考核要点 34（合同约定）：园林绿化—草坪。按《园林绿化养护标准》（CJJ/T 287—2018）附录 C 草坪养护质量三级标准。

扣分要点（合同约定）：按《园林绿化养护标准》（CJJ/T 287—2018）附录C草坪养护质量三级标准，项目公司每违反1条，扣0.1分。

指标分析：本项考核要点主要关注：草坪养护状况评定结果。该项要点可能延伸的考核要点在于，项目公司对草坪的日常养护记录。通常情况下，考核或管理都是从以上2个方面去考量。

综上，本项考核要点应按照表4–34档案清单，由责任部门、责任人在责任时限内完成，并妥善保存：

表 4–34　园林绿化—草坪考核档案清单

文件序号	举证文件	责任部门 / 责任人	责任时间
1	项目公司关于草坪养护情况，以及是否存在评定不及格情况的说明（落款为项目公司，加盖公章）	运营管理部 / 根据岗位明确人员	根据要求明确时限
2	文件目录	运营管理部 / 根据岗位明确人员	根据要求明确时限
3	草坪养护状况评定报告	运营管理部 / 根据岗位明确人员	根据要求明确时限
4	存在被要求整改情况的，应提供：	运营管理部 / 根据岗位明确人员	根据要求明确时限
4.1	书面整改通知书、报修记录	运营管理部 / 根据岗位明确人员	根据要求明确时限
4.2	项目公司整改处理报告、养护记录，附评定单位和 / 或实施机构签收或批准报告	运营管理部 / 根据岗位明确人员	根据要求明确时限
5	项目公司关于草坪日常检查、养护动态管理的文件，可以通过园林绿化养护管理专项档案的形式确认（本档案不提交，备查）	运营管理部 / 根据岗位明确人员	根据要求明确时限

考核要点 35（合同约定）：园林绿化—地被。按《园林绿化养护标准》（CJJ/T 287—2018）附录 D 地被养护质量三级标准。

扣分要点（合同约定）：按《园林绿化养护标准》（CJJ/T 287—2018）附录 D 地被养护质量三级标准，项目公司每违反 1 条，扣 0.1 分。

指标分析：本项考核要点主要关注：地被养护状况评定结果。该项要点可能延伸的考核要点在于，项目公司对地被的日常养护记录。通常情况下，考核或管理都是从以上 2 个方面去考量。

综上，本项考核要点应按照表 4–35 档案清单，由责任部门、责任人在责任时限内完成，并妥善保存：

表 4–35　园林绿化—地被考核档案清单

文件序号	举证文件	责任部门 / 责任人	责任时间
1	项目公司关于地被养护情况，以及是否存在评定不及格情况的说明（落款为项目公司，加盖公章）	运营管理部 / 根据岗位明确人员	根据要求明确时限
2	文件目录	运营管理部 / 根据岗位明确人员	根据要求明确时限
3	地被养护状况评定报告	运营管理部 / 根据岗位明确人员	根据要求明确时限
4	存在被要求整改情况的，应提供：	运营管理部 / 根据岗位明确人员	根据要求明确时限

续表

文件序号	举证文件	责任部门 / 责任人	责任时间
4.1	书面整改通知书、报修记录	运营管理部 / 根据岗位明确人员	根据要求明确时限
4.2	项目公司整改处理报告、养护记录，附评定单位和 / 或实施机构签收或批准报告	运营管理部 / 根据岗位明确人员	根据要求明确时限
5	项目公司关于地被日常检查、养护动态管理的文件，可以通过园林绿化养护管理专项档案的形式确认（本档案不提交，备查）	运营管理部 / 根据岗位明确人员	根据要求明确时限

考核要点 36（合同约定）：园林绿化—水生植物。按《园林绿化养护标准》（CJJ/T 287—2018）附录 E 水生植物养护质量三级标准。

扣分要点（合同约定）：按《园林绿化养护标准》（CJJ/T 287—2018）附录 E 水生植物养护质量三级标准，项目公司每违反 1 条，扣 0.1 分。

指标分析：本项考核要点主要关注：水生植物养护状况评定结果。该项要点可能延伸的考核要点在于，项目公司对水生植物的日常养护记录。通常情况下，考核或管理都是从以上 2 个方面去考量。

综上，本项考核要点应按照表 4–36 档案清单，由责任部门、责任人在责任时限内完成，并妥善保存：

表 4–36 园林绿化—水生植物考核档案清单

文件序号	举证文件	责任部门 / 责任人	责任时间
1	项目公司关于水生植物养护情况，以及是否存在评定不及格情况的说明（落款为项目公司，加盖公章）	运营管理部 / 根据岗位明确人员	根据要求明确时限
2	文件目录	运营管理部 / 根据岗位明确人员	根据要求明确时限
3	水生植物养护状况评定报告	运营管理部 / 根据岗位明确人员	根据要求明确时限
4	存在被要求整改情况的，应提供：	运营管理部 / 根据岗位明确人员	根据要求明确时限
4.1	书面整改通知书、报修记录	运营管理部 / 根据岗位明确人员	根据要求明确时限
4.2	项目公司整改处理报告、养护记录，附评定单位和 / 或实施机构签收或批准报告	运营管理部 / 根据岗位明确人员	根据要求明确时限
5	项目公司关于水生植物日常检查、养护动态管理的文件，可以通过园林绿化养护管理专项档案的形式确认（本档案不提交，备查）	运营管理部 / 根据岗位明确人员	根据要求明确时限

考核要点 37（合同约定）：园林绿化—竹类。按《园林绿化养护标准》（CJJ/T 287—2018）附录 F 竹类养护质量三级标准。

扣分要点（合同约定）：按《园林绿化养护标准》（CJJ/T 287—2018）附录 F 竹类养护质量三级标准，项目公司每违反 1 条，扣 0.1 分。

指标分析：本项考核要点主要关注：竹类养护状况评定结果。该项要点可能延伸的考核要点在于，项目公司对竹类的日常养护记录。通常情况下，考核或管理都是从以上 2 个方面去考量。

综上，本项考核要点应按照表 4–37 档案清单，由责任部门、责任人在责任时限内完成，并妥善保存：

表 4–37　园林绿化—竹类考核档案清单

文件序号	举证文件	责任部门 / 责任人	责任时间
1	项目公司关于竹类养护情况，以及是否存在评定不及格情况的说明（落款为项目公司，加盖公章）	运营管理部 / 根据岗位明确人员	根据要求明确时限
2	文件目录	运营管理部 / 根据岗位明确人员	根据要求明确时限
3	竹类养护状况评定报告	运营管理部 / 根据岗位明确人员	根据要求明确时限
4	存在被要求整改情况的，应提供：	运营管理部 / 根据岗位明确人员	根据要求明确时限

续表

文件序号	举证文件	责任部门 / 责任人	责任时间
4.1	书面整改通知书、报修记录	运营管理部 / 根据岗位明确人员	根据要求明确时限
4.2	项目公司整改处理报告、养护记录，附评定单位和 / 或实施机构签收或批准报告	运营管理部 / 根据岗位明确人员	根据要求明确时限
5	项目公司关于竹类日常检查、养护动态管理的文件，可以通过园林绿化养护管理专项档案的形式确认（本档案不提交，备查）	运营管理部 / 根据岗位明确人员	根据要求明确时限

考核要点 38（合同约定）：园林绿化—清洁保持。整体环境较干净、整洁，垃圾杂物日产日清。

扣分要点（合同约定）：整体环境较差，垃圾杂物不能日清的，每次扣 0.1 分。

指标分析：本项考核要点主要关注：一是项目公司是否保持现场清洁，在考核时考核人员可以现场检查；二是项目公司是否有经过批准正式发布的清洁管理制度、办法；三是项目公司是否有完整的清洁管理记录。该项考核要点可能延伸的考核点在于，清洁保持的人员配置安排情况。通常情况下，考核或管理都是从以上 4 个方面去考量。

综上，本项考核要点应按照表 4–38 档案清单，由责任部门、责任人在责任时限内完成，并妥善保存：

表 4–38 园林绿化—清洁保持考核档案清单

文件序号	举证文件	责任部门 / 责任人	责任时间
1	项目公司关于清洁保持管理情况的说明，包括管理制度情况、人员配置安排情况、动态检查记录情况的说明（落款为项目公司，加盖公章）	运营管理部 / 根据岗位明确人员	根据要求明确时限
2	文件目录	运营管理部 / 根据岗位明确人员	根据要求明确时限
3	清洁保持管理制度、办法，附董事会决议、项目公司正式发布的文件（红头文件）	运营管理部 / 根据岗位明确人员	根据要求明确时限
4	清洁保持人员组织安排情况，如组织架构图、人员花名册、社保缴纳情况、外包服务合同等（本档案不提交，备查）	运营管理部 / 根据岗位明确人员	根据要求明确时限
5	项目公司关于清洁保持的日常清洁、检查、考核动态管理的文件，可以通过园林绿化养护管理专项档案的形式确认（本档案不提交，备查）	运营管理部 / 根据岗位明确人员	根据要求明确时限

考核要点 39（合同约定）：园林绿化—附属设施。安全，基本完整，能进行维护。

扣分要点（合同约定）：附属设施维护不当的，每次扣 0.1 分。

指标分析：本项考核要点主要关注：附属设施维护状况评定结果。该项要点可能延伸的考核要点在于，项目公司对附属设施的日常维护记录。通常情况下，考核或管理都是从以上 2 个方面去考量。

综上，本项考核要点应按照表 4–39 档案清单，由责任部门、责任人在责任时限内完成，并妥善保存：

表 4–39　园林绿化—附属设施考核档案清单

文件序号	举证文件	责任部门 / 责任人	责任时间
1	项目公司关于附属设施维护情况，以及是否存在评定不及格情况、维护不及时情况的说明（落款为项目公司，加盖公章）	工程管理部 / 根据岗位明确人员	根据要求明确时限
2	文件目录	工程管理部 / 根据岗位明确人员	根据要求明确时限
3	附属设施维护状况评定报告	工程管理部 / 根据岗位明确人员	根据要求明确时限
4	存在被要求整改情况的，应提供：	工程管理部 / 根据岗位明确人员	根据要求明确时限
4.1	书面整改通知书、报修记录	工程管理部 / 根据岗位明确人员	根据要求明确时限
4.2	项目公司整改处理报告、维修记录，附评定单位和 / 或实施机构签收或批准报告	工程管理部 / 根据岗位明确人员	根据要求明确时限

续表

文件序号	举证文件	责任部门/责任人	责任时间
5	项目公司关于附属设施日常检查、维护动态管理的文件，可以通过园林绿化养护管理专项档案的形式确认（本档案不提交，备查）	工程管理部/根据岗位明确人员	根据要求明确时限

考核要点 40（合同约定）：园林绿化—景观水体。安全，水面无明显杂物，驳岸无明显缺损。

扣分要点（合同约定）：景观水体维护不当的，每次扣 0.1 分。

指标分析：本项考核要点主要关注：一是项目公司是否保持景观水体清洁，在考核时考核人员可以现场检查；二是项目公司是否有经过批准正式发布的景观水体清洁管理制度、办法；三是项目公司是否有完整的景观水体清洁管理记录。该项考核要点可能延伸的考核点在于，景观水体清洁保持的人员配置安排情况。通常情况下，考核或管理都是从以上 4 个方面去考量。

综上，本项考核要点应按照表 4–40 档案清单，由责任部门、责任人在责任时限内完成，并妥善保存：

表 4–40　园林绿化—景观水体考核档案清单

文件序号	举证文件	责任部门/责任人	责任时间
1	项目公司关于景观水体清洁保持管理情况的说明，包括管理制度情况、人员配置安排情况、动态检查记录情况等（落款为项目公司，加盖公章）	运营管理部/根据岗位明确人员	根据要求明确时限

续表

文件序号	举证文件	责任部门/责任人	责任时间
2	文件目录	运营管理部/根据岗位明确人员	根据要求明确时限
3	景观水体清洁保持管理制度、办法，附董事会决议、项目公司正式发布的文件（红头文件）	运营管理部/根据岗位明确人员	根据要求明确时限
4	景观水体清洁保持人员组织安排情况，如组织架构图、人员花名册、社保缴纳情况、外包服务合同等（本档案不提交，备查）	运营管理部/根据岗位明确人员	根据要求明确时限
5	项目公司关于景观水体清洁保持的日常清洁、检查、考核动态管理的文件，可以通过园林绿化养护管理专项档案的形式确认（本档案不提交，备查）	运营管理部/根据岗位明确人员	根据要求明确时限

考核要点 41（合同约定）：园林绿化—技术档案。档案内容基本完整。

扣分要点（合同约定）：技术档案不完整的，每次扣 0.1 分。

指标分析：本项考核要点主要关注：档案管理的系统性、完整性和准确性，项目公司只要严格按照基础档案、专项档案和绩效考核档案执行即可。对应以上考核要点，项目公司应整理输出建筑物维护管理专项档案、设备设施维护管理专项档案、道路系统养护管理专项档案、园林绿化养护管理专项档案（此处特指园林绿化的技术档案，但是在实际考核中，建议延伸至其他专业类档案，使被考核内容没有盲点，如此更为妥当）。

综上，本项考核要点应按照表 4–41 档案清单，由责任部门、责任人在责任时限内完成，并妥善保存：

表 4–41 园林绿化—技术档案考核档案清单

文件序号	举证文件	责任部门 / 责任人	责任时间
1	项目公司关于技术档案管理情况的说明，包括档案管理制度情况、档案管理人员配置安排情况、档案成果及动态检查记录情况等（落款为项目公司，加盖公章）	运营管理部 / 根据岗位明确人员	根据要求明确时限
2	文件目录	运营管理部 / 根据岗位明确人员	根据要求明确时限
3	建筑物维护管理专项档案	运营管理部 / 根据岗位明确人员	根据要求明确时限
4	设备设施维护管理专项档案	运营管理部 / 根据岗位明确人员	根据要求明确时限
5	道路系统养护管理专项档案	运营管理部 / 根据岗位明确人员	根据要求明确时限
6	园林绿化养护管理专项档案	运营管理部 / 根据岗位明确人员	根据要求明确时限

考核要点 42（合同约定）：园林绿化—安全保护。有专人看护。

扣分要点（合同约定）：缺少专人看护的，每次扣 0.1 分。

指标分析：本项考核要点主要关注：一是园林绿化有专职人员看护；二是专职人员尽职履责实际看护；三是项目公司未出现责任不当问题。

综上，本项考核要点应按照表 4–42 档案清单，由责任部门、责任人在责任时限内完成，并妥善保存：

表 4–42　园林绿化—安全保护考核档案清单

文件序号	举证文件	责任部门 / 责任人	责任时间
1	项目公司关于安排专职人员看护情况的说明，包括人员安排情况、看护的要求情况，以及是否出现过责任不当问题情况等（落款为项目公司，加盖公章）	运营管理部 / 根据岗位明确人员	根据要求明确时限
2	文件目录	运营管理部 / 根据岗位明确人员	根据要求明确时限
3	项目公司正式发布的人员任命情况，附董事会正式批准的组织架构图	运营管理部 / 根据岗位明确人员	根据要求明确时限
4	专职看护人员岗位职责、对应管理制度，以及看护的管理记录（该管理记录可以通过园林绿化养护管理专项档案的形式落实，如此效果最佳）	运营管理部 / 根据岗位明确人员	根据要求明确时限
5	协调实施机构出具的“项目未出现责任不当问题”的证明文件（落款为实施机构，加盖公章）	运营管理部 / 根据岗位明确人员	根据要求明确时限

考核要点 43（合同约定）：日常管理—日常巡检。项目公司按照有关要求，配备相应的维护人员；对巡检人员进行巡检培训；建立日常巡检制度，做好日常巡检记录；巡检人员应采取防护措施，应配备防护装备。

扣分要点（合同约定）：项目公司没有配备相应的维护人员的，扣 2 分；项目公司没有对巡检人员进行巡检培训的，扣 1 分；项目公司没有建立日常巡检制度，没有日常巡检记录的，扣 0.5 分；巡检人员没有采取防护措施，配备防护装备的，扣 0.5 分。

指标分析：本项考核要点主要关注：一是项目公司是否配备了适当的维护人员；二是维护人员是否经过培训上岗，是否持续接受相关专业培训；三是项目公司是否建立了巡检制度，该制度是否经过正式发布；四是日常巡检记录是否妥善保存；五是巡检人员的防护装备是否配备，巡检时巡检人员是否妥善采取防护措施。通常情况下，考核或管理都是从以上 5 个方面去考量。

综上，本项考核要点应按照表 4–43 档案清单，由责任部门、责任人在责任时限内完成，并妥善保存：

表 4–43　日常管理—日常巡检考核档案清单

文件序号	举证文件	责任部门 / 责任人	责任时间
1	项目公司关于日常巡检管理情况的说明，包括维护人员的配备情况、维护人员的培训上岗情况、其他专业培训情况、巡检管理制度情况、日常巡检记录情况、巡检防护装备配备情况，以及防护措施执行情况等（落款为项目公司，加盖公章）	运营管理部 / 根据岗位明确人员	根据要求明确时限

续表

文件序号	举证文件	责任部门/责任人	责任时间
2	文件目录	运营管理部/根据岗位明确人员	根据要求明确时限
3	项目公司正式发布的组织架构、任命文件（含维护人员情况）	运营管理部/根据岗位明确人员	根据要求明确时限
4	维护人员培训上岗记录、历次培训记录（培训通知、课件材料、签到表、培训照片等）	运营管理部/根据岗位明确人员	根据要求明确时限
5	日常巡检管理专项档案	运营管理部/根据岗位明确人员	根据要求明确时限
6	巡检防护装备配备记录（采购记录、领用记录、库存记录）	运营管理部/根据岗位明确人员	根据要求明确时限
7	巡检防护措施执行情况（培训记录、检查记录、整改记录）	运营管理部/根据岗位明确人员	根据要求明确时限

考核要点 44（合同约定）：日常管理—安全管理。项目公司建立安全作业规则，工作人员入职得到相关培训并保障工作人员的安全；制订安全检查计划，并定期开展安全隐患排查工作。

扣分要点（合同约定）：项目公司没有建立安全作业规则的，扣 2 分；项目公司工作人员入职没有相关培训的，扣 1 分；项目公司没有制订安全检查计划的，扣 2 分；项目公司没有定期开展安全隐患排查工作的，扣 2 分。

指标分析：本项考核要点主要关注：一是项目公司是否建立了安全管理制度（含安全作业规则），该制度是否经过正式发布；二是项目公司是否面向全员开展了入职安全培训，全员是否持续接受相关安全培训；三是项目公司是否定期开展安全检查工作，相关问题是否及时整改闭环。可能延伸的考核要点是，项目公司是否建立了应急安全预案，并定期开展应急安全预案演练。通常情况下，考核或管理都是从以上 4 个方面去考量。

综上，本项考核要点应按照表 4–44 档案清单，由责任部门、责任人在责任时限内完成，并妥善保存：

表 4–44　日常管理—安全管理考核档案清单

文件序号	举证文件	责任部门 / 责任人	责任时间
1	项目公司关于安全管理情况的说明，包括安全管理制度建立情况（含安全作业规则），工作人员入职安全培训情况、后续安全培训情况，定期安全检查情况，以及发现的问题整改闭环情况等（落款为项目公司，加盖公章）	运营管理部 / 根据岗位明确人员	根据要求明确时限
2	文件目录	运营管理部 / 根据岗位明确人员	根据要求明确时限
3	安全管理制度（含安全作业规则），附董事会决议、项目公司正式发布的文件（红头文件）	运营管理部 / 根据岗位明确人员	根据要求明确时限

续表

文件序号	举证文件	责任部门 / 责任人	责任时间
4	作业人员入职安全培训记录、历次安全培训记录（培训通知、课件材料、签到表、培训照片等）	运营管理部 / 根据岗位明确人员	根据要求明确时限
5	项目公司 HSE 管理专项档案（运营期）（含安全检查方案、计划、检查情况、整改情况等）	运营管理部 / 根据岗位明确人员	根据要求明确时限

考核要点 45（合同约定）：日常管理—应急处理。项目公司应制订关于消防、水管爆裂、燃气泄漏、防盗窃等突发事件的应急预案，突发事件发生后的 10 分钟内，项目公司应当及时通知有关管线单位进行抢修等处理。

扣分要点（合同约定）：项目公司没有制订关于消防、水管爆裂、燃气泄漏、防盗窃等突发事件的应急预案的，扣 2 分；在突发事件发生后的 10 分钟内，项目公司没有及时通知有关管线单位进行抢修等处理的，扣 1 分。

指标分析：本项考核要点主要关注：一是项目公司是否建立了应急安全预案，并定期开展应急安全预案演练；二是如果发生突发事件，项目公司是否及时处置。可能延伸的考核要点是，如果发生突发事件，项目公司能否妥善处置完毕，形成闭环。通常情况下，考核或管理都是从以上 3 个方面去考量。

综上，本项考核要点应按照表 4–45 档案清单，由责任部门、责任人在责任时限内完成，并妥善保存：

表 4-45 日常管理—应急处理考核档案清单

文件序号	举证文件	责任部门/责任人	责任时间
1	项目公司关于应急处理管理情况的说明，包括应急预案的建立情况、定期演练情况，应急事件的发生情况、及时处置情况，以及处置完成情况等（落款为项目公司，加盖公章）	运营管理部/根据岗位明确人员	根据要求明确时限
2	文件目录	运营管理部/根据岗位明确人员	根据要求明确时限
3	经批准的应急安全预案，以及应急安全预案演练记录	运营管理部/根据岗位明确人员	根据要求明确时限
4	突发事件说明，及时通知相关单位情况，附相关证明	运营管理部/根据岗位明确人员	根据要求明确时限
5	实施机构的证明文件（建议）	运营管理部/根据岗位明确人员	根据要求明确时限
6	突发事件完整处置记录（本档案不提交，备查）	运营管理部/根据岗位明确人员	根据要求明确时限

考核要点 46（合同约定）：日常管理—备品备件管理。项目公司的备品备件和应急物资的种类和数量应满足相应的需求。

扣分要点（合同约定）：项目公司的备品备件和应急物资的种类和数量无法满足相应的需求的，扣 2 分。

指标分析：本项考核要点主要关注：一是项目公司确认的备品备件和应急物资应当准备的种类与数量；二是项目公司备品备件和应急物资的存货是否满足要求。可能延伸的考核要点在于项目公司有没有妥善管理，使备品备件和应急物资的库存持续受控，满足规定要求。通常情况下，考核或管理都是从以上 3 个方面去考量。

综上，本项考核要点应按照表 4–46 档案清单，由责任部门、责任人在责任时限内完成，并妥善保存：

表 4–46　日常管理—备品备件管理考核档案清单

文件序号	举证文件	责任部门 / 责任人	责任时间
1	项目公司关于备品备件和应急物资情况的说明，包括规定要求情况、实际库存情况，以及动态管理情况等（落款为项目公司，加盖公章）	运营管理部 / 根据岗位明确人员	根据要求明确时限
2	文件目录	运营管理部 / 根据岗位明确人员	根据要求明确时限
3	关于备品备件和应急物资的种类与数量要求，如投融资项目合同约定、经批准的运营维护服务方案要求等，附实施机构批准文件	运营管理部 / 根据岗位明确人员	根据要求明确时限
4	项目公司备品备件和应急物资库存清单	运营管理部 / 根据岗位明确人员	根据要求明确时限

续表

文件序号	举证文件	责任部门 / 责任人	责任时间
5	经正式发布的备品备件和应急物资管理制度，附董事会决议文件、正式发布文件、历次升版更新记录，以及动态管理记录等（购买记录、入库记录、使用出库记录、库存记录，本档案不提交，备查）	运营管理部 / 根据岗位明确人员	根据要求明确时限

考核要点 47（合同约定）：日常管理一清洁保持。项目公司的项目设施及附属工程应保持整洁。

扣分要点（合同约定）：根据实际情况扣分（扣 2 分以内）。

指标分析：本项考核要点主要关注：一是项目公司是否保持现场清洁，在考核时考核人员可以现场检查；二是项目公司是否有经过批准正式发布的清洁管理制度、办法；三是项目公司是否有完整的清洁管理记录。该项考核要点可能延伸的考核点在于，清洁保持的人员配置安排情况。通常情况下，考核或管理都是从以上 4 个方面去考量。

综上，本项考核要点应按照表 4–47 档案清单，由责任部门、责任人在责任时限内完成，并妥善保存：

表 4–47 日常管理一清洁保持考核档案清单

文件序号	举证文件	责任部门 / 责任人	责任时间
1	项目公司关于项目设施及附属工程清洁保持管理情况的说明，包括管理制度情况、人员配置安排情况、动态检查记录情况等（落款为项目公司，加盖公章）	运营管理部 / 根据岗位明确人员	根据要求明确时限

续表

文件序号	举证文件	责任部门/责任人	责任时间
2	文件目录	运营管理部/根据岗位明确人员	根据要求明确时限
3	清洁保持管理制度、办法，附董事会决议、项目公司正式发布的文件（红头文件）	运营管理部/根据岗位明确人员	根据要求明确时限
4	清洁保持人员组织安排情况，如组织架构图、人员花名册、社保缴纳情况、外包服务合同等（本档案不提交，备查）	运营管理部/根据岗位明确人员	根据要求明确时限
5	项目公司关于清洁保持的日常清洁、检查、考核动态管理的文件，可以通过清洁养护管理专项档案（项目设施及附属工程）的形式确认（本档案不提交，备查）	运营管理部/根据岗位明确人员	根据要求明确时限

考核要点48（合同约定）：运营管理—运营维护管理制度。运营维护管理制度应当合理、有效、可操作性强，财务报表应清晰、真实、专款专用、执行率高、使用安全、管理规范。

扣分要点（合同约定）：项目公司不执行运营维护管理制度或运营维护管理制度不符合项目实际的，扣2分。

指标分析：本项考核要点主要关注：一是项目公司是否建立了运营维护管理制度，并正式发布。二是该管理制度是否包含财务管理制度。其中，项目公司应当每年定期提交财务年报。三是资金管理适当，项目公司不存在大额资金沉淀的情况，也不存在资金短缺的情况，同时也不存在违规挪用资金至项目以外的情况。四是资金使用适当，项目公司的资金流出均应根据该管理制度履行适当批准手续。通常情况下，考核或管理都是从以上 4 个方面去考量。

综上，本项考核要点应按照表 4–48 档案清单，由责任部门、责任人在责任时限内完成，并妥善保存：

表 4–48 运营管理—运营维护管理制度考核档案清单

文件序号	举证文件	责任部门 / 责任人	责任时间
1	项目公司关于运营维护管理制度情况的说明，包括制度建立情况、批准与发布情况、备案情况，以及遵照执行情况等，其中，财务报表、资金管理和使用应针对性说明（落款为项目公司，加盖公章）	综合管理部、财务部 / 根据岗位明确人员	根据要求明确时限
2	文件目录	综合管理部 / 根据岗位明确人员	根据要求明确时限
3	运营维护管理制度、财务管理制度，附董事会决议、项目公司正式发布的文件（红头文件）	综合管理部 / 根据岗位明确人员	根据要求明确时限
4	实施机构签收备案文件	综合管理部 / 根据岗位明确人员	根据要求明确时限
5	项目公司资金管理记录，附资金管理台账及其相关附件（股东会决议的年度资金预算、资金到账、资金决算情况）	财务部 / 根据岗位明确人员	根据要求明确时限

续表

文件序号	举证文件	责任部门 / 责任人	责任时间
6	项目公司资金支付记录，附完整附件及审批记录	财务部 / 根据岗位明确人员	根据要求明确时限
7	项目公司定期发布与提交财务年报的记录（第三方会计师事务所出具）	财务部 / 根据岗位明确人员	根据要求明确时限
8	项目公司关于运营维护管理制度执行情况的文件，可以通过各项运营管理专项档案的形式确认（本档案不提交，备查）	综合管理部 / 根据岗位明确人员	根据要求明确时限

考核要点 49（合同约定）：运营管理—管理人员。相关工作人员均应签订劳务合同，培训上岗，项目公司应保证人员充足，依法为员工缴纳保险，按时发放员工工资。

扣分要点（合同约定）：项目公司不执行或存在虚假伪造材料的，扣 2 分。

指标分析：本项考核要点主要关注：一是项目公司各相关人员均应有劳动合同，不存在违法用工情形；二是项目公司对各相关人员均应落实入职培训，落实培训上岗；三是项目公司组织架构搭设完善，通过董事会决议，可以满足运营管理所需；四是项目公司为各相关人员均缴纳了保险，按时发放工资。通常情况下，考核或管理都是从以上 4 个方面去考量。

综上，本项考核要点应按照表 4–49 档案清单，由责任部门、责任人在责任时限内完成，并妥善保存：

表 4–49 运营管理—管理人员考核档案清单

文件序号	举证文件	责任部门 / 责任人	责任时间
1	项目公司关于人员管理情况的说明，包括合同签订、培训上岗、组织架构、保险缴纳和工资发放等情况（落款为项目公司，加盖公章）	综合管理部 / 根据岗位明确人员	根据要求明确时限
2	文件目录	综合管理部 / 根据岗位明确人员	根据要求明确时限
3	管理人员花名册，附合同原件或复印件	综合管理部 / 根据岗位明确人员	根据要求明确时限
4	员工入职培训记录（含各员工签名）	综合管理部 / 根据岗位明确人员	根据要求明确时限
5	经董事会决议通过的组织架构，及对应岗位人员（董事会决议文件）	综合管理部 / 根据岗位明确人员	根据要求明确时限
6	员工社保缴纳的证明文件	综合管理部 / 根据岗位明确人员	根据要求明确时限
7	员工工资发放记录等	综合管理部 / 根据岗位明确人员	根据要求明确时限

2.2 考核分类：产业新城运营绩效考核

该部分考核要点、扣分要点、指标分析与档案清单，和 2.1 物流园运营维护绩效考核内容完全一致，不再重复赘述。

2.3 考核分类：员工劳动就业服务培训网点绩效考核

该部分考核要点、扣分要点、指标分析与档案清单，和 2.1 物流园运营维护绩效考核内容完全一致，不再重复赘述。

2.4 考核分类：市政工程维护绩效考核

考核要点 50（合同约定）：建筑物一建筑方面。建筑方面进行评定时，应主要评定外围护系统、室内装饰装修的安全性和使用性以及建筑消防安全等项目。

扣分要点（合同约定）：项目公司导致外围护系统、室内装饰装修的安全性和使用性等出现明显缺陷而未及时维护的，每次扣 1 分。

指标分析：本项考核要点主要关注：一是外围护系统、室内装饰装修的安全性和使用性，以及建筑消防安全的验收情况，是否合格；二是如果出现明显缺陷，项目公司是否及时维护。该项要点可能延伸的考核要点在于，项目公司对建筑物的日常检查、维护、保养记录。通常情况下，考核或管理都是从以上 3 个方面去考量。

综上，本项考核要点应按照表 4–50 档案清单，由责任部门、责任人在责任时限内完成，并妥善保存：

表 4–50 建筑物—建筑方面考核档案清单

文件序号	举证文件	责任部门 / 责任人	责任时间
1	项目公司关于建设物的质量安全评定情况的说明，包括评定单位、评定过程、评定结果（明确外围护系统、室内装饰装修的安全性和使用性以及建筑消防安全）等，如果存在整改情况的，还应对整改情况以及验收确认情况简要说明（落款为项目公司，加盖公章）	工程管理部 / 根据岗位明确人员	根据要求明确时限
2	文件目录	工程管理部 / 根据岗位明确人员	根据要求明确时限
3	建筑物质量安全评定报告，包含外围护系统、室内装饰装修的安全性和使用性，以及建筑消防安全	工程管理部 / 根据岗位明确人员	根据要求明确时限
4	存在被要求整改情况的，应提供：	工程管理部 / 根据岗位明确人员	根据要求明确时限
4.1	书面整改通知书	工程管理部 / 根据岗位明确人员	根据要求明确时限
4.2	项目公司整改处理报告，附评定单位和 / 或实施机构签收或批准报告	工程管理部 / 根据岗位明确人员	根据要求明确时限
5	项目公司关于建筑物日常检查、维护动态管理的文件，可以通过建筑物维护管理专项档案的形式确认（本档案不提交，备查）	工程管理部 / 根据岗位明确人员	根据要求明确时限

考核要点 51（合同约定）：建筑物—结构方面。在对结构方面进行评定时，应主要评定既有建筑结构的安全性、适用性、耐久性等项目。

扣分要点（合同约定）：因项目公司原因导致房屋倾斜，地基明显沉降、移位，墙体严重裂缝的每处扣 5 分；梁、柱、板主体倾斜、变形、弓凸的每处扣 3 分；梁、柱、板主体剥落、开裂和非收缩性裂缝的每处扣 2 分。

指标分析：本项考核要点主要关注：一是项目公司竣工验收是否合格；二是运营期持续跟踪检查结构的安全性、适用性和耐久性，出现任何缺陷瑕疵的，项目公司应当及时维护修缮。该项要点可能延伸的考核要点在于，项目公司对建筑结构的日常检查、维护、保修记录。通常情况下，考核或管理都是从以上 3 个方面去考量。

综上，本项考核要点应按照表 4–51 档案清单，由责任部门、责任人在责任时限内完成，并妥善保存：

表 4–51　建筑物—结构方面考核档案清单

文件序号	举证文件	责任部门 / 责任人	责任时间
1	项目公司关于建筑物结构的验收评定情况，以及日常检查、维护、修缮情况（明确房屋倾斜，地基明显沉降、移位，墙体严重裂缝，梁、柱、板主体倾斜、变形、弓凸，梁、柱、板主体剥落、开裂和非收缩性裂缝等发生的情况）的说明，存在整改情况的，还应对整改情况以及验收确认情况简要说明（落款为项目公司，加盖公章）	工程管理部 / 根据岗位明确人员	根据要求明确时限

续表

文件序号	举证文件	责任部门/责任人	责任时间
2	文件目录	工程管理部/根据岗位明确人员	根据要求明确时限
3	建筑物结构验收评定报告（有优质结构工程奖的，提供证书更佳），竣工验收合格证书、备案证书	工程管理部/根据岗位明确人员	根据要求明确时限
4	存在被要求整改情况的，应提供：	工程管理部/根据岗位明确人员	根据要求明确时限
4.1	书面整改通知书	工程管理部/根据岗位明确人员	根据要求明确时限
4.2	项目公司整改处理报告，附评定单位和/或实施机构签收或批准报告	工程管理部/根据岗位明确人员	根据要求明确时限
5	项目公司关于建筑物日常检查、维护动态管理的文件，可以通过建筑物维护管理专项档案的形式确认（本档案不提交，备查）	工程管理部/根据岗位明确人员	根据要求明确时限

考核要点 52（合同约定）：建筑物—设备设施。在对设备设施方面进行评定时，应主要评定各系统设备、附属管线、管道及其连接的耐久性，保温、防冻、防电击、防高温、防辐射、防火、防雷、防电击、防污染、消毒等防护措施的有效性。

扣分要点（合同约定）：设备设施因项目公司出现损坏而影响

运营的，每次扣1分；因此出现重大事故的，每次扣5分。

指标分析：本项考核要点主要关注：一是设备设施情况是否评定合格；二是设备设施存在损坏情况的，项目公司是否及时维修处理；三是设备设施存在损坏情况的，是否会影响运营导致重大事故。该项要点可能延伸的考核要点在于，项目公司对设备设施的日常检查、维护、保修记录。通常情况下，考核或管理都是从以上4个方面去考量。

综上，本项考核要点应按照表4–52档案清单，由责任部门、责任人在责任时限内完成，并妥善保存：

表4–52　建筑物—设备设施考核档案清单

文件序号	举证文件	责任部门/责任人	责任时间
1	项目公司关于设备设施的验收评定情况，以及日常检查、维修情况的说明，存在整改情况的，还应对整改情况以及验收确认情况简要说明（落款为项目公司，加盖公章）	工程管理部/根据岗位明确人员	根据要求明确时限
2	文件目录	工程管理部/根据岗位明确人员	根据要求明确时限
3	设备设施验收评定报告	工程管理部/根据岗位明确人员	根据要求明确时限
4	存在被要求整改情况的，应提供：	工程管理部/根据岗位明确人员	根据要求明确时限

续表

文件序号	举证文件	责任部门/责任人	责任时间
4.1	书面整改通知书、报修记录	工程管理部/根据岗位明确人员	根据要求明确时限
4.2	项目公司整改处理报告、维修记录，附评定单位和/或实施机构签收或批准报告	工程管理部/根据岗位明确人员	根据要求明确时限
5	项目公司关于设备设施日常检查、维护、保修动态管理的文件，可以通过设备设施维护管理专项档案的形式确认（本档案不提交，备查）	工程管理部/根据岗位明确人员	根据要求明确时限

考核要点 53（合同约定）：道路系统一车行道。按《城镇道路养护技术规范》（CJJ 36—2016）关于车行道养护的相关要求执行。

扣分要点（合同约定）：根据《城镇道路养护技术规范》（CJJ 36—2016），车行道养护状况评定结果为不及格的，每次扣 1 分。

指标分析：本项考核要点主要关注：车行道养护状况评定结果。该项要点可能延伸的考核要点在于，项目公司对车行道的日常养护记录。通常情况下，考核或管理都是从以上 2 个方面去考量。

综上，本项考核要点应按照表 4–53 档案清单，由责任部门、责任人在责任时限内完成，并妥善保存：

表 4-53 道路系统—车行道考核档案清单

文件序号	举证文件	责任部门 / 责任人	责任时间
1	项目公司关于车行道养护情况的说明（落款为项目公司，加盖公章）	工程管理部 / 根据岗位明确人员	根据要求明确时限
2	文件目录	工程管理部 / 根据岗位明确人员	根据要求明确时限
3	车行道养护状况评定报告	工程管理部 / 根据岗位明确人员	根据要求明确时限
4	存在被要求整改情况的，应提供：	工程管理部 / 根据岗位明确人员	根据要求明确时限
4.1	书面整改通知书、报修记录	工程管理部 / 根据岗位明确人员	根据要求明确时限
4.2	项目公司整改处理报告、维修记录，附评定单位和 / 或实施机构签收或批准报告	工程管理部 / 根据岗位明确人员	根据要求明确时限
5	项目公司关于车行道日常检查、养护动态管理的文件，可以通过道路系统养护管理专项档案的形式确认（本档案不提交，备查）	工程管理部 / 根据岗位明确人员	根据要求明确时限

考核要点 54（合同约定）：道路系统—人行道。按《城镇道路养护技术规范》（CJJ 36—2016）关于人行道养护相关要求执行。

扣分要点（合同约定）：根据《城镇道路养护技术规范》（CJJ 36—2016），人行道养护状况评定结果为不及格的，每次扣1分。

指标分析：本项考核要点主要关注：人行道养护状况评定结果。该项要点可能延伸的考核要点在于，项目公司对人行道的日常养护记录。通常情况下，考核或管理都是从以上2个方面去考量。

综上，本项考核要点应按照表4–54档案清单，由责任部门、责任人在责任时限内完成，并妥善保存：

表 4–54 道路系统—人行道考核档案清单

文件序号	举证文件	责任部门/责任人	责任时间
1	项目公司关于人行道养护情况，以及是否存在评定不及格情况的说明（落款为项目公司，加盖公章）	工程管理部/根据岗位明确人员	根据要求明确时限
2	文件目录	工程管理部/根据岗位明确人员	根据要求明确时限
3	人行道养护状况评定报告	工程管理部/根据岗位明确人员	根据要求明确时限
4	存在被要求整改情况的，应提供：	工程管理部/根据岗位明确人员	根据要求明确时限

续表

文件序号	举证文件	责任部门 / 责任人	责任时间
4.1	书面整改通知书、报修记录	工程管理部 / 根据岗位明确人员	根据要求明确时限
4.2	项目公司整改处理报告、维修记录，附评定单位和 / 或实施机构签收或批准报告	工程管理部 / 根据岗位明确人员	根据要求明确时限
5	项目公司关于人行道日常检查、养护动态管理的文件，可以通过道路系统养护管理专项档案的形式确认（本档案不提交，备查）	工程管理部 / 根据岗位明确人员	根据要求明确时限

考核要点 55（合同约定）：道路系统—路基与排水设施。按《城镇道路养护技术规范》（CJJ 36—2016）关于路基与排水设施养护的相关要求执行。

扣分要点（合同约定）：根据《城镇道路养护技术规范》（CJJ 36—2016），路基与排水设施养护状况评定结果为不及格的，每次扣 1 分。

指标分析：本项考核要点主要关注：路基与排水设施养护状况评定结果。该项要点可能延伸的考核要点在于，项目公司对路基与排水设施的日常养护记录。通常情况下，考核或管理都是从以上 2 个方面去考量。

综上，本项考核要点应按照表 4–55 档案清单，由责任部门、责任人在责任时限内完成，并妥善保存：

表 4–55 道路系统—路基与排水设施考核档案清单

文件序号	举证文件	责任部门 / 责任人	责任时间
1	项目公司关于路基与排水设施养护情况，以及是否存在评定不及格情况的说明（落款为项目公司，加盖公章）	工程管理部 / 根据岗位明确人员	根据要求明确时限
2	文件目录	工程管理部 / 根据岗位明确人员	根据要求明确时限
3	路基与排水设施养护状况评定报告	工程管理部 / 根据岗位明确人员	根据要求明确时限
4	存在被要求整改情况的，应提供：	工程管理部 / 根据岗位明确人员	根据要求明确时限
4.1	书面整改通知书、报修记录	工程管理部 / 根据岗位明确人员	根据要求明确时限
4.2	项目公司整改处理报告、维修记录，附评定单位和 / 或实施机构签收或批准报告	工程管理部 / 根据岗位明确人员	根据要求明确时限
5	项目公司关于路基与排水设施日常检查、养护动态管理的文件，可以通过道路系统养护管理专项档案的形式确认（本档案不提交，备查）	工程管理部 / 根据岗位明确人员	根据要求明确时限

考核要点 56（合同约定）：道路系统—其他设施。按《城镇道路养护技术规范》（CJJ 36—2016）关于其他设施养护相关要求执行。

扣分要点（合同约定）：根据《城镇道路养护技术规范》（CJJ 36—2016），其他设施养护状况评定结果为不及格的，每次扣 1 分。

指标分析：本项考核要点主要关注：其他设施养护状况评定结果。该项要点可能延伸的考核要点在于，项目公司对其他设施的日常养护记录。通常情况下，考核或管理都是从以上 2 个方面去考量。

综上，本项考核要点应按照表 4–56 档案清单，由责任部门、责任人在责任时限内完成，并妥善保存：

表 4–56　道路系统—其他设施考核档案清单

文件序号	举证文件	责任部门 / 责任人	责任时间
1	项目公司关于其他设施养护情况，以及是否存在评定不及格情况的说明（落款为项目公司，加盖公章）	工程管理部 / 根据岗位明确人员	根据要求明确时限
2	文件目录	工程管理部 / 根据岗位明确人员	根据要求明确时限
3	其他设施养护状况评定报告	工程管理部 / 根据岗位明确人员	根据要求明确时限
4	存在被要求整改情况的，应提供：	工程管理部 / 根据岗位明确人员	根据要求明确时限

续表

文件序号	举证文件	责任部门/责任人	责任时间
4.1	书面整改通知书、报修记录	工程管理部/根据岗位明确人员	根据要求明确时限
4.2	项目公司整改处理报告、维修记录，附评定单位和/或实施机构签收或批准报告	工程管理部/根据岗位明确人员	根据要求明确时限
5	项目公司关于其他设施日常检查、养护动态管理的文件，可以通过道路系统养护管理专项档案的形式确认（本档案不提交，备查）	工程管理部/根据岗位明确人员	根据要求明确时限

考核要点 57（合同约定）：道路系统—技术档案。档案内容基本完整。

扣分要点（合同约定）：技术档案不完整的，每次扣 1 分。

指标分析：本项考核要点主要关注：档案管理的系统性、完整性和准确性，项目公司只要严格按照基础档案、专项档案和绩效考核档案执行即可。对应以上考核要点，项目公司整理输出建筑物维护管理专项档案、设备设施维护管理专项档案、道路系统养护管理专项档案（此处特指道路系统的技术档案，但是在实际考核中，建议延伸至其他专业类档案，使被考核内容没有盲点，如此更为妥当）。

综上，本项考核要点应按照表 4–57 档案清单，由责任部门、责任人在责任时限内完成，并妥善保存：

表 4–57　道路系统—技术档案考核档案清单

文件序号	举证文件	责任部门 / 责任人	责任时间
1	项目公司关于技术档案管理情况的说明，包括档案管理制度情况、档案管理人员配置安排情况、档案成果及动态检查记录情况等（落款为项目公司，加盖公章）	运营管理部 / 根据岗位明确人员	根据要求明确时限
2	文件目录	运营管理部 / 根据岗位明确人员	根据要求明确时限
3	建筑物维护管理专项档案	运营管理部 / 根据岗位明确人员	根据要求明确时限
4	设备设施维护管理专项档案	运营管理部 / 根据岗位明确人员	根据要求明确时限
5	道路系统养护管理专项档案	运营管理部 / 根据岗位明确人员	根据要求明确时限

考核要点 58（合同约定）：道路系统—安全保护。有专人看护。

扣分要点（合同约定）：缺少专人看护的，每次扣 1 分。

指标分析：本项考核要点主要关注：一是道路系统有专职人员看护；二是专职人员尽职履责实际看护；三是项目公司未出现责任不当问题。通常情况下，考核或管理都是从以上 3 个方面去考量。

综上，本项考核要点应按照表 4–58 档案清单，由责任部门、

责任人在责任时限内完成，并妥善保存：

表 4–58　道路系统—安全保护考核档案清单

文件序号	举证文件	责任部门／责任人	责任时间
1	项目公司关于安排专职人员看护情况的说明，包括人员安排情况、看护的要求情况，以及是否出现过责任不当问题情况等（落款为项目公司，加盖公章）	运营管理部／根据岗位明确人员	根据要求明确时限
2	文件目录	运营管理部／根据岗位明确人员	根据要求明确时限
3	项目公司正式发布的人员任命情况，附董事会正式批准的组织架构图	运营管理部／根据岗位明确人员	根据要求明确时限
4	专职看护人员岗位职责、对应管理制度，以及看护的管理记录（该管理记录可以通过道路系统养护管理专项档案的形式落实，效果最佳）	运营管理部／根据岗位明确人员	根据要求明确时限
5	协调实施机构出具的“项目未出现责任不当问题”的证明文件（落款为实施机构，加盖公章）	运营管理部／根据岗位明确人员	根据要求明确时限

考核要点 59（合同约定）：公用设施—给排水供应。给排水供应保持正常，无重大责任事故，及时抢修设施、管网故障、事故，无未及时处理故障而被居民投诉情况。

扣分要点（合同约定）：因项目公司给排水供应出现重大责任事故的，扣 5 分；项目公司存在设施、管网故障、事故未及时处理而被居民投诉情况的，扣 2 分。

指标分析：本项考核要点主要关注：一是项目公司是否出现过重大责任事故；二是项目公司是否存在突发情况未及时处理而导致的居民投诉。可能延伸的考核要点在于：公用设施（给排水部分）巡查维护记录；如果出现重大责任事故，项目公司如何处理的记录；如果出现居民投诉情况，项目公司如何处理的记录等。通常情况下，考核或管理都是从以上 3 个方面去考量。

综上，本项考核要点应按照表 4–59 档案清单，由责任部门、责任人在责任时限内完成，并妥善保存：

表 4–59　公用设施—给排水供应考核档案清单

文件序号	举证文件	责任部门 / 责任人	责任时间
1	项目公司关于保持给排水供应正常管理情况的说明，包括是否出现重大责任事故、是否被居民投诉，如果存在，是如何处理闭环的等情况（落款为项目公司，加盖公章）	运营管理部 / 根据岗位明确人员	根据要求明确时限
2	文件目录	运营管理部 / 根据岗位明确人员	根据要求明确时限
3	无重大责任事故的，请实施机构出具证明文件	运营管理部 / 根据岗位明确人员	根据要求明确时限
4	无居民投诉的，请实施机构出具证明文件	运营管理部 / 根据岗位明确人员	根据要求明确时限

续表

文件序号	举证文件	责任部门 / 责任人	责任时间
5	有重大责任事故的，附完整调查报告、处理报告，直至问题关闭	运营管理部 / 根据岗位明确人员	根据要求明确时限
6	有居民投诉的，附完整投诉记录、处理记录，直至问题关闭	运营管理部 / 根据岗位明确人员	根据要求明确时限
7	项目公司关于公用设施的日常巡查、维护管理的文件，可以通过公用设施维护管理专项档案的形式确认（本档案不提交，备查）	运营管理部 / 根据岗位明确人员	根据要求明确时限

考核要点 60（合同约定）：公用设施—电力供应。电力供应保持正常，无重大责任事故，及时抢修设施、管网故障、事故，无未及时处理故障而被居民投诉情况。

扣分要点（合同约定）：因项目公司电力供应出现重大责任事故的，扣 5 分；项目公司存在设施、管网故障、事故未及时处理而被居民投诉情况的，扣 2 分。

指标分析：本项考核要点主要关注：一是项目公司是否出现过重大责任事故；二是项目公司是否存在突发情况未及时处理而导致的居民投诉。可能延伸的考核要点在于：公用设施（电力供应）巡查维护记录；如果出现重大责任事故，项目公司如何处理的记录；如果出现居民投诉情况，项目公司如何处理的记录等。通常情况下，考核或管理都是从以上 3 个方面去考量。

综上，本项考核要点应按照表 4–60 档案清单，由责任部门、

责任人在责任时限内完成，并妥善保存：

表 4–60　公用设施—电力供应考核档案清单

文件序号	举证文件	责任部门 / 责任人	责任时间
1	项目公司关于保持电力供应正常管理情况的说明，包括是否出现重大责任事故、是否被居民投诉，如果存在，是如何处理闭环的等情况（落款为项目公司，加盖公章）	运营管理部 / 根据岗位明确人员	根据要求明确时限
2	文件目录	运营管理部 / 根据岗位明确人员	根据要求明确时限
3	无重大责任事故的，请实施机构出具证明文件	运营管理部 / 根据岗位明确人员	根据要求明确时限
4	无居民投诉的，请实施机构出具证明文件	运营管理部 / 根据岗位明确人员	根据要求明确时限
5	有重大责任事故的，附完整调查报告、处理报告，直至问题关闭	运营管理部 / 根据岗位明确人员	根据要求明确时限
6	有居民投诉的，附完整投诉记录、处理记录，直至问题关闭	运营管理部 / 根据岗位明确人员	根据要求明确时限
7	项目公司关于公用设施的日常巡查、维护管理的文件，可以通过公用设施维护管理专项档案的形式确认（本档案不提交，备查）	运营管理部 / 根据岗位明确人员	根据要求明确时限

考核要点 61（合同约定）：公用设施—道路照明。道路照明应保持正常，无重大责任事故，及时抢修设施、管网故障、事故，无未及时处理故障而被居民投诉情况。

扣分要点（合同约定）：因项目公司道路照明出现重大责任事故的，扣 5 分；项目公司存在设施、管网故障、事故未及时处理而被居民投诉情况的，扣 2 分。

指标分析：本项考核要点主要关注：一是项目公司是否出现过重大责任事故；二是项目公司是否存在突发情况未及时处理而导致的居民投诉。可能延伸的考核要点在于：公用设施（道路照明部分）巡查维护记录；如果出现重大责任事故，项目公司如何处理的记录；如果出现居民投诉情况，项目公司如何处理的记录等。通常情况下，考核或管理都是从以上 3 个方面去考量。

综上，本项考核要点应按照表 4–61 档案清单，由责任部门、责任人在责任时限内完成，并妥善保存：

表 4–61 公用设施—道路照明考核档案清单

文件序号	举证文件	责任部门 / 责任人	责任时间
1	项目公司关于保持道路照明运行正常管理情况的说明，包括是否出现重大责任事故、是否被居民投诉，如果存在，是如何处理闭环的等情况（落款为项目公司，加盖公章）	运营管理部 / 根据岗位明确人员	根据要求明确时限
2	文件目录	运营管理部 / 根据岗位明确人员	根据要求明确时限

续表

文件序号	举证文件	责任部门/责任人	责任时间
3	无重大责任事故的，请实施机构出具证明文件	运营管理部/根据岗位明确人员	根据要求明确时限
4	无居民投诉的，请实施机构出具证明文件	运营管理部/根据岗位明确人员	根据要求明确时限
5	有重大责任事故的，附完整调查报告、处理报告，直至问题关闭	运营管理部/根据岗位明确人员	根据要求明确时限
6	有居民投诉的，附完整投诉记录、处理记录，直至问题关闭	运营管理部/根据岗位明确人员	根据要求明确时限
7	项目公司关于公用设施的日常巡查、维护管理的文件，可以通过公用设施维护管理专项档案的形式确认（本档案不提交，备查）	运营管理部/根据岗位明确人员	根据要求明确时限

考核要点62（合同约定）：公用设施—污水管网。污水管网运行应无重大责任事故，及时抢修设施、管网故障、事故，无未及时处理故障而被居民投诉情况。

扣分要点（合同约定）：因项目公司污水管网出现重大责任事故的，扣5分；项目公司存在设施、管网故障、事故未及时处理而被居民投诉情况的，扣2分。

指标分析：本项考核要点主要关注：一是项目公司是否出现

过重大责任事故；二是项目公司是否存在突发情况未及时处理而导致的居民投诉。可能延伸的考核要点在于：公用设施（污水管网）巡查维护记录；如果出现重大责任事故，项目公司如何处理的记录；如果出现居民投诉情况，项目公司如何处理的记录等。通常情况下，考核或管理都是从以上 3 个方面去考量。

综上，本项考核要点应按照表 4–62 档案清单，由责任部门、责任人在责任时限内完成，并妥善保存：

表 4–62 公用设施—污水管网运行考核档案清单

文件序号	举证文件	责任部门 / 责任人	责任时间
1	项目公司关于保持污水管网运行正常管理情况的说明，包括是否出现重大责任事故，是否被居民投诉，如果存在，是如何处理闭环的等情况（落款为项目公司，加盖公章）	运营管理部 / 根据岗位明确人员	根据要求明确时限
2	文件目录	运营管理部 / 根据岗位明确人员	根据要求明确时限
3	无重大责任事故的，请实施机构出具证明文件	运营管理部 / 根据岗位明确人员	根据要求明确时限
4	无居民投诉的，请实施机构出具证明文件	运营管理部 / 根据岗位明确人员	根据要求明确时限
5	有重大责任事故的，附完整调查报告、处理报告，直至问题关闭	运营管理部 / 根据岗位明确人员	根据要求明确时限

续表

文件序号	举证文件	责任部门/责任人	责任时间
6	有居民投诉的，附完整投诉记录、处理记录，直至问题关闭	运营管理部/根据岗位明确人员	根据要求明确时限
7	项目公司关于公用设施的日常巡查、维护管理的文件，可以通过公用设施维护管理专项档案的形式确认（本档案不提交，备查）	运营管理部/根据岗位明确人员	根据要求明确时限

考核要点 63（合同约定）：园林绿化—树木。按《园林绿化养护标准》（CJJ/T 287—2018）附录 A 树木养护质量三级标准。

扣分要点（合同约定）：按《园林绿化养护标准》（CJJ/T 287—2018）附录 A 树木养护质量三级标准，项目公司每违反 1 条，扣 0.1 分。

指标分析：本项考核要点主要关注：树木养护状况评定结果。该项要点可能延伸的考核要点在于，项目公司对树木的日常养护记录。通常情况下，考核或管理都是从以上 2 个方面去考量。

综上，本项考核要点应按照表 4–63 档案清单，由责任部门、责任人在责任时限内完成，并妥善保存：

表 4–63　园林绿化—树木考核档案清单

文件序号	举证文件	责任部门/责任人	责任时间
1	项目公司关于树木养护情况，以及是否存在评定不及格情况的说明（落款为项目公司，加盖公章）	运营管理部/根据岗位明确人员	根据要求明确时限

续表

文件序号	举证文件	责任部门 / 责任人	责任时间
2	文件目录	运营管理部 / 根据岗位明确人员	根据要求明确时限
3	树木养护状况评定报告	运营管理部 / 根据岗位明确人员	根据要求明确时限
4	存在被要求整改情况的，应提供：	运营管理部 / 根据岗位明确人员	根据要求明确时限
4.1	书面整改通知书、报修记录	运营管理部 / 根据岗位明确人员	根据要求明确时限
4.2	项目公司整改处理报告、养护记录，附评定单位和 / 或实施机构签收或批准报告	运营管理部 / 根据岗位明确人员	根据要求明确时限
5	项目公司关于树木日常检查、养护动态管理的文件，可以通过园林绿化养护管理专项档案的形式确认（本档案不提交，备查）	运营管理部 / 根据岗位明确人员	根据要求明确时限

考核要点 64（合同约定）：园林绿化—花卉。按《园林绿化养护标准》（CJJ/T 287—2018）附录 B 花卉养护质量三级标准。

扣分要点（合同约定）：按《园林绿化养护标准》（CJJ/T 287—2018）附录 B 花卉养护质量三级标准，项目公司每违反 1 条，扣 0.1 分。

指标分析：本项考核要点主要关注：花卉养护状况评定结果。该项要点可能延伸的考核要点在于，项目公司对花卉的日常养护记录。通常情况下，考核或管理都是从以上 2 个方面去考量。

综上，本项考核要点应按照表 4–64 档案清单，由责任部门、责任人在责任时限内完成，并妥善保存：

表 4–64 园林绿化—花卉考核档案清单

文件序号	举证文件	责任部门 / 责任人	责任时间
1	项目公司关于花卉养护情况，以及是否存在评定不及格情况的说明（落款为项目公司，加盖公章）	运营管理部 / 根据岗位明确人员	根据要求明确时限
2	文件目录	运营管理部 / 根据岗位明确人员	根据要求明确时限
3	花卉养护状况评定报告	运营管理部 / 根据岗位明确人员	根据要求明确时限
4	存在被要求整改情况的，应提供：	运营管理部 / 根据岗位明确人员	根据要求明确时限
4.1	书面整改通知书、报修记录	运营管理部 / 根据岗位明确人员	根据要求明确时限
4.2	项目公司整改处理报告、养护记录，附评定单位和 / 或实施机构签收或批准报告	运营管理部 / 根据岗位明确人员	根据要求明确时限

续表

文件序号	举证文件	责任部门/责任人	责任时间
5	项目公司关于花卉日常检查、养护动态管理的文件，可以通过园林绿化养护管理专项档案的形式确认（本档案不提交，备查）	运营管理部/根据岗位明确人员	根据要求明确时限

考核要点 65（合同约定）：园林绿化—草坪。按《园林绿化养护标准》（CJJ/T 287—2018）附录 C 草坪养护质量三级标准。

扣分要点（合同约定）：按《园林绿化养护标准》（CJJ/T 287—2018）附录C草坪养护质量三级标准，项目公司每违反1条，扣0.1分。

指标分析：本项考核要点主要关注：草坪养护状况评定结果。该项要点可能延伸的考核要点在于，项目公司对草坪的日常养护记录。通常情况下，考核或管理都是从以上2个方面去考量。

综上，本项考核要点应按照表4-65档案清单，由责任部门、责任人在责任时限内完成，并妥善保存：

表 4-65 园林绿化—草坪考核档案清单

文件序号	举证文件	责任部门/责任人	责任时间
1	项目公司关于草坪养护情况，以及是否存在评定不及格情况的说明（落款为项目公司，加盖公章）	运营管理部/根据岗位明确人员	根据要求明确时限
2	文件目录	运营管理部/根据岗位明确人员	根据要求明确时限

续表

文件序号	举证文件	责任部门 / 责任人	责任时间
3	草坪养护状况评定报告	运营管理部 / 根据岗位明确人员	根据要求明确时限
4	存在被要求整改情况的，应提供：	运营管理部 / 根据岗位明确人员	根据要求明确时限
4.1	书面整改通知书、报修记录	运营管理部 / 根据岗位明确人员	根据要求明确时限
4.2	项目公司整改处理报告、养护记录，附评定单位和 / 或实施机构签收或批准报告	运营管理部 / 根据岗位明确人员	根据要求明确时限
5	项目公司关于草坪日常检查、养护动态管理的文件，可以通过园林绿化养护管理专项档案的形式确认（本档案不提交，备查）	运营管理部 / 根据岗位明确人员	根据要求明确时限

考核要点 66（合同约定）：园林绿化—地被。按《园林绿化养护标准》（CJJ/T 287—2018）附录 D 地被养护质量三级标准。

扣分要点（合同约定）：按《园林绿化养护标准》（CJJ/T 287—2018）附录 D 地被养护质量三级标准，项目公司每违反 1 条，扣 0.1 分。

指标分析：本项考核要点主要关注：地被养护状况评定结果。该项要点可能延伸的考核要点在于，项目公司对地被的日常养护记录。通常情况下，考核或管理都是从以上 2 个方面去考量。

综上，本项考核要点应按照表 4–66 档案清单，由责任部门、责任人在责任时限内完成，并妥善保存：

表 4–66 园林绿化—地被考核档案清单

文件序号	举证文件	责任部门 / 责任人	责任时间
1	项目公司关于地被养护情况，以及是否存在评定不及格情况的说明（落款为项目公司，加盖公章）	运营管理部 / 根据岗位明确人员	根据要求明确时限
2	文件目录	运营管理部 / 根据岗位明确人员	根据要求明确时限
3	地被养护状况评定报告	运营管理部 / 根据岗位明确人员	根据要求明确时限
4	存在被要求整改情况的，应提供：	运营管理部 / 根据岗位明确人员	根据要求明确时限
4.1	书面整改通知书、报修记录	运营管理部 / 根据岗位明确人员	根据要求明确时限
4.2	项目公司整改处理报告、养护记录，附评定单位和 / 或实施机构签收或批准报告	运营管理部 / 根据岗位明确人员	根据要求明确时限
5	项目公司关于地被日常检查、养护动态管理的文件，可以通过园林绿化养护管理专项档案的形式确认（本档案不提交，备查）	运营管理部 / 根据岗位明确人员	根据要求明确时限

考核要点 67（合同约定）：园林绿化—水生植物。按《园林绿化养护标准》（CJJ/T 287—2018）附录 E 水生植物养护质量三级标准。

扣分要点（合同约定）：按《园林绿化养护标准》（CJJ/T 287—2018）附录 E 水生植物养护质量三级标准，项目公司每违反 1 条，扣 0.1 分。

指标分析：本项考核要点主要关注：水生植物养护状况评定结果。该项要点可能延伸的考核要点在于，项目公司对水生植物的日常养护记录。通常情况下，考核或管理都是从以上 2 个方面去考量。

综上，本项考核要点应按照表 4–67 档案清单，由责任部门、责任人在责任时限内完成，并妥善保存：

表 4–67　园林绿化—水生植物考核档案清单

文件序号	举证文件	责任部门 / 责任人	责任时间
1	项目公司关于水生植物养护情况，以及是否存在评定不及格情况的说明（落款为项目公司，加盖公章）	运营管理部 / 根据岗位明确人员	根据要求明确时限
2	文件目录	运营管理部 / 根据岗位明确人员	根据要求明确时限
3	水生植物养护状况评定报告	运营管理部 / 根据岗位明确人员	根据要求明确时限

续表

文件序号	举证文件	责任部门 / 责任人	责任时间
4	存在被要求整改情况的，应提供：	运营管理部 / 根据岗位明确人员	根据要求明确时限
4.1	书面整改通知书、报修记录	运营管理部 / 根据岗位明确人员	根据要求明确时限
4.2	项目公司整改处理报告、养护记录，附评定单位和 / 或实施机构签收或批准报告	运营管理部 / 根据岗位明确人员	根据要求明确时限
5	项目公司关于水生植物日常检查、养护动态管理的文件，可以通过园林绿化养护管理专项档案的形式确认（本档案不提交，备查）	运营管理部 / 根据岗位明确人员	根据要求明确时限

考核要点 68（合同约定）：园林绿化—竹类。按《园林绿化养护标准》（CJJ/T 287—2018）附录 F 竹类养护质量三级标准。

扣分要点（合同约定）：按《园林绿化养护标准》（CJJ/T 287—2018）附录 F 竹类养护质量三级标准，项目公司每违反 1 条，扣 0.1 分。

指标分析：本项考核要点主要关注：竹类养护状况评定结果。该项要点可能延伸的考核要点在于，项目公司对竹类的日常养护记录。通常情况下，考核或管理都是从以上 2 个方面去考量。

综上，本项考核要点应按照表 4–68 档案清单，由责任部门、责任人在责任时限内完成，并妥善保存：

表 4–68　园林绿化—竹类考核档案清单

文件序号	举证文件	责任部门 / 责任人	责任时间
1	项目公司关于竹类养护情况，以及是否存在评定不及格情况的说明（落款为项目公司，加盖公章）	运营管理部 / 根据岗位明确人员	根据要求明确时限
2	文件目录	运营管理部 / 根据岗位明确人员	根据要求明确时限
3	竹类养护状况评定报告	运营管理部 / 根据岗位明确人员	根据要求明确时限
4	存在被要求整改情况的，应提供：	运营管理部 / 根据岗位明确人员	根据要求明确时限
4.1	书面整改通知书、报修记录	运营管理部 / 根据岗位明确人员	根据要求明确时限
4.2	项目公司整改处理报告、养护记录，附评定单位和 / 或实施机构签收或批准报告	运营管理部 / 根据岗位明确人员	根据要求明确时限
5	项目公司关于竹类日常检查、养护动态管理的文件，可以通过园林绿化养护管理专项档案的形式确认（本档案不提交，备查）	运营管理部 / 根据岗位明确人员	根据要求明确时限

考核要点 69（合同约定）：园林绿化—清洁保持。整体环境较干净、整洁，垃圾杂物日产日清。

扣分要点（合同约定）：整体环境较差，垃圾杂物不能日清的，每次扣 0.1 分。

指标分析：本项考核要点主要关注：一是项目公司保持现场清洁，在考核时考核人员可以现场检查；二是项目公司有经过批准正式发布的清洁管理制度、办法；三是项目公司有完整的清洁管理记录。该项考核要点可能延伸的考核点在于，清洁保持的人员配置安排情况。通常情况下，考核或管理都是从以上 4 个方面去考量。

综上，本项考核要点应按照表 4–69 档案清单，由责任部门、责任人在责任时限内完成，并妥善保存：

表 4–69　园林绿化—清洁保持考核档案清单

文件序号	举证文件	责任部门 / 责任人	责任时间
1	项目公司关于清洁保持管理情况的说明，包括管理制度情况、人员配置安排情况、动态检查记录情况等（落款为项目公司，加盖公章）	运营管理部 / 根据岗位明确人员	根据要求明确时限
2	文件目录	运营管理部 / 根据岗位明确人员	根据要求明确时限
3	清洁保持管理制度、办法，附董事会决议、项目公司正式发布的文件（红头文件）	运营管理部 / 根据岗位明确人员	根据要求明确时限

续表

文件序号	举证文件	责任部门 / 责任人	责任时间
4	清洁保持人员组织安排情况，如组织架构图、人员花名册、社保缴纳情况、外包服务合同等（本档案不提交，备查）	运营管理部 / 根据岗位明确人员	根据要求明确时限
5	项目公司关于清洁保持的日常清洁、检查、考核动态管理的文件，可以通过园林绿化养护管理专项档案的形式确认（本档案不提交，备查）	运营管理部 / 根据岗位明确人员	根据要求明确时限

考核要点 70（合同约定）：园林绿化—附属设施。附属设施安全，基本完整，能进行维护。

扣分要点（合同约定）：附属设施维护不当的，每次扣 0.1 分。

指标分析：本项考核要点主要关注：附属设施维护状况评定结果。该项要点可能延伸的考核要点在于，项目公司对附属设施的日常维护记录。通常情况下，考核或管理都是从以上 2 个方面去考量。

综上，本项考核要点应按照表 4–70 档案清单，由责任部门、责任人在责任时限内完成，并妥善保存：

表 4–70　园林绿化—附属设施考核档案清单

文件序号	举证文件	责任部门 / 责任人	责任时间
1	项目公司关于附属设施维护情况，以及是否存在评定不及格情况、维护不及时情况的说明（落款为项目公司，加盖公章）	工程管理部 / 根据岗位明确人员	根据要求明确时限

续表

文件序号	举证文件	责任部门 / 责任人	责任时间
2	文件目录	工程管理部 / 根据岗位明确人员	根据要求明确时限
3	附属设施维护状况评定报告	工程管理部 / 根据岗位明确人员	根据要求明确时限
4	存在被要求整改情况的，应提供：	工程管理部 / 根据岗位明确人员	根据要求明确时限
4.1	书面整改通知书、报修记录	工程管理部 / 根据岗位明确人员	根据要求明确时限
4.2	项目公司整改处理报告、维修记录，附评定单位和 / 或实施机构签收或批准报告	工程管理部 / 根据岗位明确人员	根据要求明确时限
5	项目公司关于附属设施日常检查、维护动态管理的文件，可以通过园林绿化养护管理专项档案的形式确认（本档案不提交，备查）	工程管理部 / 根据岗位明确人员	根据要求明确时限

考核要点 71（合同约定）：园林绿化—景观水体。景观水体安全，水面无明显杂物，驳岸无明显缺损。

扣分要点（合同约定）：景观水体维护不当的，每次扣 0.1 分。

指标分析：本项考核要点主要关注：一是景观水体现场确实保持清洁，在考核时考核人员可以现场检查；二是项目公司有经过批准正式发布的景观水体清洁管理制度、办法；三是项目公司有完整的景观水体清洁管理记录。可能延伸的考核点在于，景观水体清洁保持的人员配置安排情况。通常情况下，考核或管理都是从以上 4 个方面去考量。

综上，本项考核要点应按照表 4–71 档案清单，由责任部门、责任人在责任时限内完成，并妥善保存：

表 4–71　园林绿化—景观水体考核档案清单

文件序号	举证文件	责任部门 / 责任人	责任时间
1	项目公司关于景观水体清洁保持管理情况的说明，包括管理制度情况、人员配置安排情况、动态检查记录情况等（落款为项目公司，加盖公章）	运营管理部 / 根据岗位明确人员	根据要求明确时限
2	文件目录	运营管理部 / 根据岗位明确人员	根据要求明确时限
3	景观水体清洁保持管理制度、办法，附董事会决议、项目公司正式发布的文件（红头文件）	运营管理部 / 根据岗位明确人员	根据要求明确时限
4	景观水体清洁保持人员组织安排情况，如组织架构图、人员花名册、社保缴纳情况、外包服务合同等（本档案不提交，备查）	运营管理部 / 根据岗位明确人员	根据要求明确时限
5	项目公司关于景观水体清洁保持的日常清洁、检查、考核动态管理的文件，可以通过园林绿化养护管理专项档案的形式确认（本档案不提交，备查）	运营管理部 / 根据岗位明确人员	根据要求明确时限

考核要点 72（合同约定）：园林绿化—技术档案。档案内容基本完整。

扣分要点（合同约定）：技术档案不完整的，每次扣 0.1 分。

指标分析：本项考核要点主要关注：档案管理的系统性、完整性和准确性。项目公司只要严格按照基础档案、专项档案和绩效考核档案执行即可。对应以上考核要点，项目公司整理输出园林绿化养护管理专项档案（此处特指园林绿化的技术档案，但是在实际考核中，建议延伸至其他专业类档案，使被考核内容没有盲点，如此更为妥当）。

综上，本项考核要点应按照表 4–72 档案清单，由责任部门、责任人在责任时限内完成，并妥善保存：

表 4–72 园林绿化—技术档案考核档案清单

文件序号	举证文件	责任部门 / 责任人	责任时间
1	项目公司关于技术档案管理情况的说明，包括档案管理制度情况、档案管理人员配置安排情况、档案成果及动态检查记录情况等（落款为项目公司，加盖公章）	运营管理部 / 根据岗位明确人员	根据要求明确时限
2	文件目录	运营管理部 / 根据岗位明确人员	根据要求明确时限
3	园林绿化养护管理专项档案，内容包含树木、花卉、草坪、地被、水生植物、竹类、清洁保持、附属设施、景观水体的管理情况，可以分别用单独章节展现，如此最为清晰	运营管理部 / 根据岗位明确人员	根据要求明确时限

考核要点 73（合同约定）：园林绿化—安全保护。有专人看护。

扣分要点（合同约定）：缺少专人看护的，每次扣 0.1 分。

指标分析：本项考核要点主要关注：一是园林绿化有专职人员看护；二是专职人员尽职履责实际看护；三是项目公司未出现责任不当问题。

综上，本项考核要点应按照表 4–73 档案清单，由责任部门、责任人在责任时限内完成，并妥善保存：

表 4–73　园林绿化—安全保护考核档案清单

文件序号	举证文件	责任部门 / 责任人	责任时间
1	项目公司关于安排专职人员看护情况的说明，包括人员安排情况、看护的要求情况，以及是否出现过责任不当问题情况等（落款为项目公司，加盖公章）	运营管理部 / 根据岗位明确人员	根据要求明确时限
2	文件目录	运营管理部 / 根据岗位明确人员	根据要求明确时限
3	项目公司正式发布的人员任命情况，附董事会正式批准的组织架构图	运营管理部 / 根据岗位明确人员	根据要求明确时限
4	专职看护人员岗位职责、对应管理制度，以及看护的管理记录（该管理记录可以通过园林绿化养护管理专项档案的形式落实，效果最佳）	运营管理部 / 根据岗位明确人员	根据要求明确时限

续表

文件序号	举证文件	责任部门/责任人	责任时间
5	协调实施机构出具的“项目未出现责任不当问题”的证明文件（落款为实施机构，加盖公章）	运营管理部/根据岗位明确人员	根据要求明确时限

考核要点74（合同约定）：日常管理—日常巡检。项目公司应按照有关要求，配备相应的维护人员；对巡检人员进行巡检培训；建立日常巡检制度，做好日常巡检记录；巡检人员应采取防护措施，应配备防护装备。

扣分要点（合同约定）：项目公司没有配备相应的维护人员的，扣2分；项目公司没有对巡检人员进行巡检培训的，扣1分；项目公司没有建立日常巡检制度，没有日常巡检记录的，扣0.5分；巡检人员没有采取防护措施，配备防护装备的，扣0.5分。

指标分析：本项考核要点主要关注：一是项目公司是否配备了适当的维护人员；二是维护人员是否经过培训上岗，是否持续接受相关专业培训；三是项目公司是否建立了巡检制度，该制度是否经过正式发布；四是日常巡检记录是否妥善保存；五是巡检人员的防护装备是否配备，在巡检时是否妥善采取防护措施。通常情况下，考核或管理都是从以上5个方面去考量。

综上，本项考核要点应按照表4–74档案清单，由责任部门、责任人在责任时限内完成，并妥善保存：

表 4–74　日常管理—日常巡检考核档案清单

文件序号	举证文件	责任部门 / 责任人	责任时间
1	项目公司关于日常巡检管理情况的说明，包括维护人员的配备情况、维护人员培训上岗情况、其他专业培训情况、巡检管理制度情况、日常巡检记录情况、巡检防护装备配备情况，以及防护措施执行情况等（落款为项目公司，加盖公章）	运营管理部 / 根据岗位明确人员	根据要求明确时限
2	文件目录	运营管理部 / 根据岗位明确人员	根据要求明确时限
3	项目公司正式发布的组织架构、任命文件（含维护人员情况）	运营管理部 / 根据岗位明确人员	根据要求明确时限
4	维护人员培训上岗记录、历次培训记录（培训通知、课件材料、签到表、培训照片等）	运营管理部 / 根据岗位明确人员	根据要求明确时限
5	日常巡检管理专项档案	运营管理部 / 根据岗位明确人员	根据要求明确时限
6	巡检防护装备配备记录（采购记录、领用记录、库存记录）	运营管理部 / 根据岗位明确人员	根据要求明确时限
7	巡检防护措施执行情况（培训记录、检查记录、整改记录）	运营管理部 / 根据岗位明确人员	根据要求明确时限

考核要点 75（合同约定）：日常管理一安全管理。项目公司应建立安全作业规则，使工作人员入职得到相关培训并保障工作人员的安全；制订安全检查计划，并定期开展安全隐患排查工作。

扣分要点（合同约定）：项目公司没有建立安全作业规则的，扣 2 分；项目公司工作人员入职没有相关培训的，扣 1 分；项目公司没有制订安全检查计划的，扣 2 分；项目公司没有定期开展安全隐患排查工作的，扣 2 分。

指标分析：本项考核要点主要关注：一是项目公司是否建立了安全管理制度（含安全作业规则），该制度是否经过正式发布；二是项目公司是否全员开展了入职安全培训，是否全员持续接受相关安全培训；三是项目公司是否定期开展安全检查工作，相关问题是否及时整改闭环。可能延伸的考核要点是，项目公司是否建立了应急安全预案，并定期开展应急安全预案演练。通常情况下，考核或管理都是从以上 4 个方面去考量。

综上，本项考核要点应按照表 4–75 档案清单，由责任部门、责任人在责任时限内完成，并妥善保存：

表 4–75 日常管理一安全管理考核档案清单

文件序号	举证文件	责任部门 / 责任人	责任时间
1	项目公司关于安全管理情况的说明，包括安全管理制度建立情况（含安全作业规则），工作人员入职安全培训情况、后续安全培训情况，定期安全检查情况，以及发现的问题整改闭环情况等（落款为项目公司，加盖公章）	运营管理部 / 根据岗位明确人员	根据要求明确时限

续表

文件序号	举证文件	责任部门/责任人	责任时间
2	文件目录	运营管理部/根据岗位明确人员	根据要求明确时限
3	安全管理制度（含安全作业规则），附董事会决议、项目公司正式发布的文件（红头文件）	运营管理部/根据岗位明确人员	根据要求明确时限
4	作业人员入职安全培训记录、历次安全培训记录（培训通知、课件材料、签到表、培训照片等）	运营管理部/根据岗位明确人员	根据要求明确时限
5	项目公司HSE管理专项档案（运营期）（含安全检查方案、计划、检查情况、整改情况等）	运营管理部/根据岗位明确人员	根据要求明确时限

考核要点76（合同约定）：日常管理—应急处理。项目公司应制订关于消防、水管爆裂、燃气泄漏、防盗窃等突发事件的应急预案，在突发事件发生后的10分钟内，项目公司应当及时通知有关管线单位进行抢修等处理。

扣分要点（合同约定）：项目公司没有制订关于消防、水管爆裂、燃气泄漏、防盗窃等突发事件的应急预案的，扣2分；在突发事件发生后的10分钟内，项目公司没有及时通知有关管线单位进行抢修等处理的，扣1分。

指标分析：本项考核要点主要关注：一是项目公司是否建立了应急安全预案，并定期开展应急安全预案演练；二是如果发生突发事件，项目公司是否及时处置。可能延伸的考核要点是，如果发生突发事件，项目公司能否妥善处置完毕，形成闭环。通常情况下，考核或管理都是从以上 3 个方面去考量。

综上，本项考核要点应按照表 4–76 档案清单，由责任部门、责任人在责任时限内完成，并妥善保存：

表 4–76　日常管理—应急处理考核档案清单

文件序号	举证文件	责任部门 / 责任人	责任时间
1	项目公司关于应急处理管理情况的说明，包括应急预案的建立情况、定期演练情况，应急事件的发生情况、及时处置情况，以及处置完成情况等（落款为项目公司，加盖公章）	运营管理部 / 根据岗位明确人员	根据要求明确时限
2	文件目录	运营管理部 / 根据岗位明确人员	根据要求明确时限
3	经批准的应急安全预案，以及应急安全预案演练记录	运营管理部 / 根据岗位明确人员	根据要求明确时限
4	突发事件说明，及时通知相关单位情况，附相关证明	运营管理部 / 根据岗位明确人员	根据要求明确时限
5	实施机构的证明文件（建议）	运营管理部 / 根据岗位明确人员	根据要求明确时限
6	突发事件完整处置记录（本档案不提交，备查）	运营管理部 / 根据岗位明确人员	根据要求明确时限

考核要点 77（合同约定）：日常管理—备品备件管理。项目公司的备品备件和应急物资的种类和数量应满足相应的需求。

扣分要点（合同约定）：项目公司的备品备件和应急物资的种类和数量无法满足相应的需求的，扣 2 分。

指标分析：本项考核要点主要关注：一是项目公司确认的备品备件和应急物资应当准备的种类与数量；二是项目公司备品备件和应急物资的存货是否满足要求。可能延伸的考核要点在于，项目公司有没有妥善管理，使备品备件和应急物资的库存持续受控，满足规定要求。通常情况下，考核或管理都是从以上 3 个方面去考量。

综上，本项考核要点应按照表 4–77 档案清单，由责任部门、责任人在责任时限内完成，并妥善保存：

表 4–77　日常管理—备品备件管理考核档案清单

文件序号	举证文件	责任部门 / 责任人	责任时间
1	项目公司关于备品备件和应急物资情况的说明，包括规定要求情况、实际库存情况，以及动态管理情况等（落款为项目公司，加盖公章）	运营管理部 / 根据岗位明确人员	根据要求明确时限
2	文件目录	运营管理部 / 根据岗位明确人员	根据要求明确时限
3	关于备品备件和应急物资的种类与数量要求，如投融资项目合同约定、经批准的运营维护服务方案要求等，附实施机构批准文件	运营管理部 / 根据岗位明确人员	根据要求明确时限

续表

文件序号	举证文件	责任部门 / 责任人	责任时间
4	项目公司备品备件和应急物资库存清单	运营管理部 / 根据岗位明确人员	根据要求明确时限
5	经正式发布的备品备件和应急物资管理制度，附董事会决议文件、正式发布文件、历次升版更新记录，以及动态管理记录等（购买记录、入库记录、使用出库记录、库存记录，本档案不提交，备查）	运营管理部 / 根据岗位明确人员	根据要求明确时限

考核要点 78（合同约定）：日常管理一清洁保持。项目设施及附属工程应保持整洁。

扣分要点（合同约定）：根据实际情况扣分（扣 2 分以内）。

指标分析：本项考核要点主要关注：一是项目公司保持现场清洁，在考核时考核人员可以现场检查；二是项目公司有经过批准正式发布的清洁管理制度、办法；三是项目公司有完整的清洁管理记录。可能延伸的考核点在于，清洁保持的人员配置安排情况。通常情况下，考核或管理都是从以上 4 个方面去考量。

综上，本项考核要点应按照表 4–78 档案清单，由责任部门、责任人在责任时限内完成，并妥善保存：

表 4–78　日常管理—清洁保持考核档案清单

文件序号	举证文件	责任部门 / 责任人	责任时间
1	项目公司关于项目设施及附属工程清洁保持管理情况的说明，包括管理制度情况、人员配置安排情况、动态检查记录情况等（落款为项目公司，加盖公章）	运营管理部 / 根据岗位明确人员	根据要求明确时限
2	文件目录	运营管理部 / 根据岗位明确人员	根据要求明确时限
3	清洁保持管理制度、办法，附董事会决议、项目公司正式发布的文件（红头文件）	运营管理部 / 根据岗位明确人员	根据要求明确时限
4	清洁保持人员组织安排情况，如组织架构图、人员花名册、社保缴纳情况、外包服务合同等（本档案不提交，备查）	运营管理部 / 根据岗位明确人员	根据要求明确时限
5	项目公司关于清洁保持的日常清洁、检查、考核动态管理的文件，可以通过清洁养护管理专项档案（项目设施及附属工程）的形式确认（本档案不提交，备查）	运营管理部 / 根据岗位明确人员	根据要求明确时限

2.5　考核分类：项目公司运营维护绩效考核

考核要点 79（合同约定）：公司管理—规章制度。项目公司应明确公司各部门组织构架，职责描述和岗位制度等相关规章制度。

扣分要点（合同约定）：项目公司不执行或未建立制度的，

扣0.2分；制度不完善的，每项问题扣0.1分；管理制度违反法律法规的，扣0.5分；对于上述情况给予5个工作日的整改时间，项目公司整改到位的不加扣分，未整改或整改不到位的加扣2分。

指标分析：本项考核要点主要关注：一是项目公司是否建立了完整的组织架构；二是项目公司各岗位职责与要求是否清晰；三是项目公司是否建立了完整的基本管理制度；四是该管理制度有没有经过正式发布；五是项目公司有没有严格遵照执行；六是项目公司有没有定期升版更新，以适配管理所需。通常情况下，考核或管理都是从以上6个方面去考量。

综上，本项考核要点应按照表4–79档案清单，由责任部门、责任人在责任时限内完成，并妥善保存：

表4–79 公司管理—规章制度考核档案清单

文件序号	举证文件	责任部门/责任人	责任时间
1	项目公司关于组织架构搭设、部门和岗位设置，以及制度管理情况的说明，其中，制度管理情况包括制度建立情况、执行情况、升版情况等（落款为项目公司，加盖公章）	综合管理部/根据岗位明确人员	根据要求明确时限
2	文件目录	综合管理部/根据岗位明确人员	根据要求明确时限
3	项目公司组织架构、部门配置、岗位职责文件（该文件通常在董事会管理专项档案中调取）	综合管理部/根据岗位明确人员	根据要求明确时限

续表

文件序号	举证文件	责任部门 / 责任人	责任时间
4	项目公司基本管理制度文件，附董事会决议文件、项目公司正式发布的通知（红头文件）	综合管理部 / 根据岗位明确人员	根据要求明确时限
5	项目公司对基本管理制度的历次升版更新记录	综合管理部 / 根据岗位明确人员	根据要求明确时限
6	项目公司遵照执行的管理记录，即各专项档案（本档案不提交，备查）	综合管理部 / 根据岗位明确人员	根据要求明确时限
7	存在被要求整改情况的，应提供：	综合管理部 / 根据岗位明确人员	根据要求明确时限
7.1	书面整改要求通知	综合管理部 / 根据岗位明确人员	根据要求明确时限
7.2	项目公司整改处理报告，附评定单位和 / 或实施机构签收或批准报告	综合管理部 / 根据岗位明确人员	根据要求明确时限
8	整改事件处理经验教训，以及项目公司采取的进一步措施办法与避免同类问题再次发生的具体工作方案等（本档案不提交，备查）	综合管理部 / 根据岗位明确人员	根据要求明确时限

考核要点 80（合同约定）：公司管理—财务管理。项目公司应严格贯彻执行国家、地方有关的财务管理制度。

扣分要点（合同约定）：项目公司不执行或未建立制度的，

扣 0.2 分；制度不完善的，每项问题扣 0.1 分；管理制度违反法律法规的，扣 0.5 分；对于上述情况给予 5 个工作日的整改时间，项目公司整改到位的不加扣分，未整改或整改不到位的加扣 2 分。

指标分析：本项考核要点主要关注：一是项目公司有没有建立适当的、完善的财务管理制度；二是该管理制度有没有经过正式发布；三是项目公司有没有严格遵照执行；四是项目公司有没有定期升版更新，以适配管理所需。通常情况下，考核或管理都是从以上 4 个方面去考量。

综上，本项考核要点应按照表 4–80 档案清单，由责任部门、责任人在责任时限内完成，并妥善保存：

表 4–80　公司管理—财务管理考核档案清单

文件序号	举证文件	责任部门 / 责任人	责任时间
1	项目公司关于财务管理情况的说明，包括制度建立情况、执行情况、升版情况等（落款为项目公司，加盖公章）	财务部 / 根据岗位明确人员	根据要求明确时限
2	文件目录	财务部 / 根据岗位明确人员	根据要求明确时限
3	项目公司财务管理制度文件，附董事会决议文件、项目公司正式发布的通知（红头文件）	财务部 / 根据岗位明确人员	根据要求明确时限
4	项目公司对财务管理制度的历次升版更新记录	财务部 / 根据岗位明确人员	根据要求明确时限

续表

文件序号	举证文件	责任部门 / 责任人	责任时间
5	项目公司遵照执行的管理记录，如财务管理专项档案、资金管理专项档案（本档案不提交，备查）	财务部 / 根据岗位明确人员	根据要求明确时限
6	存在被要求整改情况的，应提供：	财务部 / 根据岗位明确人员	根据要求明确时限
6.1	书面整改要求通知	财务部 / 根据岗位明确人员	根据要求明确时限
6.2	项目公司整改处理报告，附评定单位和 / 或实施机构签收或批准报告	财务部 / 根据岗位明确人员	根据要求明确时限
7	整改事件处理经验教训，以及项目公司采取的进一步措施办法与避免同类问题再次发生的具体工作方案等（本档案不提交，备查）	财务部 / 根据岗位明确人员	根据要求明确时限

考核要点 81（合同约定）：公司管理—档案管理。项目公司应设立档案室，完善档案管理制度，档案齐全。

扣分要点（合同约定）：项目公司不执行或未建立制度的，扣 0.2 分；制度不完善的，每项问题扣 0.1 分。对于上述情况给予 5 个工作日的整改时间，项目公司整改到位的不加扣分，未整改或整改不到位的加扣 1 分。

指标分析：本项考核要点主要关注：一是项目公司有没有设立档案室；二是项目公司有没有建立档案管理制度；三是该管理

制度有没有经过正式发布；四是项目公司有没有严格遵照执行；五是项目公司有没有定期升版更新，以适配管理所需。通常情况下，考核或管理都是从以上 5 个方面去考量。

综上，本项考核要点应按照表 4–81 档案清单，由责任部门、责任人在责任时限内完成，并妥善保存：

表 4–81　公司管理—档案管理考核档案清单

文件序号	举证文件	责任部门 / 责任人	责任时间
1	项目公司关于档案室设立、档案管理情况的说明，包括制度建立情况、执行情况、升版情况等（落款为项目公司，加盖公章）	综合管理部 / 根据岗位明确人员	根据要求明确时限
2	文件目录	综合管理部 / 根据岗位明确人员	根据要求明确时限
3	项目公司档案管理制度文件，附董事会决议文件、项目公司正式发布的通知（红头文件）	综合管理部 / 根据岗位明确人员	根据要求明确时限
4	项目公司对档案管理制度的历次升版更新记录	综合管理部 / 根据岗位明确人员	根据要求明确时限
5	项目公司遵照执行的管理记录，如档案管理专项档案（本档案不提交，备查）	综合管理部 / 根据岗位明确人员	根据要求明确时限
6	存在被要求整改情况的，应提供：	综合管理部 / 根据岗位明确人员	根据要求明确时限

续表

文件序号	举证文件	责任部门 / 责任人	责任时间
6.1	书面整改要求通知	综合管理部 / 根据岗位明确人员	根据要求明确时限
6.2	项目公司整改处理报告，附评定单位和 / 或实施机构签收或批准报告	综合管理部 / 根据岗位明确人员	根据要求明确时限
7	整改事件处理经验教训，以及项目公司采取的进一步措施办法与避免同类问题再次发生的具体工作方案等（本档案不提交，备查）	综合管理部 / 根据岗位明确人员	根据要求明确时限

考核要点 82（合同约定）：公司管理—财务报告及项目运营成本说明材料。每年一季度前，项目公司（或社会资本方）应向行业主管部门和财政部门报送上一年度经第三方审计的财务报告及项目运营成本说明材料。

扣分要点（合同约定）：项目公司未按时提交的，每次扣 2 分；审计机构出具非标财务报告审计意见的扣 5 分；项目公司拒不提交或财务报告造假的扣 10 分。

指标分析：本项考核要点主要关注：一是项目公司有没有按照要求定期提交财务年报及项目运营成本说明；二是项目公司提交的材料是否满足要求。可能延伸的考核要点在于第三方会计师事务所的采购情况。通常情况下，考核或管理都是从以上 3 个方面去考量。

综上，本项考核要点应按照表 4–82 档案清单，由责任部门、

责任人在责任时限内完成，并妥善保存：

表 4–82 公司管理—财务报告及项目运营成本说明材料考核档案清单

文件序号	举证文件	责任部门 / 责任人	责任时间
1	项目公司关于财务年报及运营成本情况的说明，包括上一年度委托会计师事务所情况，会计师事务所出具的财务年报情况，以及项目运营成本说明情况等（落款为项目公司，加盖公章）	财务部 / 根据岗位明确人员	根据要求明确时限
2	文件目录	财务部 / 根据岗位明确人员	根据要求明确时限
3	项目公司提交的上一年度财务年报（第三方会计师事务所出具），以及项目运营成本说明材料，附实施机构签收、备案记录	财务部 / 根据岗位明确人员	根据要求明确时限
4	项目公司委托会计师事务所的采购文件，包括采购方案、采购记录、股东会决议文件、签订的合同等（本档案不提交，备查）	财务部 / 根据岗位明确人员	根据要求明确时限

考核要点 83（合同约定）：公司管理—报告制度。项目公司应向政府主管部门和其他相关部门定期报告和临时报告。

扣分要点（合同约定）：项目公司未按时提交报告的，每次扣 2 分。

指标分析：本项考核要点主要关注：一是确定的定期报告和临时报告要求；二是项目公司是否定期提交。通常情况下，考核或管理都是从以上 2 个方面去考量。

综上，本项考核要点应按照表 4–83 档案清单，由责任部门、责任人在责任时限内完成，并妥善保存：

表 4–83　公司管理—报告制度考核档案清单

文件序号	举证文件	责任部门 / 责任人	责任时间
1	项目公司关于提交定期报告和临时报告情况的说明，包括明确的定期报告、临时报告的种类和频率，以及提交情况等（落款为项目公司，加盖公章）	综合管理部 / 根据岗位明确人员	根据要求明确时限
2	文件目录	综合管理部 / 根据岗位明确人员	根据要求明确时限
3	投融资项目合同约定，或项目公司与实施机构商定提交的报告种类、名称文件，如会议纪要、补充协议、备忘录等	综合管理部 / 根据岗位明确人员	根据要求明确时限
4	定期提交的历次报告，如项目公司经营管理月报、财务年报、项目公司经营管理年报等，附实施机构签收、备案记录	综合管理部 / 根据岗位明确人员	根据要求明确时限
5	不定期提交的历次临时报告，如“关于 ××× 的请示报告”等，附实施机构签收、备案记录	综合管理部 / 根据岗位明确人员	根据要求明确时限

考核要点 84（合同约定）：公司管理—项目资产管理制度。项目公司应对占有、使用的本项目资产建立、健全与项目实施需要相适应的资产管理制度。（1）项目资产的采购、验收入库、使

用保管等日常管理制度；（2）项目资产的账卡管理、清查登记、统计报告及日常监督检查等监督管理制度；（3）项目资产的转让、对外捐赠、报废、报损以及货币性资产损失核销等处置管理制度。实施机构有权对资产管理制度提出合理化建议，并对相关制度的执行、落实情况进行检查，项目公司有义务予以采纳或配合。

扣分要点（合同约定）：项目公司不执行项目资产管理制度或项目资产管理制度不符合项目实际的，扣2分。

指标分析：本项考核要点主要关注：一是项目公司是否建立了完整的资产管理制度；二是该管理制度有没有经过正式发布；三是项目公司有没有严格遵照执行；四是项目公司有没有定期升版更新，以适配管理所需；五是实施机构有没有对管理制度进行审查并给出建议；六是实施机构有没有进行检查，及项目公司整改情况等。通常情况下，考核或管理都是从以上6个方面去考量。

综上，本项考核要点应按照表4–84档案清单，由责任部门、责任人在责任时限内完成，并妥善保存：

表4–84 公司管理—项目资产管理制度考核档案清单

文件序号	举证文件	责任部门/责任人	责任时间
1	项目公司关于资产管理情况的说明，包括资产管理制度建立情况、执行情况、升版情况，以及实施机构监督检查情况等（落款为项目公司，加盖公章）	综合管理部/根据岗位明确人员	根据要求明确时限
2	文件目录	综合管理部/根据岗位明确人员	根据要求明确时限

续表

文件序号	举证文件	责任部门/责任人	责任时间
3	完整的资产管理制度，至少包括采购、入库和保管制度，账卡管理和监督检查制度，转让、报废和核销处置制度等，附董事会决议文件、项目公司正式发布的通知（红头文件）	综合管理部/根据岗位明确人员	根据要求明确时限
4	实施机构对该制度有修订要求的，附实施机构修订意见，以及该制度修订前版本和修订后版本	综合管理部/根据岗位明确人员	根据要求明确时限
5	实施机构对项目资产管理有检查情况的，附实施机构检查记录，以及项目公司整改记录等	综合管理部/根据岗位明确人员	根据要求明确时限
6	项目公司对资产管理制度的历次升版更新记录	综合管理部/根据岗位明确人员	根据要求明确时限
7	项目公司遵照执行的管理记录，如资产管理专项档案（本档案不提交，备查）	综合管理部/根据岗位明确人员	根据要求明确时限

考核要点 85（合同约定）：公司管理—运营维护手册。项目公司应当编制运营维护手册，并在运营期前报送实施机构批准。在运营期内，项目公司应根据实际情形对手册及时修订、补充和完善。项目公司需要对手册进行修改的，应书面通知实施机构，实施机构在收到该通知之日起 15 个工作日内未提出异议的，则视为批准。运营维护手册应当包括运营维护范围、日常维护、设施设备检修内容、程序和频率等内容。

扣分要点（合同约定）：项目公司不执行运营维护手册的，扣3分；运营维护手册不符合项目运营实际情况的，每项问题扣1分。

指标分析：本项考核要点主要关注：一是项目公司是否编写了运营维护手册；二是手册内容是否至少包含了“运营维护范围、日常维护、设施设备检修内容、程序和频率”等；三是该手册是否经过了实施机构的适当批准；四是项目公司是否根据运营管理需求，定期对运营维护手册进行升版更新。可能延伸的考核要点在于项目公司是否按照运营维护手册执行。通常情况下，考核或管理都是从以上5个方面去考量。

综上，本项考核要点应按照表4–85档案清单，由责任部门、责任人在责任时限内完成，并妥善保存：

表4–85　公司管理—运营维护手册考核档案清单

文件序号	举证文件	责任部门/责任人	责任时间
1	项目公司关于运营维护手册管理情况的说明，包括手册编写情况、内容包含情况、实施机构批准情况、升版更新情况，以及遵照执行情况等（落款为项目公司，加盖公章）	运营管理部/根据岗位明确人员	根据要求明确时限
2	文件目录	运营管理部/根据岗位明确人员	根据要求明确时限
3	经实施机构批准的运营维护手册（目录和内容有明确的“运营维护范围、日常维护、设施设备检修内容、程序和频率”章节），附实施机构批准文件	运营管理部/根据岗位明确人员	根据要求明确时限

续表

文件序号	举证文件	责任部门 / 责任人	责任时间
4	实施机构有修订要求的，项目公司应同时提交手册的修订前版本和修订后版本	运营管理部 / 根据岗位明确人员	根据要求明确时限
5	项目公司历次升版更新记录，及对应版本手册	运营管理部 / 根据岗位明确人员	根据要求明确时限
6	项目公司遵照执行的管理记录，如运营维护管理专项档案（本档案不提交，备查）	运营管理部 / 根据岗位明确人员	根据要求明确时限

考核要点 86（合同约定）：公司管理—运营期保险。项目公司应结合本项目的实际情况，购买项目运营期间的保险险种。项目公司购买保险后，应将加盖项目公司公章的保险合同复印件交实施机构备案。

扣分要点（合同约定）：项目公司不执行的，扣 2 分。

指标分析：本项考核要点主要关注：一是项目公司有没有购买适当的保险；二是项目公司有没有及时向实施机构备案。可能延伸的考核要点在于项目公司是否发生了保险理赔情况等。通常情况下，考核或管理都是从以上 3 个方面去考量。

综上，本项考核要点应按照表 4–86 档案清单，由责任部门、责任人在责任时限内完成，并妥善保存：

表 4–86　公司管理—运营期保险考核档案清单

文件序号	举证文件	责任部门 / 责任人	责任时间
1	项目公司关于运营期保险购买和备案情况的说明，包括保险购买情况以及备案情况等（落款为项目公司，加盖公章）	综合管理部 / 根据岗位明确人员	根据要求明确时限
2	文件目录	综合管理部 / 根据岗位明确人员	根据要求明确时限
3	项目公司运营期保险保单，附保险购买方案、购买记录与实施机构签收记录或备案记录	综合管理部 / 根据岗位明确人员	根据要求明确时限
4	实施机构备案文件	综合管理部 / 根据岗位明确人员	根据要求明确时限
5	项目公司关于保险工作动态管理的文件，如理赔记录等，可以通过保险管理专项档案（运营期）的形式确认（本档案不提交，备查）	综合管理部 / 根据岗位明确人员	根据要求明确时限

考核要点 87（合同约定）：社会满意度—满意度调查。由实施机构或实施机构聘请的第三方机构每年度随机进行社会满意度调查。

扣分要点（合同约定）：项目公司满意度为 80%（含 80%）以上的，不扣分；满意度在 60%—80% 之间的，扣 1 分；满意度低于 60%（含 60%）的，扣 2 分。

指标分析：本项考核要点由实施机构或实施机构聘请的第三

方机构随机调查，因此，项目公司予以配合即可。

综上，本项考核要点应按照表 4-87 档案清单，由责任部门、责任人在责任时限内完成，并妥善保存：

表 4-87 社会满意度—满意度调查考核档案清单

文件序号	举证文件	责任部门/责任人	责任时间
1	项目公司关于社会满意度调查情况的说明，包括调查情况及结果等（落款为项目公司，加盖公章）	综合管理部/根据岗位明确人员	根据要求明确时限
2	文件目录	综合管理部/根据岗位明确人员	根据要求明确时限
3	实施机构提供的社会满意度调查表及结论报告	综合管理部/根据岗位明确人员	根据要求明确时限

考核要点 88（合同约定）：突发事件处理情况—应急事件处理。项目公司应建立各类应急预案，加强重点区域安全保障措施，及时处理各类突发事件。

扣分要点（合同约定）：项目公司应急预案处理制度未建立的，扣 2 分；应急预案处理制度不完善的，每项扣 1 分，并给予 10 日整改期，项目公司在整改期内完成整改的，不加扣分，超过整改期未能完成整改的，按以上所列加扣 3 分；项目公司对应急事件处理不及时造成社会负面影响的，每件扣 2 分。

指标分析：本项考核要点主要关注：一是项目公司有没有建立应急安全预案及相应管理制度；二是该应急安全预案及管理制度有没有获得适当的批准；三是项目公司有没有按照预案进行演

练；四是项目公司事实上是否发生突发事件，是否按照预案妥善处置；五是相关突发事件有没有引起不当的负面影响；六是项目公司是否采取了相应的措施、办法，使应急预案管理工作进一步完善，避免同类问题再次发生。通常情况下，考核或管理都是从以上 6 个方面去考量。

综上，本项考核要点应按照表 4–88 档案清单，由责任部门、责任人在责任时限内完成，并妥善保存：

表 4–88 突发事件处理情况—应急事件处理考核档案清单

文件序号	举证文件	责任部门 / 责任人	责任时间
1	项目公司关于应急事件处理情况的说明，包括建立的应急预案和管理制度、经过的批准、组织演练，以及发生应急事件的处理情况等（落款为项目公司，加盖公章）	安全管理部 / 根据岗位明确人员	根据要求明确时限
2	文件目录	安全管理部 / 根据岗位明确人员	根据要求明确时限
3	经批准的应急预案，附监理单位和 / 或实施机构批准文件（对于应急预案，监理单位应当批准；实施机构应当根据投融资项目合同约定进行批准）	安全管理部 / 根据岗位明确人员	根据要求明确时限
4	经批准的应急预案处理制度，附董事会决议、项目公司正式发布的文件（红头文件）	安全管理部 / 根据岗位明确人员	根据要求明确时限

续表

文件序号	举证文件	责任部门 / 责任人	责任时间
5	应急预案演练记录文件	安全管理部 / 根据岗位明确人员	根据要求明确时限
6	没有发生突发事件的，协调监理单位、实施机构分别出具“本项目未发生突发事件”的证明文件（落款为监理单位、实施机构，加盖公章）	安全管理部 / 根据岗位明确人员	根据要求明确时限
7	如果发生突发事件的，提供：	安全管理部 / 根据岗位明确人员	根据要求明确时限
7.1	突发事件情况，以及按照应急预案处理的情况说明	安全管理部 / 根据岗位明确人员	根据要求明确时限
7.2	是否形成不当负面影响的情况说明，附监理单位、实施机构的书面证明文件等	安全管理部 / 根据岗位明确人员	根据要求明确时限
8	突发事件处理经验教训，以及项目公司采取的进一步措施办法与避免同类问题再次发生的具体工作方案等（本档案不提交，备查）	安全管理部 / 根据岗位明确人员	根据要求明确时限

考核要点 89（合同约定）：突发事件处理情况—安全事故。发生安全事故的，以安监部门调查报告认定的事故监管责任为准。

扣分要点（合同约定）：项目公司发生安全事故的，如属社会资本方负主要责任：一般事故扣 10 分；较大事故扣 40 分；重大事故及以上视为社会资本方严重违约，政府方有权解除项目合同。

指标分析：本项考核要点主要关注：一是项目公司有没有安全事故发生；二是如果有，该事故责任归属划定是什么；三是项目公司是否已经处理完成；四是项目公司是否采取了相应的措施、办法，使安全管理工作进一步完善，避免同类问题再次发生。通常情况下，考核或管理都是从以上 4 个方面去考量。

综上，本项考核要点应按照表 4–89 档案清单，由责任部门、责任人在责任时限内完成，并妥善保存：

表 4–89 突发事件处理情况—安全事故考核档案清单

文件序号	举证文件	责任部门 / 责任人	责任时间
1	项目公司关于是否发生过安全事故情况的说明，包括安全事故是否存在，如果不存在，请监理单位或实施机构出具相关证明，如果存在，则要说明责任主体是谁。事故属于社会资本或项目公司主要责任的，项目公司还应明确安全事故责任等级，以及项目公司如何整改，及整改完成情况等（落款为项目公司，加盖公章）	安全管理部 / 根据岗位明确人员	根据要求明确时限
2	文件目录	安全管理部 / 根据岗位明确人员	根据要求明确时限

续表

文件序号	举证文件	责任部门 / 责任人	责任时间
3	没有发生安全事故的，协调监理单位、实施机构分别出具“本项目未发生安全事故”的证明文件（落款为监理单位、实施机构，加盖公章）	安全管理部 / 根据岗位明确人员	根据要求明确时限
4	发生安全事故的，应提供：	安全管理部 / 根据岗位明确人员	根据要求明确时限
4.1	安监部门调查报告	安全管理部 / 根据岗位明确人员	根据要求明确时限
4.2	项目公司处理报告，明确已经处理完成，形成闭环等	安全管理部 / 根据岗位明确人员	根据要求明确时限
5	安全事故处理经验教训，以及项目公司采取的进一步措施办法与避免同类问题再次发生的具体工作方案等	安全管理部 / 根据岗位明确人员	根据要求明确时限

考核要点 90（合同约定）：其他一行政处罚或通报批评。相关职能部门发出行政处罚决定书或通报批评的，项目公司应按要求完成整改及缴纳罚款。

扣分要点（合同约定）：行政处罚或通报批评按照以下层级视情节严重程度进行扣分 / 每单行政处罚决定书或通报批评：①国务院部门、直属机构、直属事业单位及以上：10—20 分；②自治区政府办公厅：5—15 分；③自治区政府工作部门直属机构、直属事业单位：1—5 分；④市政府办公厅：1—5 分；⑤市级部门、区县部门：0.1—1 分。

指标分析：本项考核要点主要关注：一是项目公司有没有发生过行政处罚、通报批评；二是如果发生，是哪一级发出的；三是在实务中，由于各行政职能部门垂直管理的特性，也有可能出现政府方导致的行政处罚或通报批评，出现该种情形的，项目公司若获得实施机构的书面说明，可以豁免扣分。通常情况下，考核或管理都是从以上 3 个方面去考量。

综上，本项考核要点应按照表 4–90 档案清单，由责任部门、责任人在责任时限内完成，并妥善保存：

表 4–90 其他—行政处罚或通报批评考核档案清单

文件序号	举证文件	责任部门 / 责任人	责任时间
1	项目公司关于是否存在行政处罚、通报批评情况的说明，包括是否存在，如果存在，属于哪一级行政主体发出的，以及是否属于项目公司原因等（落款为项目公司，加盖公章）	综合管理部 / 根据岗位明确人员	根据要求明确时限
2	文件目录	综合管理部 / 根据岗位明确人员	根据要求明确时限
3	项目公司未发生该情形的，协调实施机构出具“项目未出现行政处罚、通报批评”的证明文件（落款为实施机构，加盖公章）	综合管理部 / 根据岗位明确人员	根据要求明确时限

续表

文件序号	举证文件	责任部门/责任人	责任时间
4	项目公司发生该情形的，附行政处罚、通报批评书面文件。建议附项目公司整改记录，确认整改已闭环	综合管理部/根据岗位明确人员	根据要求明确时限
5	项目公司发生该情形，但非项目公司的责任，建议协调实施机构出具“该行政处罚、通报批评非项目公司责任，可以豁免扣分”的证明文件（落款为实施机构，加盖公章），附行政处罚、通报批评书面文件以及项目公司整改记录，确认整改已闭环	综合管理部/根据岗位明确人员	根据要求明确时限

考核要点 91（合同约定）：整改—实施机构整改通知书。当项目在运营过程中，发生本合同中约定的扣分情形时，由实施机构出具整改通知书，列明不合格内容、所扣分数以及整改要求和时限。

扣分要点（合同约定）：按照本合同中约定的各项要求扣分。项目公司未按整改要求和时限完成整改，实施机构再次就同一事项下发整改通知书的，加扣 5 分，直至项目公司完成整改。

指标分析：本项考核要点主要关注：一是实施机构有没有发出整改通知书；二是项目公司有没有根据要求整改完成，并回复闭环。通常情况下，考核或管理都是从以上 2 个方面去考量。

综上，本项考核要点应按照表 4–91 档案清单，由责任部门、责任人在责任时限内完成，并妥善保存：

表 4–91 整改—实施机构整改通知书考核档案清单

文件序号	举证文件	责任部门 / 责任人	责任时间
1	项目公司关于实施机构是否签发过整改通知书情况的说明，包括整改通知书是否存在，如果存在，项目公司是否按照要求的时限完整整改，并已经办结闭环等（落款为项目公司，加盖公章）	综合管理部 / 根据岗位明确人员	根据要求明确时限
2	文件目录	综合管理部 / 根据岗位明确人员	根据要求明确时限
3	项目公司未发生该情形的，协调实施机构出具“未签发过整改通知书”的证明文件（落款为实施机构，加盖公章）	综合管理部 / 根据岗位明确人员	根据要求明确时限
4	项目公司发生该情形的，附实施机构整改通知书，项目公司整改记录，以及整改完成后向实施机构提交的书面记录，实施机构签收确认记录，确认整改已闭环；或协调实施机构出具“签发整改通知书 × 份，项目公司已经按照时限要求整改完成，不予扣分”的证明文件（落款为实施机构，加盖公章），如此更佳	综合管理部 / 根据岗位明确人员	根据要求明确时限

考核要点 92（合同约定）：加分项—公益性活动。原则上项目公司每季度义务举办不低于 1 场大型公益性活动（经政府同意后举办）。项目公司未完成要求的，不扣分；举办 2 场的，加 1

分，每多举办 1 场加 1 分，最高加 3 分。

扣分要点（合同约定）：无。

指标分析：本项考核要点主要关注：项目公司是否存在加分事项，如果不存在，则不涉及；如果存在，项目公司提供相应的公益性活动举办证明文件即可。

综上，本项考核要点应按照表 4–92 档案清单，由责任部门、责任人在责任时限内完成，并妥善保存：

表 4–92　加分项—公益性活动考核档案清单

文件序号	举证文件	责任部门 / 责任人	责任时间
1	项目公司关于是否存在加分情况的说明，包括是否存在加分，如果存在，应明确举办的何种公益活动及频次，并提供相应的证明材料等（落款为项目公司，加盖公章）	综合管理部 / 根据岗位明确人员	根据要求明确时限
2	文件目录	综合管理部 / 根据岗位明确人员	根据要求明确时限
3	相应公益性活动的证明文件，如活动方案、政府批准、活动公告、新闻报告、公众号报道、实施机构证明等	综合管理部 / 根据岗位明确人员	根据要求明确时限

第五章

应用建议与总结

档案管理工作的重要性不言自明，对于这种长周期特性的投融资项目尤为重要。国务院《政府投资条例》第 29 条规定，“项目单位应当按照国家有关规定加强政府投资项目档案管理，将项目审批和实施过程中的有关文件、资料存档备查”；第 35 条规定，“项目单位未按照规定将政府投资项目审批和实施过程中的有关文件、资料存档备查，或者转移、隐匿、篡改、毁弃项目有关文件、资料的，责令改正，对负有责任的领导人员和直接责任人员依法给予处分”；第 36 条还规定，“违反本条例规定，构成犯罪的，依法追究刑事责任”。《审计法》对于被审计对象依法提供审计材料也有明确要求，对此各方均有明确共识。在具体落地过程中，应重点关注以下工作：

一、领导重视，统一部署档案管理工作

领导重视并持续关注，持续推动，是档案管理工作的基本要求。由项目第一责任人进行统一部署，统一安排，配备相应资源，提供相应保障，为档案管理工作提供充分条件，并在工作过程中进行动态管理、检查、完善，可以有效保障档案管理工作的充分落实。

具体部署工作，可以在项目公司经营管理大纲中专章策划，

后期根据项目推进情况，进行动态更新、调整和优化，使档案管理工作始终有章可循。

二、组织架构，配置档案管理部门及专职人员，明确档案管理第一责任人

档案管理必须设置专职人员负责，还可以根据项目大小、复杂程度等因素，在项目公司设置档案管理部门，只有组织完备，结构畅通，人有专职，档案管理工作才能顺畅运行。

在实务中，多数项目档案管理人员为兼职，且不受重视，专业能力更是不能保证，所以档案管理工作时常脱节，不能满足档案管理需要。因此，应当重视关于档案管理人员的基本要求，项目公司除了设置专职岗位外，还应明确档案管理人员专业能力要求，应当熟悉建设工程档案管理工作，最好对法律证据、审计证据、卷宗归档等有一定了解，之后项目公司还可以系统安排培训学习，使档案管理人员可以完全胜任档案管理工作。总之，应当重视专职档案管理人员，这是项目公司规范管理的“最后一道防线”。

三、建章立制，为档案管理工作构建明确标准和依据，并严格遵照执行

项目公司应当建立档案管理制度，该制度作为档案管理工作的支撑，可以使全员开展工作时有据可依。档案管理制度应当根据项目公司组织架构、项目情况进行针对性编制，可以参考借鉴股东公司的制度，但是不得原盘照搬，由于各企业的组织架构及管理程序不一致，因此，简单复制管理制度无法达成预期管理目的，这一点务必注意。

档案管理制度应当根据公司章程的约定，通过董事会决议后正式发布，项目公司应严格遵照执行。档案管理制度并非一成不变，应当在实施过程中不断进行优化完善，建议项目公司每年年底对档案管理制度进行升版，以确保与项目管理需求紧密适配。

四、统一宣贯，全员协同配合，团队作战，共同打好档案管理战役

档案管理工作的整体策划以及档案管理制度应当对全员进行统一宣贯，使全体管理人员思想认知一致，标准一致，要求一致。建议通过专题会议的形式开展交底，必要时，可以采用 WBS 工作任务分解的形式，将各类基础档案、专项档案、绩效考核进行细致的责任划分，明确责任部门、责任人、责任时间，以及成果要求，并以此作为动态考核的依据。

在该项工作开展时，档案管理专员属于整体档案管理工作的总体责任人，各具体工作指定人员则是该专项工作的责任人，档案管理专员和其他管理人员紧密协同，共同对结果负责。

五、系统培训，深度学习档案管理要求、办法和工具

项目公司可以组织档案管理人员及其他相关人员系统学习档案管理知识，学习相关要求和技能，并要求相关人员在档案管理工作中深度运用，使档案管理工作愈加严谨、规范。其中，相关人员对于工程档案、法律证据、审计证据、卷宗整理等方面的基本专业知识应当熟悉并能熟练运用，项目公司可以邀请档案馆、律师、审计人员等进行授课。

在培训学习过程中，相关人员对一些强相关的法律法规应当

深度学习并熟练掌握，包括《档案法》、《档案法实施条例》、《建设项目档案管理规范》（DA/T 28—2018）、《归档文件整理规则》（DA/T 22—2015）、《电子文件归档与电子档案管理规范》（GB/T 18894—2016）、最高人民法院《关于民事诉讼证据的若干规定》（法释〔2019〕19号）、最高人民法院《关于审理行政协议案件若干问题的规定》（法释〔2019〕17号）、最高人民法院《关于审理建设工程施工合同纠纷案件适用法律问题的解释（一）》（法释〔2020〕25号）等。该类法律法规政策应动态研究，随时关注最新发布内容并及时学习、运用。

六、结果导向，动态对项目档案进行自查自纠，确保结果可控、可用

档案管理专项工作的最终目的是妥善、规范地收集、整理、保存项目档案，以便项目公司随时有序提供、查阅、举证、溯源等。因此，档案管理专员和其他相关人员应在岗位职责的要求下，定期、不定期地对相应档案管理成果进行检查。对于已经成形的档案应当及时装订、电子化，以及归档保存；对于尚未成形的档案也应妥善编码，及时督促责任人补充完善，确保不遗漏、不遗失。

档案管理专员应根据档案管理制度和项目公司经营管理大纲的要求，每月25日定期对项目公司的档案进行系统梳理，并输出项目公司档案管理月报，确保各项信息实时更新，与实际情况同步，必要时，可以向相关责任人提出工作要求。档案管理专员需要保证可以随时接受检查，随时可以提供完整档案，这是档案管理工作结果的体现。

档案管理不是一项一蹴而就的工作，而是一项持续输出的行

为。专职档案管理人员要能经得住诱惑，耐得住寂寞，保持徐徐前行的状态，要能在不断成形归档的成果中找到乐趣和成就；而组织要在项目推进过程中不断发掘、培养、成就这样的专职人员。互相支持，互相成就，相信就能为组织目标的实现提供有力支撑了。